절대지식
음주운전
뺑소니의
모든 것

"음주운전에 적발되어 막막하다면?"

절대지식
음주운전
뺑소니의
모든 것

최충만 · 이호 · 송범석 지음

윤창호법 시행 이후
형사 · 민사 · 행정 전반에서 강화되고 있는 음주운전 처벌,
이 책 한 권으로 모든 궁금증 해결

좋은땅

음주운전은 절대로 해서는 안 될 나쁜 범죄입니다. 음주운전은 본인만 아니라 공공의 안녕 및 사회적 안전을 해칩니다. 하지만 음주운전 사건은 계속 발생하고, 그 문제를 해결하기 위해 행정·사법·입법 시스템이 돌아가고 있는 것이 현실입니다. 크게 비난받아 마땅한 범죄이지만, 기술적으로 해결이 되기까지 마주할 수밖에 없는 상황에서 어떻게든 대처를 필요로 하고 있습니다.

이 책에서는 음주운전 사건에 대한 형사처벌, 행정처분, 민사(보험) 손해배상까지 총망라하여 쉽게 이해할 수 있도록 작성했습니다.

음주운전을 하다가 교통사고가 발생하면 형사, 행정, 민사 등 총 3가지 영역에서 불이익을 받습니다. 먼저 도로교통법, 교통사고처리특례법, 특정범죄 가중처벌 등에 관한 법률 위반 등 관련 법 조항에 따라 벌금, 집행유예, 징역형(구속) 형사처벌을 받습니다. 그리고 이 형사처벌과 별도로 행정처분을 받게 되는데, 최소 1년부터 최대 5년까지 자동차 운전면허가 취소될 수 있습니다. 또 교통사고 피해자가 있으면 치료비 전액 및 기타 민사상 손해를 배상할 책임도 있습니다. 위 3가지 영역은 서로 별개로 형사처벌은 검찰청 및 법원 형사재판부가, 행정처분은 중앙행정심판위원회 및 행정법원이, 민사 손해배상은 자동차 보험 구상금심의위원회 및 법원 민사 재판부가 각각 관할을 맡고 있습니다. 음주운전 사건 하나만으로부터 세 가지 카테고리가 동시 작용하는 시스템을 쉽게 이해할 수 있도록 법률 용어를 최대한 풀어 썼습니다.

자기가 잘못한 범위 내에서 책임질 수 있도록 구체적이고 세부적인 내용을 담았습니다.

음주운전 사건이 발생하면, 가장 먼저 시작되는 것이 경찰조사입니다. 현장적발 및 경찰조사는 어떻게 진행되는지, 경찰조사에서 어떤 처분을 받는지, 어떤 과정을 거쳐 법원 판결까지 이루어지는지, 형사처벌 및 운전면허 처분 구제는 어떻게 하는지, 각 절차별로 주의할 사항 및 알고 있으면 좋은 기본지식은 무엇이 있는지 등 어려운 사건 절차를 쉽게 이해할 수 있도록 실제 사례를 최대한 인용했습니다.

그래도 음주운전 사건을 가장 잘 대처하는 방법은 처음부터 음주운전을 하지 않는 것입니다.

음주운전은 언젠가는 근절되어야 할 범죄입니다. 하지만 여전히 실수로 적발되는 사람들이 많이 있습니다. 한 번은 실수이지만, 두 번째부터는 아닙니다. 음주운전은 딱 한 번의 실수로 그치는 것이 아니라 처음부터 하지 않는 것이 가장 좋다는 사실을 꼭 잊지 마시기 바랍니다.

목차

PART 3 | 행정

PART 1

형사

제1장

··

위험

01. 음주운전은 사람을 죽이는 범죄

음주운전은 사람을 죽인다. 음주운전자는 자신이 안전하게 운전하는지 모른다. 음주운전 사고가 나고, 왜 음주운전 했냐고 물으면 자신도 모르겠다고 한다. 심지어 자기가 왜 음주운전 했는지도 모른다. 정신을 차렸을 때는 이미 소용없다. 돌이킬 수 없는 결과만 남아 있다.

우리나라 도로교통법이 음주운전을 처벌하는 이유는 간단하다. 언제든지 사람을 죽일 수 있기 때문이다. 똑바로 운전해도 피하기 힘든 것이 사고인데, 혼미한 상태서 운전을 한다? 다 같이 죽자는 이야기다. 절대로 용납할 수 없다.

술은 사람을 바보로 만든다. 음주운전자는 사고 발생 전까지 자기가 정상 운전 한다고 착각한다. 중앙선을 넘어가도, 신호를 위반해도 상관없다. 사고 나기 전까지는 모른다. 브레이크는 늦게, 아니 안 밟는다. 아무런 회피가 없다. 일반 사고는 피하려고 노력이라도 하지, 음주운전은 아니다. 그대로 쾅! 모든 것이 부서진다.

필자는 하루 30㎞ 넘는 거리를 차로 출퇴근한다. 업무 특성상 새벽 늦게까지 일한다. 밤에 운전하면 몇몇 차들이 눈에 띈다. 전조등 꺼진 차, 고속도로에서 시속 20~30㎞로 달리는 차, 차선을 물고 가는 차, 차선을 왔다 갔다 하며 수시로 브레이크를 밟는 차량 등 누가 봐도 비정상인 차량을 자주 본다. 그리고 그들이 지나갈 때마다 무섭다. 나에게 돌진하면 어떡하지? 보는 것 자체로 공포다.

어느새 윤창호법이 시행된 지 4년이 지났다. 누가 봐도 음주운전은 타인을 죽이는 범죄라는 사실은 변하지 않았다. 검찰과 법원도 무관용 원칙이다. 술 마시면 운전을 해서는 안 된다. 이제는 바뀌어야 한다. 무고한 생명이 희생되는 것을 막아야 한다.

02. 음주운전이 무서운 이유

음주운전은 무섭다. 음주운전은 사람을 죽인다. 사실상 고의로 죽인다. 무슨 일이 발생했는지 모르고, 사고 현장에서 헛소리하는 음주운전자를 보면 분노가 차오른다. 다음 날 술 깨고, 자신이 무슨 짓을 저질렀는지, 어떤 결과가 발생했는지 알면 까무러칠 것이다. 한순간 실수로 감옥에 갇힌 자신을 보면서 말이다.

필자는 교도소를 수시로 들락날락한다. 음주운전 뺑소니범을 접견하면서 물었다. "왜 사고 내고 도망갔어요?", "모르겠어요.", "제 눈 피하지 말고 똑바로 보세요. 아니, 대체 왜 도망간 거예요?", "변호사님, 정말 모르겠어요. 저도 아무런 기억이 없어요."

피해자 유족들을 두 번 죽이는 말이다. 유족들은 사랑하는 가족을 잃었다. 그런데 가해자는 기억이 안 난다고 한다. 기억 없는 가해자를 탓할 때마다 허무하다. 기억이라도 있으면, 물어보기라도 할 텐데. 기억 없는 사람을 상대로는 억울함만 쌓인다. 답답하다.

그래서 음주운전이 무섭다. 음주운전은 기억을 지운다. 아니, 기억을 조작한다. 교통사고 냈으면 먼저 피해자부터 구하는 것이 정상이다. 그런데 음주운전은 구호 의무를 무시한다. 일단 도망부터 간다. '어떻게든 잘되겠지'라는 마음으로 뺑소니친다. 사람은 교통사고로 웬만해서는 죽지 않는다. 사고 직후 바로 응급 처치만 받아도 살 확률이 높다. 하지만 뺑소니는 이 작은 희망마저 무참히 꺾어 버린다. 언제 올지 모르는 구조를 기다리며 차갑게 식어가는 피해자를 너무나 잔인하게 죽인다. 음주운전만 아니면 쉽게 살릴 수 있는데 말이다.

그래서 음주운전은 초범부터 때려잡아야 한다는 말이 있다. 초범부터 호되게 혼나야 다시는 안 한다는 것이다. '아니 초범인데, 꼭 이렇게까지 해야 하나?'라는 생각이 들 수 있으나, 초범일수록 더 심하게 해야 한다. 뺑소니라는 최악의 결과를 단 하나라도 줄이려면 말이다.

03. 음주운전 사고 시 즉시 취해야 하는 행동들

음주운전 사고가 났다. 처음부터 음주운전 안 하면 사고 날 일도 없지만, 안타깝게도 음주운전 사고는 계속 발생한다. 음주운전 사고가 났을 때, 가장 무서운 것이 바로 도주다. 도주는 사고를 수습할 마지막 기회를 날려 버린다. 충분히 살릴 수 있는 생명을 고의로 죽이는 것과 다를 바 없다.

그래서 음주운전 사고가 나면 정신 차리고 피해자부터 구해야 한다. 그런데 술 취한 운전자가 직접 피해자를 구호하는 것은 어렵다. 그럴 때는 빨리 119에 신고해야 한다. 119에 전화하면 술 취한 운전자라 하더라도 피해자 응급 처치 요령을 알려 준다. 구급차가 도착할 때까지 피해자 상태가 악화되지 않도록 현상 유지만 해 줘도 좋다. 사고 원인을 떠나 피해자 생명을 방치한 것은 아니니까.

119가 피해자를 병원에 이송하면 경찰과 같이 병원에 따라가야 한다. 나중에 피해자 가족들에게 무슨 염치로 왔냐고 욕먹을 수 있지만, 어떻게 될지 모르고 발만 동동 구르는 것보다는 낫다. 자기가 무엇을 잘못했는지, 음주운전 사실을 인정하는 것이 필요하다는 뜻이다.

　그리고 재빨리 보험사에 접수하고, 피해자의 병원 치료 및 배상이 신속히 이루어질 수 있도록 조치해야 한다. 보험 처리가 늦어져서 피해자가 고통받는 경우가 많은데, 경제적으로 넉넉지 않은 피해자라면 더더욱 빨리 보험 처리 해 줘야 한다. 그래야 피해자가 빨리 회복할 수 있고, 그럴수록 용서받을 가능성이 높아진다.

　물론 처음부터 음주운전을 안 했으면 될 문제라고 이야기할 수 있다. 음주운전 사고가 위험하다는 것도 누구나 다 알고 있는 사실이다. 하지만 사고 직후 수습을 어떻게 해야 하는지는 잘 알려 주지 않는 것 같다. 음주운전 사고를 냈으면 도망가지 말고, 먼저 119 신고를 해야 한다. 피해자부터 살려야 한다. 일단 피해자가 살아야 뭐라도 된다. 생명보다 귀중한 것은 없으니까.

04. 음주운전 처벌기준 너무 약해

음주운전 처벌기준은 단순하다. 우리나라 도로교통법에 다 있다. 도로교통법 제148조의2에서 음주운전 처벌기준을 규정하고 있다.

음주운전 처벌기준

	혈중알코올농도	처벌조항	처벌형량
음주운전 1회	0.03~0.079%	도로교통법 제148조의2 제3항 제3호	1년 이하 징역 또는 500만 원 이하 벌금
	0.08~0.199%	도로교통법 제148조의2 제3항 제2호	1년 이상 2년 이하 징역 또는 500만 원 이상 1,000만 원 이하 벌금
	0.2%~	도로교통법 제148조의2 제3항 제1호	2년 이상 5년 이하 징역 또는 1,000만 원 이상 2,000만 원 이하 벌금
	측정거부	도로교통법 제148조의2 제2항	1년 이상 5년 이하 징역 또는 500만 원 이상 2,000만 원 이하 벌금

	0.03~ 0.199%	도로교통법 제148조의2 제1항 제3호	1년 이상 5년 이하 징역 또는 500만 원 이상 2,000만 원 이하 벌금
음주운전 2회 이상	0.2%~	도로교통법 제148조의2 제1항 제2호	2년 이상 6년 이하 징역 또는 1,000만 원 이상 3,000만 원 이하 벌금
	측정거부	도로교통법 제148조의2 제1항 제1호	1년 이상 6년 이하 징역 또는 500만 원 이상 3,000만 원 이하 벌금

그리고 음주운전을 하다가 교통사고를 내면 더 중한 처벌을 받게 되는데, 그 기준은 아래 표와 같다.

음주운전 교통사고 처벌기준

	혈중 알코올농도	처벌조항	피해 정도	처벌형량
위험운전 치사상 (윤창호법 위반)	0.12%~	특정범죄 가중법 제5조의11 제1항	상해	1년 이상 15년 이하 징역 또는 1,000만 원 이상 3,000만 원 이하 벌금
			사망	무기징역 또는 3년 이상 징역
교특법 치사상	0.03~ 0.119%	교통사고 처리특례법 제3조 제1항 및 제2항 제8호	상해 - 사망	5년 이하 징역 또는 2,000만 원 이하 벌금

음주운전 뺑소니 처벌기준

	피해정도	처벌조항	처벌형량	면허처분
뺑소니 (도주 치상)	사망	특정범죄 가중법 제5조의3 제1항 제1호	무기징역 또는 5년 이상 징역	운전면허 4년 취소 (음주뺑소니는 5년)
	상해	특정범죄 가중법 제5조의3 제1항 제2호	1년 이상 징역 또는 500만 원 이상 3,000만 원 이하 벌금	

위처럼 음주운전을 하다가 교통사고를 내면 최고 무기징역 또는 3년 이상 징역에 처해질 수 있다. 그래도 여전히 음주운전 범죄에 관대하다는 비판이 끊이지 않는다. 정말 음주운전자를 강하게 처벌할 생각이라면 벌금형 조항을 처음부터 빼야 하는 것 아니냐는 것이다. 하지만 음주운전은 적발 경위가 워낙 다양해서 일괄적으로 처벌 형량을 정하기 어려운 사정이 있다. 검찰과 법원이 나서야 한다는 목소리가 큰 이유다. 앞으로는 특별한 이유가 없으면 엄격한 양형 기준을 적용하여 강력처벌할 가능성이 높다.

절대지식 음주운전 뺑소니의 모든 것

05. 음주운전 초범은 무조건 벌금일까?

음주운전 초범은 벌금이다. 인터넷에 음주운전 초범을 검색하면 대다수가 벌금형으로 끝났다고 말한다. 실제로도 음주운전 초범은 벌금으로 끝나는 경우가 많은데, 처음은 실수일 수 있다고 보기 때문이다. 사건이 검찰에 송치되면 검사는 음주운전 초범을 확인하자마자 바로 약식기소 처분을 내린다. 그럼 법원이 약식명령을 발령하고, 사건이 종결된다.

그런데 최근 음주운전 사건에 대해 기류가 바뀌고 있다. 음주운전 초범도 구속하는 사례가 나오기 시작했다. 2022년 7월 춘천지방법원은 혈중알코올농도 0.2% 초과 상태서 음주운전 한 피고인을 구속했다. 초범이긴 하나 농도 및 적발 경위 등 전체적으로 죄질이 불량하다는 것이다. 음주운전 초범이 구속이라니. 분위기가 달라졌다. 이제는 초범도 안심할 수 없는 시대가 왔다.

단순 음주운전 초범으로도 구속될 수 있는 유형은 크게 2가지가 있다. 하나는 '고농도+대물사고'이고, 나머지 하나는 '음주측정거부+경찰폭행'

이다. '고농도+대물사고' 유형은 겉으로는 '단순음주'이지만, 사고라는 사실적 책임이 포함돼 있다. 음주운전 처벌 이유가 사고 방지라는 점에 비추어 만취 상태서 사고를 낸 이상 가볍게 넘어갈 수 없다는 것이다. '음주측정거부+경찰폭행'도 비슷하다. 음주측정거부는 다양한 유형이 있는데, 거부 과정에서 경찰과 물리적 충돌이 있을 수 있다. 심할 때는 공무집행방해도 추가할 수 있으나, 웬만해서는 공무집행방해로 입건하지는 않는다. 그래서 겉으로 볼 때 '단순음주측정거부'인 것처럼 보여도, 그 실질을 보면 공무집행방해도 내포된 경우가 있다. 이때 재판장이 죄질이 나쁘다고 보아 징역형 실형도 선고할 수 있는 것이다.

따라서 이제는 음주운전 초범이라고 해서 무조건 벌금 받는 시대는 끝났다. 아무리 처음이라도 진지하게 반성하는 태도로 임해야 한다. 그렇지 않으면 바로 감옥행 티켓을 끊을 수도 있으니 말이다.

06. 음주운전 적발 횟수에 따른 처벌기준

음주운전은 상습범이다. 음주운전 재범률은 44.5%라는 말도 안 되는 결과를 보인다. 평소 얼마나 많은 사람들이 음주운전 하고 다니는지 알 수 있는 대목이다. 이처럼 재범률이 높은 이유는 음주운전에 대한 국민적 인식이 낮기 때문이다. 운전면허가 있고, 술 마시는 사람이라면 한 번은 갈등한 적 있을 것이다. '오늘 정말 술 2~3잔밖에 안 마셨는데, 대리는 안 잡히고, 조심조심 가면 괜찮지 않을까?'라고.

이런 음주운전 특성 때문에 처벌 형량을 두고 입법자들이 많은 고심을 했다. 음주운전은 형벌 체계상 과실범이기 때문에 처음부터 높은 처벌을 적용하기 어려웠다. 그렇다고 2번, 3번 반복하는 사람들을 계속 벌금형으로 봐주는 것은 형벌을 통한 억제력 약화만 초래하고, 그래서 도입한 것이 3진 아웃 처벌제도이다. 2023년 4월 4일부터는 더 강력한 2진 아웃 처벌제도가 시행되고 있지만 말이다.

위 처벌기준에 따라 검찰과 법원은 횟수에 따른 처벌을 가중하고 있다.

2진 아웃 처벌 조항이 신설되면서, 재범부터는 벌금형이 아닌 징역형으로 처벌을 강화했다. 초범은 벌금이어도, 2회, 3회 차 적발부터는 징역형 실형이 선고될 가능성이 높아졌다는 말이다.

그래도 보통 1차 적발자는 벌금형, 2차 적발자는 집행유예(징역형), 3차 적발자는 구속(징역형 실형) 순으로 처벌하는 기조는 크게 바뀌지 않을 것으로 보인다. 다만 1차와 2차 적발 간격이 짧으면 집행유예가 아닌 바로 구속할 수도 있다. 집행유예냐 실형이냐 어떤 형벌을 택할지는 전적으로 재판장 재량이기 때문이다.

따라서 앞으로 음주운전은 절대로 해서는 안 된다. 한 번은 실수여도 2번째부터는 정말 감옥에 갈 수도 있으니 말이다.

07. 음주운전 사고 나면 피해자와 합의, 꼭 해야 할까?

음주운전 하다가 사고를 내고, 피해자가 다치면 문제가 커진다. 피해자가 없으면 단순 음주운전으로 처벌받지만, 피해자가 있으면 가중처벌 조항이 적용되기 때문이다. 그래서 가해자는 대인사고에서 피해자와 합의해야 하는데, 문제는 합의가 말처럼 쉽지 않다는 것이다. 가해자는 최소한으로, 피해자는 최대한 받으려고 하는 것이 당연하니까.

음주운전 교통사고 사건에서 합의는 크게 민사합의와 형사합의로 나누어지는데, 보통 민사합의는 보험사에서 다 처리한다. 그런데 형사처벌 감형은 피해자에게 용서를 받았다는 증표가 필요한데, 이것이 바로 형사합의다. 문제는 형사합의금에 딱 정해진 기준이 없다는 건데, 과연 얼마가 적정 금액인지를 두고 실랑이가 끊이지 않는다.

일반적으로 음주운전 사고에서 형사합의금은 민사합의금의 1.5~2배 정도로 본다. 예를 들어 보험사가 피해자에게 전치 1주당 민사합의금으로 80~100만 원을 지급한다면 형사합의금은 120~200만 원이라는 것이

다. 하지만 이것도 정해진 규칙은 아니어서 반드시 여기에 국한되지 않는
다. 사회통념상 검찰은 전치 2주 기준 합의금을 400~600만 원으로 보고,
법원은 500만 원을 기준으로 보는 것 같다.[1]

실제 합의가 성립된 금액표(전치 2주 기준)

실제 체결된 형사합의 합의금 (단위:만원)

	실제 합의금액		2주환산금액		실제 합의금액		2주 환산금액
1	3주	100	66	29	2주	650	650
2	2주	100	100	30	2주	650	650
3	2주	130	130	31	4주	1000	500
4	3주	90	60	32	2주	60	60
5	3주	90	60	33	2주	60	60
6	7주	580	160	34	2주	60	60
7	4주	800	200	35	2주	230	230
8	3주	400	266	36	2주	200	200
9	2주	70	70	37	2주	200	200
10	2주	70	70	38	2주	200	200
11	2주	250	250	39	2주	300	300
12	2주	100	100	40	2주	300	300
13	2주	300	300	41	2주	660	660
14	2주	200	200	42	2주	660	660
15	2주	200	200	43	2주	660	660
16	2주	400	400	44	2주	150	150
17	2주	150	150	45	2주	200	200
18	2주	50	50	46	3주	900	600
19	4주	800	400	47	2주	250	250
20	2주	600	600	48	2주	800	800
21	2주	600	600	49	2주	620	620
22	2주	250	250	50	2주	300	300
23	8주	800	200	51	2주	300	300
24	2주	800	800	52	2주	700	700
25	2주	150	150	53	14주	2900	414
26	2주	400	400	54	2주	300	300
27	2주	150	150	55	2주	150	150
28	6주	1000	333	56	3주	1000	666
	실제 합의금 평균		430		2주 합의금 평균		311

[1] 필자가 실무를 처리하면서 실제로 합의가 체결된 금액을 토대로 생각한 범위다. 단,
이게 반드시 정답은 아니다.

그런데 만약 피해자가 너무나 터무니없이 높은 합의금을 요구하면 어떻게 할까? 가해자는 자신이 감당할 수 없는 합의금을 요구받으면, 합의를 꼭 해야 하는지 고민이 든다. 이에 대해 검찰과 법원은 아래 표와 같은 입장을 가지고 있다.

피해자가 과도한 합의금을 요구해도 합의 노력을 포기해서는 안 된다. 합의금은 언제든지 조정이 가능하고, 가해자 노력에 따라 피해자도 양보할 수 있기 때문이다.

따라서 가해자는 피해자에게 진정성 있는 사죄를 하고, 용서받기 위한 노력을 다해야 한다.

가해자가 진심으로 사과한다면 피해자도 합의금에 대해 통상적인 금액으로 조율해 줄 수 있다.

가해자의 진지한 노력에도 불구하고, 피해자가 과도한 합의금을 고집한다면 법원에 형사공탁을 신청하라. 대신 가해자가 그동안 합의를 하기 위해 어떤 노력을 기울였는지 소명자료를 제출해야 한다. 그래야 법원은 합의가 되지 않은 이유에 대해 가해자의 회복 노력이 부족한 것인지, 피해자의 과도한 욕심 때문인지 판단할 수 있으니까.

그래서 결론은 이것이다. 피해자와 합의? 꼭 해야 하는 것은 맞다. 그런데 가해자가 감당할 수 없는 과도한 합의금을 요구하면 어쩔 수 없다. 대신 법원에 그러한 사정을 적극 소명하고 호소할 필요는 있다. 그래야 재판장이 알고 판단할 수 있으니 말이다.

08. 음주운전 걸리면 어떤 법적 제재를 받을까?
– 형사, 행정, 징계, 민사 손해배상 등

음주운전이 적발되면 총 3가지 법적 제재를 받는다. 1차 형사처벌, 2차 운전면허취소(정지)처분, 3차 징계(해고)다. 형사처벌은 벌금, 집행유예, 구속(실형) 등 3가지가 있는데, 이 중 1가지를 관할 법원이 결정한다. 운전면허처분은 취소와 정지처분이 있는데, 관할 경찰청이 결정한다. 징계는 공무원 징계와 회사원 징계가 있는데, 공무원은 관할 징계위원회에서, 회사원은 각 회사 인사과에서 결정한다.

음주운전 형사처벌은 크게 적발 누적 횟수와 혈중알코올농도, 사고 유무에 따라 달라진다. 5년 이내 2회 이상 적발이 아니면 보통은 1차 벌금, 2차 집행유예, 3차 구속 순으로 처벌을 받는다. 그런데 중간에 사고가 있거나, 고농도로 위험 운전을 한 사실이 있으면 초범도 구속될 수 있다.

운전면허 행정처분은 크게 농도와 적발 횟수, 사고 유무에 따라 달라진다. 혈중알코올농도 0.08% 미만은 정지처분(100일)을, 0.08% 이상은 1년 취소처분을 받는다. 과거 음주운전 적발 전력이 있으면 2년 취소처분을 받게 되며, 만약 교통사고(대물 또는 대인)가 2회 이상 발생했으면 3년 취소처분을 받는다.

징계처분 역시 적발 누적 횟수와 혈중알코올농도, 사고 유무에 따라 달라진다. 회사원은 금고형 이상 처벌(집행유예 포함)을 받지 않으면 괜찮은데, 공무원은 아니다. 공무원은 어떤 형사처벌을 받든 상관없이 법령이 정하고 있는 징계양정 규칙에 따라 징계를 받는다.

그리고 음주운전 하다가 교통사고를 내면 민사상 손해배상 책임이 추가된다. 과거에는 음주사고를 내도 면책금 500만 원이면 전부 다 해결이 됐다. 그런데 이제는 그 한도가 대폭 상승하여 면책금 개념이 사라졌다. 교통사고로 1억 원 손해가 났으면 그 1억 원 전부 자기 돈으로 배상해 줘야 한다. 한마디로 음주운전은 패가망신의 지름길인 시대가 왔다.

09. 음주운전 적발, 벌금형 아니면 저 해고당해요

음주운전 하면 해고당한다. 공무원법 또는 회사 인사규칙에서 금고형 이상(집행유예 포함)의 처벌을 받은 사람은 파면(해고)한다고 규정하고 있다. 단순 초범이면 벌금형 가능성이 높으니 상관없지만, 누적 적발 횟수 2회 이상이면 이야기가 달라진다. 검찰은 2회 이상 적발자에 대해 불구속 구공판처분(형사재판 회부 처분)을 내리고 있고, 법원은 검사의 구형(징역 1~2년)에 따라 집행유예 또는 실형을 선고하는 경우가 많기 때문이다.

공무원 퇴직 규정

국가공무원법

제33조(결격사유) 다음 각호의 어느 하나에 해당하는 자는 공무원으로 임용될 수 없다.

1. 피성년후견인

2. 파산선고를 받고 복권되지 아니한 자

3. 금고 이상의 실형을 선고받고 그 집행이 종료되거나 집행을 받지 아니하기로 확정된 후 5년이 지나지 아니한 자

4. 금고 이상의 형을 선고받고 그 집행유예 기간이 끝난 날부터 2년이 지나지 아니한 자

5. 금고 이상의 형의 선고유예를 받은 경우에 그 선고유예 기간 중에 있는 자

제69조(당연퇴직) 공무원이 다음 각호의 어느 하나에 해당할 때에는 당연히 퇴직한다.

1. 제33조 각호의 어느 하나에 해당하는 경우

회사원 퇴직 규정

인사규칙

제46조(당연해직) 직원이 다음 각호의 1에 해당하는 경우로서 의원해직 또는 징계면직으로 처리되지 아니한 경우에는 이를 당연해직으로 처리한다.

4. 형사상 금고형 이상의 확정판결을 받았을 때*. 다만, 교통사고로 인하여 집행유예판결을 받았을 때에는 그러하지 아니하다.

* 금고형 이상의 확정판결은 집행유예 판결도 포함한다.

공인중개사법

제10조(등록의 결격사유 등) ① 다음 각호의 어느 하나에 해당하는 자는 중개사무소의 개설등록을 할 수 없다.

4. 금고 이상의 실형의 선고를 받고 그 집행이 종료(집행이 종료된 것으로 보는 경우를 포함한다)되거나 집행이 면제된 날부터 3년이 지나지 아니한 자

5. 금고 이상의 형의 집행유예를 받고 그 유예기간 중에 있는 자

위처럼 음주운전으로 집행유예 이상 처벌을 받으면 법령 또는 각 회사 인사규칙에 따라 해고당하는 직업군이 많다. 우리나라에서 웬만한 중견기업 이상 회사들은 거의 예외 없이 해고조항을 두고 있다. 그래서 음주운전은 형사처벌뿐 아니라, 회사까지 잘릴 수 있으므로 절대로 해서는 안되는 것이다.

간혹 회사에서 실제로 해고를 하는지 의문이 드는 조항도 있기도 한데, 그런 조항을 재량 해고 조항이라고 부른다. 보통 금고형 이상 처벌이 확정되면 반드시 해고한다는 조항을 두는데, "해고할 수 있다."는 재량을 부여하여 실제 해고 여부까지는 알 수 없는 것이다. 그래도 "해고할 수 있다."는 조항만으로도 직장에서 입지가 매우 불리한 것은 사실이므로, 법원은 폭넓게 해고 조항을 정상참작 사유로 인정하고 있다.

10. 음주운전 사고가 나면 발생하는 문제
   – 내가 부담하는 손해배상금액은 얼마?

음주운전 사고를 내면 피해자에게 발생한 손해를 배상해야 한다. 음주운전 사고 같은 경우 일단 가입한 보험회사에서 피해자의 손해를 배상하는데, 그 배상 절차가 끝나면 보험사가 음주운전 가해자를 상대로 위 배상금 전액을 구상 청구한다. 그래서 결국 음주 교통사고 운전자는 발생한 손해액 전액을 자기 돈으로 배상할 책임이 있다.

음주운전 교통사고 부담금 한도

	의무보험	임의보험
대인	1억 5천만 원	1억 원
대물	2천만 원	5천만 원

위 표는 자동차손해배상보장법에서 규정하고 있는 음주운전 교통사고 부담금 한도이다. 음주사고로 피해자가 입은 손해에 대하여 가해자가 부담할 금액 한도를 정하고 있다. 단순히 표만 보면 무슨 말인지 이해하기 어렵다. 쉽게 아래 예를 통해 설명한다.

"A씨는 음주운전을 하다가 피해자 B가 운전하는 포르쉐 자동차를 들이받는 사고를 냈다. 위 사고로 피해자 B씨가 사망하고, 포르쉐 차량(당시 시가: 1억 원)은 폐차했다. A씨가 가입한 보험회사 C는 B씨 유족들에게 사망 배상금 4억 원과 대물배상금 1억 원을 지급했다."

위 예시를 토대로 음주운전 교통사고 구상절차를 설명하면 아래 표와 같다.

음주교통사고 손해배상 절차

1. 보험회사가 먼저 유족들에게 손해배상금 5억 원을 지급한다.
2. 보험회사는 위 손해배상금 중 일부인 3억 2천만 원(대인 사고부담금 최대 2억 5,000만 원 + 대물 사고부담금 최대 7,000만 원)에 대하여 가해자 A씨에게 달라고 청구한다.
3. 가해자 A씨가 위 3억 2천만 원을 지급하지 않으면, 보험사는 A씨를 상대로 구상금 청구 소송을 제기한다.
4. 소송 결과에 따라 강제집행 또는 채무불이행자 명부 등록 등 민사상 불이익이 가해진다.

위처럼 이제는 음주운전을 하다가 교통사고를 내면 3억 2천만 원까지 부담할 책임이 있다. 과거에는 면책금 500만 원만 내면 보험 처리 됐지만, 이제는 아니다. 말 그대로 음주운전은 패가망신의 지름길이다. 절대로 음주운전 해서는 안 되는 이유다.

11. 단순 음주운전 1번만 걸려도 손해가 5천만 원 이상이라고?

음주운전은 타인만 아니라 운전자 본인도 손해를 입는 범죄다. 일단 음주운전에 적발되면 형사처벌, 운전면허처분을 받는다. 그런데 이런 불이익에 대해 단순한 설명으로는 피부에 와닿지 않는다는 지적이 있다. 그래서 그 구체적인 손해를 돈으로 계산해 봤다. 음주운전 초범 기준 혈중알코올농도 0.08%로 가정했으며, 과장 논란을 피하기 위해 최소한으로 받는 손해액을 계산해 봤는데, 그 금액은 아래 표와 같다.

음주운전 자기손해표

	내용	손해비용
1	형사처벌 (벌금 기준)	500만~1,000만 원 (평균 750만 원)
2	운전면허취소 (소가 기준)	5,000만 원
3	출·퇴근 비용 (1년간 택시 이용)	월 평균 50만 원 (1년 600만 원)
	합 계	최소 6,350만 원

이 표를 보면 음주운전 1회만 걸려도 최소 6,350만 원이라는 손해를 입는 것으로 나타났다. 만약 2회 이상 적발자라면 그 손해는 훨씬 더 커지고, 사고라도 난 순간부터는 억대 이상 손해가 날 수 있다. 음주운전 하면 손해가 크다는 말이 괜히 나온 것이 아니다.

자, 그럼 반대로 음주운전에 걸리지 않는 조건인 대리운전 이용은 어떨까? 만약 대리운전 이용 비용이 음주운전 적발 손해액보다 적다면, 대리 비용이 아깝다는 유혹에 넘어가지 않을 것이다. 과연 대리운전 비용은 얼마일까? 대리운전 이용자들의 월 평균 이용 횟수(월 4회) 및 이용 비용(회당 3만 원)을 기준으로 계산해 봤다. 30세에 취업하여 자동차 운전을 시작하고, 70세에 운전면허를 반납한다고 가정했다.

대리운전 40년 이용비용

	대리운전 이용 비용
1개월	12만 원(= 1회 3만 원 × 월 4회)
1년	144만 원(= 1개월 12만 원 × 12개월)
40년	5,760만 원(= 1년 144만 원 × 40년)

정답이 나왔다. 평생 대리운전비 펑펑 써도 음주운전보다 무조건 이득이다. 지금 당장 대리비 3만 원 아깝다는 생각은 버려라. 인생 길다. 돈도 아끼고 안전하게 살자.

제2장

● ●

대응

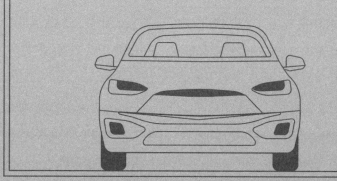

12. 음주운전 적발됐을 때, 제발 도망가지 마라

음주운전자에게 물었다. "음주운전을 하는데, 저기 앞에서 경찰이 음주단속 하는 것을 보면 무슨 생각이 드나요?" 그러자 두 개의 대답이 나왔다. 어디 다른 길로 도망갈 수 있는 길을 찾는다는 운전자와 걸려도 어쩔 수 없다며 체념하는 운전자. 도망가려는 길을 찾는다는 답변이 많다는 것을 보고 놀랐다. 뺑소니범의 95%가 음주운전이라는 말이 괜히 나온 것이 아닌 것 같다.

경찰은 음주단속 할 때에 예상 도주로를 미리 차단한다. 그럼에도 불구하고 무리하게 차를 돌리는 운전자들이 많은데, 그 과정에서 사고가 심심치 않게 발생한다. 도망가다가 잡히면 괘씸죄가 적용될 수 있으니 절대로 도망가면 안 된다. 만약 도망가다 사고라도 내면 진짜 감옥 갈 수 있다.

차를 버리고 도망가는 것은 괜찮지 않느냐고 묻는 사람이 있는데, 제발 그러지 말기를 바란다. 차 놓고 도망가는 사람이 은근 많은데, 나중에 검사나 판사가 그 내용을 꼭 확인한다. 도망가다 잡히면 경찰관과 실랑이를 벌인 것으로 간주한다. 감옥 갈 가능성이 높다. 과거 모 연예인 사건을 근거로 도망가는 것이 능사라고 생각하는 사람들이 있는데, 현실은 그렇지 않다.

경찰은 단속 전부터 도주 가능성을 방지하고 시작한다. 술 취한 상태서 도망가면 사고 날 위험이 크다. 다른 사람보다 도망가는 주취자 본인이 더 크게 다칠 수 있으니, 절대로 도망가서는 안 된다.

13. 음주운전 적발됐을 때, 제발 측정거부하지 마라

술 취한 상태서 경찰관을 만나면 없던 용기도 생기나 보다. 음주운전 단속 현장을 가면 정말 난리 통이다. 음주측정을 요구하는 경찰관에게 술 안 마셨다며 봐 달라는 사람, 아무 말 없이 가만히 있는 사람, 측정 안 하고 도망가려는 사람까지, 진상들이 끊이지 않는다.

음주운전 신고를 받고 출동한 경찰관에게 적발되면, 둘 중 한 명은 자신이 음주운전 안 했다고 발뺌한다. 그럼 경찰관이 실제로 운전했는지 여부를 떠나 일단 음주측정은 하셔야 한다고 설득하는데, 매우 맞는 말이다. 음주측정거부를 하면 나중에 정상참작 받을 수 있는 것도 못 받는 결과를 초래할 수 있기 때문이다.

음주측정거부죄는 음주운전보다 처벌 형량이 더 높은데, 그건 다 이유가 있다. 음주운전은 음주운전행위 하나만 처벌하는데, 음주측정거부는 음주운전행위와 거부행위 둘 다 처벌하는 범죄이기 때문이다.

그리고 음주운전은 피의자가 부득이하게 운전한 사유가 있거나 긴급피난 등 여러 원인이 있었을 경우 유리한 처분을 받을 수 있는 반면, 음주측정거부는 경찰관에 대한 범죄를 처벌하는 것이어서 운전한 경위에 대해 정상참작을 받을 수 없다.

따라서 운전자는 경찰관으로부터 음주측정을 요구받으면 절대로 거부해서는 안 된다. 음주측정거부는 적극적으로 응하지 않겠다는 의사를 표시하는 것과 경찰관의 측정요구를 묵묵부답으로 대하는 부작위 거부행위가 있는데, 둘 다 죄질이 불량하다.

음주측정거부를 하면 현행범으로 체포하는 것이 원칙이다. 음주운전자에게 음주측정을 하고 나면 그 자리에서 대리를 불러 훈방조치 하는데, 측정거부 하면 경찰서까지 끌려가서 조사를 받는다. 여러모로 보나 음주운전보다 측정거부가 훨씬 더 피의자에게 불리한 범죄다. 그러므로 만약 경찰관이 음주측정을 요구하면 묻지도 따지지도 말고 응하자. 그게 본인에게 유리하다.

14. 음주운전 적발됐을 때, 제발 협조 잘하자

필자가 음주운전 적발된 사람들에게 꼭 묻는 질문이 하나 있다.

"음주운전 적발됐을 때, 경찰하고 트러블은 없었지요?"

그럼 열 중에 아홉은 경찰과 실랑이는 없었다고 한다. 하지만 경찰조사 들어가면 열 중에 셋은 다퉜다고 기록돼 있다. 적발 당시 술에 취한 상태에 있어서 기억을 못 할 뿐, 자신도 모르게 경찰에게 폭행, 욕설을 하거나 화를 내고 실랑이를 벌이는 경우가 많다는 것이다.

음주운전 적발됐을 때 경찰하고 싸우면 본인만 손해다. 경찰은 다툼 사실을 수사보고서에 기재하기 때문이다. 그리고 이 수사보고서가 법원까지 올라가면 판사는 음주운전 피고인에게 나쁜 인식을 가질 수밖에 없다. 음주운전 한 것으로도 모자라 이를 단속하던 경찰관에게 몹쓸 짓을 했다는 혐의까지 추가되니까.

그래서 일단 음주운전에 적발되면 잔머리 굴리지 말고, 경찰조사에 적극 협조하는 것이 필요하다. 적발 과정에서 억울한 이유가 있더라도 그건 차후 해결할 문제일 뿐, 현장에서는 중요치 않다. 경찰관이 묻는 질문이 있으면, 기억나는 대로 답변하고, 대리운전 불러 가라고 하면 그 지시에 따르자. 그럼 더 이상 사태를 악화시키지 않는다.

간혹 경찰관 질문에 거짓으로 답하는 경우가 있는데, 나중에 이를 정정할 때 매우 불리하다. 그러니까 진실대로 답변하는 것이 낫다. 요즘은 CCTV와 블랙박스가 도처에 깔려 있어서 경찰이 맘먹으면 거짓말을 다 잡아낸다. 그럼 추후 괘씸죄가 추가될 수 있으니 처음부터 거짓말을 안 하는 것이 좋다.

단속 현장에서 경찰조사에 순순히 협조하면 좋은 이유가 또 있다. 바로 양형참작이다. 법원은 피고인의 태도에 따라 정상을 참작해 주는데, 그 기준은 반성문이 아니라 수사기관 조사에 협조한 모습을 토대로 결정한다. 경찰 피의자 신문조서에 피고인이 반성하는 취지의 내용이 기재되어 있고, 수사기록에 특이사항이 없으면 피고인이 순순히 협조한 것으로 보는 것이다. 그러므로 음주운전 적발됐을 때는 그냥 열심히 경찰조사에 협조하는 것이 좋다.

15. 합의는 빠를수록 더 좋을까?

음주운전 하다가 교통사고 내면 피해자와 합의를 해야 한다. 합의를 하지 않으면 정상참작에서 불리한 요소로 작용하기 때문이다. 음주 교통사고에서 합의는 크게 민사합의와 형사합의가 있다. 민사합의는 피해자가 실제로 입은 피해에 대한 배상금 성격을 띤다. 형사합의는 가해자의 범죄로 마음의 상처를 입은 피해자에게 용서를 구하는 대가로 지급하는 일종의 보상금 성격을 띤다.

민사합의는 대인배상과 대물배상으로 나누어지는데, 대인배상은 피해자의 치료비, 일실수익, 위자료 등이 있고, 대물배상은 피해 차량의 수리비, 감가상각비 등이 있다. 민사합의는 가해 운전자가 자동차 보험에 가입한 경우, 가입 보험사가 먼저 그 비용을 부담한다. 그리고 민사합의가 끝나면 보험사가 가해 운전자를 상대로 구상금(피해자와 민사합의를 위해 지출한 모든 비용)을 청구한다.

형사합의도 대인합의와 대물합의로 나누어지는데, 실무상 대인배상이 문제 되고, 대물배상은 크게 문제 삼지 않는다. 재산상 손해는 금전배상으로 모두 회복됐다고 보기 때문이다. 그래서 보통 가해자는 대인합의를 위해 심혈을 기울이는데, 언제까지 합의를 하는 것이 좋을지 궁금증이 생긴다. 합의는 빠를수록 좋다고 하는데, 결론부터 말하면 그 말이 맞다.

합의가 빠를수록 좋은 이유는 여러 가지가 있는데, 그중 제일 좋은 것은 처벌 조항이 낮은 것으로 바뀌는 것이다. 예를 들어 혈중알코올농도 0.14%의 술 취한 상태로 운전하다가 사고를 냈다고 가정해 보자. 피해자가 상처를 입으면 윤창호법(위험운전치상)으로 큰 처벌을 받는데, 다행히 피해자가 다친 것 같지 않다. 그럼 이때 가해자가 취할 수 있는 가장 좋은 방법은? 그 자리에서 바로 형사합의를 보는 것이다. 왜냐하면 우리나라 형사처벌 형량이 상해진단서를 기준으로 결정되기 때문이다. 그런데 이 상해진단서라는 것이 너무나 쉽게 발급되어서 문제인데, 다들 알다시피 상해진단서는 실제 안 아파도 아프다는 소리만 하면 발급되는 것이 현실이다. 그러다 보니 가해 운전자 입장에서는 피해자가 병원에 가는 순간 상해진단서 발급 가능성이 100%이므로, 빨리 합의하는 것이 가장 베스트가 될 수 있다는 것이다.

그러나 피해자가 합의금을 너무 크게 부르면 이야기가 달라진다. 아무리 처벌을 낮추고 싶어도 가벼운 사고를 1,000만 원, 2,000만 원씩 주고 처리하는 것은 또 다른 부당함이 될 수 있기 때문이다. 따라서 형사합의는 가해자가 감당할 수 있는 범위에서, 통상적으로 인정되는 금액 조건만 충족된다면, 최대한 빨리 진행하는 것이 좋다.

16. 경찰조사 전 합의에 대하여

가해 운전자들이 자주 묻는 질문 중 하나가 경찰조사 받기 전에 합의해야 하는지이다. 주변에서 무슨 소리를 들었는지 모르겠지만, 합의는 반드시 경찰조사 전까지 할 필요가 없다. 급하게 합의를 진행하면 충분히 대화가 되지 않은 상태서 서로 감정의 골만 더 깊어지기 때문이다.

그런데 경찰조사 받기 전에 꼭 합의하는 것이 좋은 경우가 있는데, 사전구속영장 신청 대상 사건일 때이다. 예를 들어 만취 상태서 운전하다가 피해자를 치어 사망 또는 중상해 피해를 입혔을 때가 있는데, 이런 경우에는 가급적 경찰조사 전에 합의하는 것이 좋다. 그렇지 않으면 경찰이 중한 사고 결과가 발생했고, 도주 우려가 있다는 이유로 구속영장을 신청할 수 있기 때문이다. 따라서 영장 신청 대상 사건이라면 가급적 경찰조사를 받기 전에 합의를 진행하는 것이 좋을 수 있다.

경찰조사 전 합의가 필요한 사례

1. 위험운전치사상(사망 또는 중상해)
2. 집행유예 기간 중 음주 교통사고
3. 음주 뺑소니(전치 8주 이상 상해 결과)

다만 음주 교통사고에서 피해자와 합의를 진행할 때는 주의할 사항이 있는데, 첫째 합의 절차를 준수해야 한다. 불법 또는 매너 없는 합의 절차는 피해자의 화만 돋우고, 합의가 어려워질 수 있다. 그리고 둘째, 통상적으로 인정되는 합의금을 제시해야 한다. 너무 낮은 합의금을 제시하면 피해자 입장에서 과연 이 사람이 합의할 생각은 있는 것인지 그 진의를 의심할 수 있다. 마지막 셋째, 합의에 필요한 서류를 미리 준비해야 한다. 전화 통화로 얼마에 합의할지 다 논의해 놓고, 정작 만난 자리에서 합의서를 빠뜨렸다면 다시 준비하는 사이에 피해자 생각이 바뀔 수 있다. 그래서 합의는 처음부터 끝까지 매너와 준비성을 유지하는 것이 중요하다.

음주교통사고 합의 주의사항

합의 절차 준수
적정 합의금 제안
필요한 서류 준비

합의를 진행할 때 가장 애를 먹는 구간은 피해자 연락처를 받는 것과 적정 합의금인데, 금액은 앞서 '음주운전 사고 나면 피해자와 합의, 꼭 해야 할까?' 파트에서 언급했으므로, 이번 파트에서는 피해자와 연락하는 방법을 이야기한다.

자, 먼저 당신이 음주운전 피해자라고 가정해 보자. 지금 기분이 어떤가? 매우 매우 화났을 것이다. 가해자와 이야기하고 싶은 기분이 아닐 것이다. 가해자를 빨리 감옥에 처넣었으면 좋겠다는 생각뿐일 것이다. 그런데 갑자기 다짜고짜 가해자한테서 전화가 오더니 합의하자고 한다. 그때 당신의 기분은 어떨 것 같나? 당연히 합의하고픈 생각이 1도 없을 것이다. 그럼 가해 운전자는 어떻게 하는 것이 좋을까? 간단하다. 죄인처럼 행동하면 된다. 아니 죄인이 맞으니까 죄인으로서 용서를 구하는 마음으로 정중히 접근하면 된다.

피해자에게 연락할 때 기본예절

1. 먼저 피해자에게 문자를 보낸다.

(가해자입니다. 정말 죄송합니다. 염치없지만 연락드립니다. 혹시 괜찮으시면 통화 가능하실까요? 만약 지금 어려우시면 통화 가능한 시간 알려 주시면 감사하겠습니다. 제가 연락드리겠습니다.)

2. 피해자에게서 24시간이 지나도록 아무런 답장이 없으면, 다시 한번 문자를 보낸다.

(답장이 없으셔서 다시 문자 드립니다. 정말 죄송합니다. 괜찮으시면 통화하고 싶은데, 가능하실까요? 만약 불쾌하거나 당분간 통화할 기분이 아니시라면 죄송합니다. 답장 기다리겠습니다.)

절대지식 음주운전 뺑소니의 모든 것

3. 그럼에도 6시간이 지나도록 답장이 없다면, 이때는 전화해도 된다. 만약 피해자가 다짜고짜 전화하면 어떡하냐고 항의하면, 정말 죄송하다고 2번이나 문자 드렸는데, 답장이 없으셔서 연락드렸다면서 양해를 구한다.

4. 그다음부터는 피해자가 원하는 조건으로 대화를 하거나 만나서 합의 여부를 논의하면 된다.

참고로 피해자와 합의에 대해 이야기할 때 절대 해서는 안 되는 이야기가 있다. 그건 바로 "(교통사고 날 때) 너도 잘못했잖아."이다. 교통사고는 과실을 따지는 사건이다. 그런데 음주교통사고는 아니다. 과실 1%만 있어도 형사 가해자가 된다. 따라서 형사합의를 보고 싶다면 절대로 피해자의 교통사고 과실을 들먹여서는 안 된다. 피해자 과실은 보험사가 민사합의 볼 때 알아서 처리할 영역이다.

요즘 합의는 전화로 진행하는 경우가 대부분이다. 만나서 진행하기에는 서로 위험부담이 크기 때문에 대부분 꺼리는 추세다. 그래서 전화로 사과하고, 합의금도 조율하는데, 금액에 대해 어느 정도 의견이 일치하면 합의가 이루어진다. 그리고 합의서 작성을 위해 서로 만나는데, 가해자가 먼저 피해자에게 정중히 사과하고, 그다음 합의에 필요한 서류를 작성하면 된다. 간혹 피해자가 비대면으로 합의서 작성을 요청하는 경우가 있는데, 그때는 조금 절차가 복잡하다.

비대면 합의 절차 방법

1. 가해자가 먼저 피해자에게 약속한 합의금을 송금한다.

2. 피해자가 가해자에게 주민번호 뒷자리와 주소를 가린 신분증 사진을 문자로 전송한다.

3. 가해자가 합의서에 피해자가 보내준 신분증에 기재된 인적사항 정보를 기재하고, 피해자 서명란을 공란으로 둔다.

4. 가해자가 위 기재 합의서를 피해자가 지정한 주소로 보낸다.

5. 피해자가 공란으로 둔 서명란에 서명하고, 작성이 끝난 합의서를 경찰서 또는 검찰, 또는 법원 담당 부서에 보내면 끝.

합의가 완료되고 나중에 피해자가 개인적 사유로 합의를 번복하는 경우가 있다. 이때 피해자의 합의 의사 철회에 따른 합의서 효력 인정 여부가 문제 되는데, 우리 법원은 합의서 작성 당시 진실된 의사로 서명한 것이라면, 특별한 사정이 있지 않는 이상 합의 효력은 인정된다고 본다. 그리고 가해자가 합의서를 분실하고, 피해자가 합의서 재교부를 거부하는 경우가 있는데, 이때는 특별히 걱정하지 않아도 된다. 합의서를 분실해도 피해자와 합의에 이르렀다는 사실을 뒷받침하는 통화 내용과 문자, 합의금 송금 내역서, 피해자로부터 받은 신분증 사본 또는 인감증명서가 있으면, 서로 합의한 것으로 인정해 준다.

절대지식 음주운전 뺑소니의 모든 것

17. 경찰 단계서 합의하는 방법은?

피해자와 합의하려면 먼저 피해자 연락처를 알아야 한다. 피해자 연락처를 확인하는 방법은 간단하다. 담당 경찰조사관에게 부탁하면 된다. 아래 표와 같이 연락처를 확보하면 된다.

경찰조사 단계에서 피해자 연락처를 확보하는 방법
1. 가해자가 담당 경찰조사관에게 피해자 연락처를 부탁한다. 2. 담당 조사관이 피해자에게 전화하여 '피해자의 연락처를 가해자에게 알려 줘도 되는지' 여부를 묻는다. 3. 피해자가 동의하면, 담당 조사관이 가해자에게 피해자 연락처를 알려 준다.

피해자와 연락이 닿아 합의가 이루어졌다면, 합의서를 작성해야 한다. 합의서와 부수적인 서류는 다음의 표와 같이 준비하면 된다.

1. 합의서 2통(가해자와 피해자용 각 1통)
2. 피해자 신분증 사본 또는 인감증명서
(요즘은 합의금을 송금하고, 피해자 신분증 사진을 문자로 받고 있다.)

인터넷을 검색하면 합의할 때 피해자는 가해자에게 채권양도통지서를 작성 교부받아야 한다고 소개하는 글들이 있는데, 이것은 실무상 사문화된 지 오래다. 과거 형사합의인지, 민사합의인지 헷갈리던 시절에나 채권양도통지서가 필요했지, 지금과 같은 디지털 스마트 시대에는 명확히 구별되므로 필요 없다. 따라서 보험사에서도 가해자와 피해자의 형사합의에 대해 상호 간 채권양도통지 합의가 있는 것으로 간주하고, 별도의 채권양도 통지 절차가 없어도 민사합의 절차를 진행함에 있어 아무런 배상 공제를 하지 않는다.

만약 보험사가 채권양도 통지 부존재를 이유로 민사 배상금에서 형사합의금을 공제한다면, 소송에서 패소하는 것은 물론, 가해자가 다시 보험사에서 공제금을 돌려받아 피해자에게 지급하는 소모전만 되풀이될 뿐이다. 그래서 최근 실무상 합의는 ① 합의서, ② 피해자 신분증 사본 또는 인감증명서, ③ 합의금 송금 내역서 등 이 세 가지 서류만 관할 기관에 제출하면 충분하다.

합의서와 첨부 서류

가. 합의서 작성 사례

교통사고 합의서

가해자

성 명	서 영 원	주민등록번호	■■■■-■■■■
주 소	수원시		
전화번호	010-■■-■■	자동차번호	■■■■

피해자

성 명	최 충 만	주민등록번호	■■■-■■
주 소	서울		
전화번호	010-■-■■	자동차번호	■■■

상기 가해자와 피해자는 2021년 1월 20일 오전 9시 30분경 서울 서초구 서초 중앙로 166 소재 앞 도로에서 발생한 교통사고(대인, 대물)에 대하여 상호 원만히 합의하였으므로, 피해자는 가해자에 대해 민·형사상 처벌 불원 의사를 표시하고 이에 갈음하여 서명·날인한 합의서(피해자 인감증명 또는 신분증 사본 첨부)를 제출합니다.

2021년 1월 22일

가해자 서 영 원 [인]

피해자 최 충 만 [인]

서울중앙지방법원 형사 26단독 귀중

나. 피해자 신분증 사본

다. 합의금 송금 내역서(캡처 사진)

라. 합의금 송금내역서(이체내역서)

절대지식 음주운전 뺑소니의 모든 것

18. 검찰 단계서 합의 및 형사조정 방법은?

형사합의는 시간의 구애를 받지 않는다. 경찰조사 단계에서 합의를 하지 못해도 검찰 단계에서 언제든지 합의를 할 수 있다. 그런데 합의 없이 검찰에 사건이 송치됐다는 것은 피해자가 아직 합의 의사가 없거나 합의금액에 대한 이견이 크다는 것을 의미한다. 피해자 입장이 너무 완강하면 합의가 어려울 수 있는데, 이런 때에는 국가기관에 중재를 요청하는 것도 나쁘지 않다.

검찰은 가해자와 피해자가 원만히 합의할 수 있는 중재 절차로 '형사조정' 제도를 시행하고 있다. 형사조정이란 검찰에서 임명한 조정위원이 중재자가 되어, 가해자와 피해자의 입장을 들어 보고 적정한 합의 조건을 도출하는 절차를 말한다. 형사조정은 가해자가 검찰에 형사조정 신청서를 제출하면, 담당 검사가 형사조정 신청이 타당한지 여부를 검토하고, 이를 피해자가 동의할 경우 개시한다. 형사조정에 회부되면 가해자와 피해자에게 연락이 온다. 담당 공무원이 전화로 가해자와 피해자에게 형사조정 절차 안내를 하는데, 간혹 희망 합의금을 물어보기도 한다. 형사조정기일이 지정되면 가해자와 피해자가 검찰 조정실에 출석하여 조정위원의 주재하에 대화를 할 수 있는데, 보통 조정위원이 가해자와 피해자에게 번갈아 의사를 물어보는 방식으로 진행한다. 그 과정에서 서로 만족하는 합의금이 도출되면, 바로 합의 조정서를 작성하는데 이는 합의서와 동일한 효력이 있다.

형사조정은 가해자와 피해자의 진정한 합의 의사가 일치한 경우에 한하여 성립된다. 만약 둘 중 하나가 부동의하면 성립되지 않는다. 그럼 조정위원이 합의 결렬을 선언하고, 조정위원 의견서에 결렬 사유를 기재하고 담당 검사에게 제출함으로 절차가 종결된다. 담당 검사는 형사조정이 결렬된 이유를 참작하여 형사처분을 내리는데, 가해자가 너무 적은 합의금을 제안했거나 피해자가 너무 과도한 합의금을 고집하였는지 여부에 따라 처분 범위를 결정한다.

형사조정 절차

1. 가해자가 검찰에 형사조정신청서를 제출한다.
2. 검찰이 피해자에게 형사조정 참여 의사를 확인한다.
3. 피해자가 동의하면 형사조정 개시를 당사자에게 전화 또는 문자로 안내한다.
4. 형사조정 기일이 지정되면, 당사자들에게 전화 또는 문자로 안내한다.
5. 조정 기일에 조정위원이 가해자와 피해자의 의사를 확인한다.
6. 당사자들이 동의하는 합의금이 도출되면, 조정서(=합의서)를 작성한다. 만약 합의가 결렬되면 결렬 사유를 조정위원 의견서에 기재한다.
7. 조정위원이 조정서 또는 의견서를 담당 검사에게 제출하고, 절차가 모두 종결된다.

절대지식 음주운전 뺑소니의 모든 것

형사조정 관련 양식

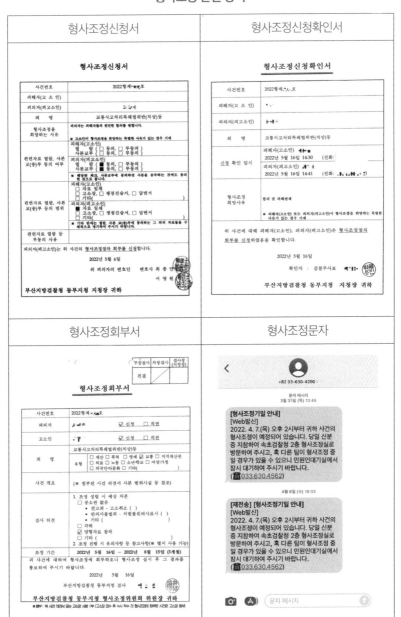

형사조정조서

형사조정조서

사건번호 2022형제[redacted]호　　기　일 2022년 6월 15일 14:30경
죄　명 교통사고처리특례법위반(치상) 등　　장　소 형사조정실

피의자	성　명 1. [redacted]	■ 출 석	□ 불출석
	2.	□ 출 석	□ 불출석
피해자 · 고소인	성　명 1. [redacted]	□ 출 석	☑ 불출석
	2. [redacted]	□ 출 석	☑ 불출석

1. 당사자의 주장 (요구내용 중심 간략기재, 불출석 시 기재 불필요)
가. 피해자(고소인)의 주장
나. 피의자의 주장

2. 조정위원회 조정권고안 (권고안 있는 경우 기재, 불출석 시 기재 불필요)
가. 권고안의 내용
나. 당사자의 의견

3. 조정 결과

○ 피의자는 피해자 [redacted](전화조정)에게 형사조정 합의금 150만원을 2022. 6. 16.까지 피해자가 지정하는 [redacted] 명의 [redacted] 계좌([redacted])로 지급하기로 하고, 피해자는 위 기한내 합의금 150만원을 지급받으면, 피의자와 원만히 합의하고, 피의자에 대한 형사처벌 원하지 않으며, 추후 민·형사상 이의를 제기하지 않기로 한다.(피해자 [redacted] 전화녹음)

○ 피의자는 피해자 [redacted](전화조정)에게 형사조정 합의금 200만원을 2022. 6. 16.까지 피해자 명의 [redacted] 계좌([redacted])로 지급하기로 하고, 피해자는 위 합의금 200만원을 지급받으면, 피해자와 원만히 합의하고, 피의자에 대한 형사처벌 원하지 않으며, 추후 형사상 이의를 제기하지 않기로 한다.(피해자 [redacted] 전화녹음)

4. 기타 참고 사항
2022. 8. 15. 만기

피의자 [redacted] (인)　　형사조정위원회 조정장 [redacted]
피해자(고소인) (인)　　위원 [redacted]
　　위원 [redacted]
피해자(고소인) (인)　　간사 검찰수사관 [redacted]

108

형사조정 합의서

합 의 서

조정번호 : 부산동부지청 2022조정[redacted]호
사건번호 : 부산동부지청 2022형제[redacted]호
죄　명 : 교통사고처리특례법위반(치상) 등
피의자(피고소인) : [redacted]
피해자(고소인) : [redacted]

- 합 의 내 용 -

○ 피의자는 피해자 [redacted](전화조정)에게 형사조정 합의금 150만원을 2022. 6. 16.까지 피해자가 지정하는 [redacted] 명의 [redacted] 계좌([redacted])로 지급하기로 하고, 피해자는 위 기한내 합의금 150만원을 지급받으면, 피의자와 원만히 합의하고, 피의자에 대한 형사처벌 원하지 않으며, 추후 민·형사상 이의를 제기하지 않기로 한다.(피해자 [redacted] 전화녹음)

○ 피의자는 피해자 [redacted](전화조정)에게 형사조정 합의금 200만원을 2022. 6. 16.까지 피해자 명의 [redacted] 계좌([redacted])로 지급하기로 하고, 피해자는 위 합의금 200만원을 지급 받으면, 피해자와 원만히 합의하고, 피의자에 대한 형사처벌 원하지 않으며, 추후 형사상 이의를 제기하지 않기로 한다.(피해자 [redacted] 전화녹음)

2022. 6. 15.

성 명 : [redacted]

형사조정위원회
전화 (051)780-4565(조정부관련)
(051)780-4441(조정절차관련)
팩스 (051)780-4442 ← 송금이체증 (팩스)

형사조정 결정문

형사조정 결정문

구　분			내　용	
형사조정위원회 관리번호 (검찰 사건번호 및 사건명)			형사조정 2022제[redacted]호 (2022형제 [redacted]호, 교통사고처리특례법위반(치상) 등)	
피의자			[redacted]	
피해자 · 고소인			[redacted]	
담당 형사조정위원		1. [redacted]	2. [redacted]	3. [redacted]
조정기간		접수일 . . .	종료일 . . .	조정횟수　회
조정결과	유형	피해자(고소인)1)	사유(해당사유에 표시)	비고
	성립	✓	☑ 별첨 (합의서, 고소취소장)의(과) 같은 내용으로 조정성립	☑ 합의서 첨부 □ 고소 취소장 첨부
	조건부 조정성립2)		□ 별첨 (합의서, 고소취소장)의(과) 같은 내용으로 조건부 조정성립	□ 합의서 첨부 □ 고소 취소장 첨부 □ 공증 필
	불성립3)		□ 금전적 조건 불일치	
			□ 금전 이외 조건 불일치	
			□ 피의자의 무자력	
			□ 피해자와 피의자의 감정다툼	
			□ 피의자의 사과, 화해의 노력 결여	
			□ 피해자가 사과 및 화해시의 거절	
			□ 기일불출석	(불출석자 기재)
			□ 소환 불능	(소환 불능자 기재)
			□ 조건부 조정의 고소취소조건 (합의조건) 일부 불이행	
			□ 조건부 조정의 고소취소조건 (합의조건) 전부 불이행	
			□ 기타	(사유 간략 기재)
사건 관련 조정위원 의견				

위와 같은 내용으로 형사조정이 이루어졌음을 확인함
부산지방검찰청 동부지청 형사조정위원회　　조정장 [redacted]
　　위원 [redacted] (인)
　　위원 [redacted] (인)
부산지방검찰청 동부지청 검사 [redacted] 귀하

1) 피해자/고소인이 여러 명인 경우 해당 당사자의 번호 기재
2) 조정결과 통보 시를 기준으로 고소취소나 합의 조건의 성취여부를 판단할 수 없는 경우는 조건부 조정으로 결과 기재
3) 여러 사유에 해당하는 경우 복수 체크 가능

105

수사보고서(형사조정성립)

부 산 지 방 검 찰 청 동 부 지 청

주임검사
[redacted]

수　신　형사조정전담검사 [redacted]
제　목　수사보고서(형사조정 성립)

본건은 2022. 6. 15. 14:30경 형사조정실에서 형사조정 실시 하였는바, ○ 피의자는 피해자 [redacted](전화조정)에게 형사조정 합의금 150만원을 2022. 6. 16.까지 피해자가 지정하는 [redacted] 명의 [redacted] 계좌([redacted])로 지급하기로 하고, 피해자는 위 기한내 합의금 150만원을 지급받으면, 피의자와 원만히 합의하고, 피의자에 대한 형사처벌 원하지 않으며, 추후 민·형사상 이의를 제기하지 않기로 한다.(피해자 [redacted] 전화녹음)

○ 피의자는 피해자 [redacted](전화조정)에게 형사조정 합의금 200만원을 2022. 6. 16.까지 피해자 명의 [redacted] 계좌([redacted])로 지급하기로 하고, 피해자는 위 합의금 200만원을 지급 받으면, 피해자와 원만히 합의하고, 피의자에 대한 형사처벌 원하지 않으며, 추후 형사상 이의를 제기하지 않기로 한다.(피해자 [redacted] 전화녹음)

라는 내용으로 각각 합의되어 **형사조정 성립**으로 보고합니다.

첨　부　형사조정조서 1매.
합의서 전화녹음 CD 1매.
입출금거내내역서 사본 1매. 끝.

106

19. 법원 단계서 합의 및 형사공탁 방법은?

앞서 이야기한 것과 같이 형사합의는 언제든지 할 수 있다. 그런데 법원 재판 단계까지 왔음에도 합의가 안 됐다는 것은 뭔가 중대한 원인이 있다는 것을 의미한다. 그 원인은 피해자 입장에서 가해자가 워낙 괘씸하기 때문에 억만금을 주더라도 합의를 하지 않겠다는 의사를 굳힌 경우도 있지만, 실제로는 합의금액에 대한 이견이 커서 합의가 안 되는 경우가 십중팔구다. 예를 들어 음주운전 교통사고로 피해자가 전치 2주의 부상을 입었다고 가정해 보자. 이 경우 형사합의금은 보통 300~600만 원 범위 내에서 이루어지는데, 간혹 1,000만 원 이상 요구하는 경우가 있다. 가해자 입장에서 피해자의 과도한 합의금 요구에 망설일 수밖에 없고, 그러다 보니 합의가 지지부진한 상황에서 법원 재판까지 오게 되는 것이다.

가해자가 통상적인 합의금을 제안하였으나, 피해자가 끝까지 과도한 합의금을 고수하면 합의가 될 수 없다. 이런 경우에 한하여 가해자는 최후의 수단으로 법원 형사공탁 절차를 이용할 수 있다. 형사공탁이란, 피고인이 용서를 받기 위한 수단으로 피해자를 위해 적정한 금원을 법원에 공탁하는 것을 말한다. 그런데 일반 형사공탁은 치명적인 약점이 있으니, 피해자의 동의가 없으면 안 된다는 것이다.

피해자 동의가 없는 상황에서 법원에 형사공탁을 신청하면, 법원이 피해자에게 전화를 걸어 공탁 동의 여부를 확인한다. 만약 피해자가 동의하면 법원이 피고인에게 피해자 인적사항에 대한 정보를 내어주고, 피고인이 위 피해자에게 형사공탁을 하면, 공탁과 동시에 합의 효력이 발생한다. 피해자가 거절하면 공탁신청이 기각되고, 내부 의견서를 통해 그 거절 사유가 재판장에게 보고된다. 그럼 재판장은 공탁 성립 또는 불성립 사유를 참작하여 최종 판결을 내리게 된다. 공탁의 불성립 사유가 피해자의 과도한 합의금 요구라면, 재판장이 이를 참작하여 합의가 성립된 것과 동일한 정상으로 고려하는 경우도 있는데, 이는 어디까지나 재판장의 재량이므로 장담할 수 없다.

그래서 국회는 2022년 12월 9일 피해자의 인적사항을 몰라도 예외적으로 형사공탁을 할 수 있는 규정을 신설했는데, 이에 대한 구체적인 내용은 다음 장에서 다루도록 한다.

금전공탁서(형사사건용) 작성 사례

[제1-9호 양식]

금전 공탁서(형사사건용)

공 탁 번 호	2023년 금 제900500호			년 월 일 신청	법령조항	민법 제487조
공 탁 자	성 명 (상호, 명칭)	나 공 탁	피 공 탁 자	성 명 (상호, 명칭)		김 피 해
	주민등록번호 (법인등록번호)	123456-7891011		주민등록번호 (법인등록번호)		110198-7654321
	주 소 (본점, 주사무소)	서울 서초구 서초대로 99		주 소 (본점, 주사무소)		서울 서초구 서초중앙로 1
	전화번호	02-123-4567		전화번호		02-765-4321
공 탁 금 액	한글	오백만원	보 관 은 행			○○은행 법원출장소 지점
	숫자	5,000,000원				
형사사건	사건번호	서울중앙지방검찰청 서울중앙지방법원		2023형제56789호 2023고단12345호		
	사건명	특정범죄가중처벌등에관한법률위반(위험운전치상)				

공탁원인사실	공탁자는 2023. 2. 1. 21:30경 서울 서초구 서초중앙로 166 소재 앞 도로에서 혈중알코올농도 0.122%의 술에 취한 상태에서 교통사고를 내어 피해자 김피해에게 전치2주 상해를 입힌 사건과 관련하여 합의가 이루어지지 않아 공탁자는 2023. 2. 20. 형사위로금으로 금 500만원을 현실제공하였으나 수령을 거부하므로 공탁함.
비고(첨부서류등)	☐ 계좌납입신청 ☐ 공탁통지 우편료 원
반대급부 내용 등	없음

위와 같이 신청합니다.   대리인 주소 서울 서초구 서초중앙로 166
                                          전화번호 02-6949-4004
        공탁자 성명 나공탁   인(서명)   성명   최충만   인(서명)

회수제한 신고	**공탁자는 피공탁자의 동의가 없으면 위 형사사건에 대하여 불기소결정(단, 기소유예는 제외)이 있거나 무죄판결이 확정될 때까지 공탁금에 대한 회수청구권을 행사하지 않겠습니다.** **공탁자 성명 나공탁 인(서명) 대리인 성명 최충만 인(서명)** ※ 회수신고란에 서명하지 않을 경우 "금전 공탁서(변제 등)" 양식을 사용하시기 바랍니다.

위 공탁을 수리합니다.
공탁금을   년   월   일까지 위 보관은행의 공탁관 계좌에 납입하시기 바랍니다.
위 납입기일까지 공탁금을 납입하지 않을 때는 이 공탁 수리결정의 효력이 상실됩니다.
                            년   월   일
                법원   지원 공탁관   (인)

(영수증) 위 공탁금이 납입되었음을 증명합니다.
년   월   일
공탁금 보관은행(공탁관)   (인)

※ 1. 서명 또는 날인을 하되, 대리인이 공탁할 때에는 대리인의 성명, 주소(자격자대리인은 사무소)를 기재하고 대리인이 서명 또는 날인하여야 합니다. 전자공탁시스템을 이용하여 공탁하는 경우에는 날인 또는 서명은 공인인증서에 의한 전자서명 방식으로 합니다.
  2. 공탁금 납입 후 은행으로부터 받은(전자공탁시스템을 이용하여 공탁하는 경우에는 전산시스템으로 출력한) 공탁서 원본을 형사사건이 최종 계류 중인 경찰서나 검찰청 또는 법원에 제출하시기 바랍니다.
  3. 공탁통지서를 발송하여야 하는 경우, 공탁금을 납입할 때 우편료(피공탁자 수 × 1회 발송)도 납부하여야 합니다(공탁신청이 수리된 후 해당 공탁사건번호로 납부하여야 하며, 미리 납부할 수 없습니다).
  4. 공탁금 회수청구권은 소멸시효 완성으로 국고에 귀속될 수 있습니다.
  5. 공탁서는 재발급 되지 않으므로 잘 보관하시기 바랍니다.

20. 법원 형사공탁 특례 어떻게 진행하나?

과거 공탁법 체제하에서는 피해자 동의 없는 형사공탁이 허용되지 않았다. 그래서인지 이런 시스템을 악용하는 사례가 대폭 늘어나면서 많은 문제가 발생했다. 성범죄 사건 같은 경우 그 특성상 피해자 진술만으로도 유죄가 선고될 수 있는데, 합의를 하지 않으면 구속될 가능성이 높다 보니 일부 여성들이 합의금을 노리고 고소하는 사례가 많았다. 그래서 무고율이 엄청 증가했고, 이를 보다 못한 국회가 최근 피해자 동의가 없어도 형사공탁 할 수 있는 제도를 신설한 것이다.

공탁법 제5조의2

제5조의2(형사공탁의 특례)
① 형사사건의 피고인이 법령 등에 따라 피해자의 인적사항을 알 수 없는 경우에 그 피해자를 위하여 하는 변제공탁(이하 "형사공탁"이라 한다)은 해당 형사사건이 계속 중인 법원 소재지의 공탁소에 할 수 있다.

절대지식 음주운전 뺑소니의 모든 것

② 형사공탁의 공탁서에는 공탁물의 수령인(이하 이 조에서 "피공탁자"라 한다)의 인적사항을 대신하여 해당 형사사건의 재판이 계속 중인 법원(이하 이 조에서 "법원"이라 한다)과 사건번호, 사건명, 조서, 진술서, 공소장 등에 기재된 피해자를 특정할 수 있는 명칭을 기재하고, 공탁원인사실을 피해 발생시점과 채무의 성질을 특정하는 방식으로 기재할 수 있다.

위 공탁법 개정안은 2022년 12월 9일부터 시행됐는데, 구법과 다른 특이점이 하나 있다. 바로 "피해자의 인적사항을 알 수 없는 경우"이다. 이를 두고 어떻게 해석해야 하는지 의견이 분분했다. 누구는 아무런 절차 없이 바로 형사공탁이 가능하다고 주장하는 사람이 있고, 누구는 재판부의 허가가 있어야만 형사공탁이 가능하다는 의견을 냈다. 이에 대해 법원행정처가 명확한 결론을 내렸는데 간단히 요약하면 이렇다. 기존 일반 형사공탁 절차를 다 거쳤으나 끝내 피해자로부터 거절당했을 때, 최후의 수단으로 형사공탁 특례를 이용하라는 것! 여기서 일반 형사공탁과 형사공탁 특례를 헷갈릴 수 있는데, 엄격히 따지면 양자가 서로 다르다. 말로 설명하면 어려우니 다음의 음주교통사고 형사공탁 특례 절차를 참고하기 바란다.

1. 가해자가 피해자에게 용서를 구하며 합의를 요청한다.

2. 피해자가 합의할 의사가 없거나, 합의금액이 적다며 합의를 거절한다.

3. 검사가 가해자를 형사재판에 회부한다.

4. 피고인이 재판부에 일반 형사공탁을 위한 재판기록열람복사(=피해자 인적사항 열람등사)를 신청한다.

5. 재판부가 피해자에게 형사공탁 승낙 및 피해자 인적사항 제공에 대해 동의 여부를 묻는다.

6. 피해자가 형사공탁 및 피해자 인적사항 제공을 거절(부동의)한다.

7. 재판부가 피고인에게 재판기록열람복사 신청에 대한 불허 결정문을 내려준다.

8. 피고인이 법원에 공탁법 제5조의2(형사공탁의 특례)에 따라 ① 금전공탁서(형사공탁), ② 공판계속증명원(또는 대법원 나의 사건 검색 조회 결과), ③ 공소장, ④ 재판기록열람복사신청 불허결정문을 제출하고, 사회통념상 적당하다고 생각하는 합의금액을 공탁한다.

9. 피고인이 재판부에 공탁 관계 서류를 제출한다.

10. 재판부가 형사공탁 원인 및 취지를 확인하고, 타당한 이유가 있다고 생각하면 정상참작 사유로 반영한다.

금전공탁서(형사공탁) 작성 사례

[별지 제1호 양식]

금전 공탁서(형사공탁)

공 탁 번 호	2023년 금 제900500호	2023년 3월 15일 신청	**법령조항**	**공탁법 제5조의2**

공 탁 자	성 명 (상호, 명칭)	나공탁	피 공 탁 자	성 명	김○○
	주민등록번호 (법인등록번호)	123456-7891011		법원의 명칭과 사건번호 및 사건명	서울중앙지방법원 2023고단12345 특정범죄가중처벌등에관한 법률위반(위험운전치상)
	주 소 (본점, 주사무소)	서울 서초구 서초대로 99		검찰청의 명칭과 사건번호	서울중앙지방검찰청 2023형제56789
	전화번호	02-123-4567			

공 탁 금 액	한글 오백만원	보 관 은 행	○○은행 법원출장소 지점
	숫자 5,000,000원		

공탁원인사실	공탁자는 2023년 2월 1일 21:30경 서울 서초구 서초중앙로 166 소재 앞 도로에서 혈중알코올농도 0.122%의 술에 취한 상태서 교통사고를 내어 피해자 김○○에게 전치 2주 상해를 입힌 사건과 관련하여 진지하게 용서를 빌며 형사위로금 500만원을 김○○에게 지급하려 하였으나, 합의금액에 대한 이견으로 협의가 결렬되고, 재판기록·수사기록 중 피해자의 인적사항에 대한 열람복사 불허가 등의 사유로 인하여 피해자의 인적사항을 알 수 없으므로 부득이 이를 공탁함

비고(첨부서류등)	1. 공판계속증명원 2. 공소장 부본 3. 재판기록 열람·복사신청서 사본 □ 계좌납입신청

위와 같이 신청합니다.
　　　　　　　　　　　　　대리인 주소 서울 서초구 서초중앙로 166
　　　　　　　　　　　　　전화번호 02-6949-4004
　　　공탁자 성명　　나공탁　　인(서명)　　　성명　　최충만　　인(서명)

회수제한 신고	공탁자는 피공탁자의 동의가 없으면 위 형사사건에 대하여 무죄판결이 확정될 때까지 공탁금에 대한 회수청구권을 행사하지 않겠습니다. 　　공탁자 성명　　나공탁　　인(서명)　　　대리인 성명　　최충만　　인(서명)

위 공탁을 수리합니다.
공탁금을 2023년 5월 10일까지 위 보관은행의 공탁관 계좌에 납입하시기 바랍니다.
위 납입기일까지 공탁금을 납입하지 않을 때는 이 공탁 수리결정의 효력이 상실됩니다.

　　　　　　　　　　년　　　　월　　　　일
　　　　　　　법원　　　지원　공탁관　　　　　　　　　(인)

(영수증) 위 공탁금이 납입되었음을 증명합니다.

　　　　　　　　　　년　　　　월　　　　일
　　　　　　공탁금 보관은행(공탁관)　　　　　　　(인)

- 1 -

금전공탁서(형사공탁)를 작성할 때 주의할 점이 하나 있는데, 바로 '공탁원인사실'이다. 과거 공탁법은 피해자에 대한 사과 없이 돈으로 해결하려는 관행을 타파하기 위해 시행됐다. 그런데 현행 공탁법에서 아무런 이유 없이 무제한 공탁을 허용한다면 다시 또 돈으로 해결한다는 비판을 피할 수 없는 문제가 생긴다. 그래서 이를 보완하기 위해 '공탁원인사실' 기재사항을 추가했다. 쉽게 말하면 형사공탁(특례)을 할 수밖에 없는 이유에 대해 구체적으로 적시하라는 것이다. 그래야 재판장이 공탁 취지를 알고, 이를 정상참작 사유로 반영해 줄지 여부를 결정할 수 있지 않겠는가.

예를 들어 '공탁원인사실'을

"공탁자는 2023년 2월 1일 21:30경 서울 서초구 서초중앙로 166 소재 앞 도로에서 혈중알코올농도 0.122%의 술에 취한 상태서 교통사고를 내어 피해자 김○○에게 전치 2주 상해를 입힌 사건과 관련하여 진지하게 용서를 빌며 형사위로금 500만 원을 김○○에게 지급하려 하였으나, 합의금액에 대한 이견으로 협의가 결렬되고, 재판기록·수사기록 중 피해자의 인적사항에 대한 열람·복사 불허가 등의 사유로 인하여 피해자의 인적사항을 알 수 없으므로 부득이 이를 공탁함"

이라고 기재한다면, 재판장이 합의가 안 된 이유에 대해 한눈에 알 수 있다. 피고인은 피해자와 합의를 하려고 했으나 피해자의 과도한 합의금 요구로 합의가 안 됐다는 사실을 말이다. 형사공탁 취지에는 '피해자의 과도한 합의금 요구'로 합의가 안 되는 경우도 포함하므로, 아마도 재판장은 합의에 준하는 형사공탁을 인정해 줄 가능성이 높다.

위처럼 이제는 피해자 동의 없는 형사공탁이 가능하다. 단, 공탁 전에 먼저 피해자에게 용서받기 위한 모든 노력을 다했다는 사실이 인정돼야, 형사공탁에 따른 정상참작을 받을 수 있다. 만약 합의 노력 없이 형사공탁부터 시도하면, 재판장이 그 공탁의 효력을 철저히 배제할 수도 있으니 주의가 필요하다.

21. 음주운전(뺑소니 포함) 경찰조사 어떻게 진행되나?

음주운전이 적발되면 반드시 거쳐야 하는 절차가 있는데, 바로 경찰조사다. 경찰조사는 피의자가 경찰서 교통조사계에 출석하여 적발 사실에 대해 자백 여부를 진술하는 절차를 말하는데, 보통 경찰피의자신문조사를 지칭한다. 보통 음주운전이 적발된 날로부터 1~2주 이내 경찰조사를 받게 되는데, 본인이 어떤 처벌을 받을지 미리 알아보는 것이 좋다. 그래야 경찰조사를 받으러 갈 때 어떤 준비를 해야 하는지 대응책을 세울 수 있기 때문이다.

경찰조사 날짜는 담당 조사관이 임의로 정하는 것이 원칙이나, 요즘은 피의자가 원하는 날짜, 시간을 가급적 맞춰 주려고 배려하고 있다. 경찰조사 날짜를 정하는 순서는 담당 조사관이 먼저 피의자 연락처로 전화를 하거나 또는 문자로 몇 월 며칠 몇 시에 시간이 되는지 제안하는 것으로 시작한다. 피의자가 그 제안을 받아들이면 그 날짜로 경찰조사기일이 지정되는 것이고, 다른 날짜로 변경을 요청하면 담당 조사관이 근무하는 시간 중 가능한 시간대로 조정할 수 있다. 한마디로 경찰조사 날짜는 담당 조사관과 피의자가 서로 조율하여 정하는 것이 가능하다.

경찰조사 날짜가 되면 피의자는 약속 시간에 관할 경찰서 교통조사계로 출석해야 한다. 교통조사계 건물 및 사무실은 보통 각 경찰서 민원실 옆 또는 별도로 떨어진 곳에 위치하고 있다. 교통조사계 업무 특성상 시간을 가리지 않고 발생하는 교통사고 처리를 위해서라면, 즉각 출동대기가 가능한 위치에 있을 수밖에 없다. 교통조사계 사무실로 들어가면 담당 조사관이 누구인지 몰라도 여기저기서 "누구 찾아오셨냐?"고 묻기 때문에 긴장하지 말고 침착히 "홍길동 조사관님 만나러 왔습니다."고 하면 된다.

음주운전자들이 경찰조사 받으러 갈 때 준비할 사항으로 무엇이 있는지 많이 물어보는데, 일단 반성문은 준비해 가는 것이 좋다. 잘못을 해서 경찰조사를 받으러 가는 것인데, 반성문이 있으면 일단 검사, 판사가 볼 때 반성하고 있다는 점을 인정해 주기 때문이다. 만약 변호사를 선임했다면, 변호사가 알아서 어떻게 준비하라고 알려 주기 때문에 반드시 반성문을 준비할 필요는 없다. 그리고 당연한 이야기이겠지만, 경찰조사에 갈 때 운전면허증은 챙겨 가야 하고, 추가로 인감도장을 챙겨 가는 것도 나쁘지 않다. 인감도장을 챙겨 가면 경찰피의자 신문조사가 끝나고 기명 날인(이름을 적고 도장을 찍는 것) 및 간인(서류를 겹쳐 도장을 찍는 것) 할 때, 빠르고 편하게 끝낼 수 있다.

경찰조사 갈 때 필요한 것

1. 운전면허증(분실한 경우 주민등록증 또는 여권)
2. 인감도장(없으면 지장으로 대체 가능)
3. 반성문

담당 조사관과 인사하고, 자리에 앉으면 본격적인 경찰조사가 시작되는데, 먼저 운전면허증을 달라고 한다. 운전면허증을 반납하면 조사관이 "영상녹화 희망하나요?"라고 물어보는데, 이는 절차상의 형식적인 질문으로 보통은 영상녹화를 하지 않는 경우가 많으므로 "하지 않겠습니다."라고 말하면 된다. 그럼 조사관이 피의자 신문조사에 대해 안내문(A4용지 1장짜리)을 교부하면서 "경찰조사를 받는 과정에서 부당한 대우를 받았다고 생각하면, 검사에게 구제를 신청할 수 있다."고 고지를 한다. 그리고 진술거부권, 변호인조력권을 고지하고, 아래 표와 같이 구체적인 사실관계에 대한 질문을 시작한다. 참고로 진술할 때에는 묻는 질문에 대한 답변만 간략히 하는 것이 좋다. 나름 억울한 사정을 어필하는 사람들이 많은데, 십중팔구 본인에게 불리한 정황으로 작용하니까 미리 법률전문가의 조언을 받지 않았다면, 아래 표처럼 객관적으로 유리한 사실만 진술하는 것이 좋다.

문: 피의자는 무슨 일로 조사를 받고 있나요?

답: 음주운전 때문에 조사받고 있습니다.

문: 언제, 어디서 음주운전이 적발됐나요?

답: 2022년 8월 30일 22:30경 서울 교대역 인근 우리은행 앞 도로에서 적발됐습니다.

문: 적발된 혈중알코올농도는 몇 %인가요?

답: 0.083%입니다.

문: 그럼 피의자는 언제, 어디서, 누구와 술을 마셨나요?

답: 같은 날 21:00부터 22:00까지 교대역 삼겹살집에서 친구와 술을 마셨습니다.

문: 피의자가 마신 술의 종류와 양은요?

답: 처음처럼 소주 5잔 마셨습니다.

문: 피의자는 술을 마시고 식당을 나와 어떻게 하다가 적발됐나요?

답: 친구는 택시를 타고 귀가했고, 저는 식당 앞 도로에 주차한 차량 안에서 호출한 대리기사를 20분 정도 기다리다가 오지 않는 것 같아서 운전을 했습니다. 그런데 이 모습을 본 행인이 경찰에 신고를 했고, 현장에 출동한 경찰관에게 음주운전 한 사실이 적발된 것입니다.

문: 피의자가 운전한 거리는 얼마나 되나요?

답: 한 50m 정도 되는 것 같습니다.

문: 피의자는 음주측정 하기 전에 입을 헹구었나요?

답: 네. 종이컵 안에 있는 물로 입을 헹구었습니다.

문: 피의자는 호흡측정 결과에 이의가 있을 경우 채혈할 수 있다는 사실을 고지받았나요?

답: 네. 고지받았으나, 채혈을 희망하지 않았습니다.

문: 피의자가 지금까지 진술한 내용은 모두 사실인가요?

답: 네. 사실입니다.

음주운전 피의자 신문조사(부인)

문: 피의자는 무슨 일로 조사를 받고 있나요?

답: 음주운전 때문에 조사받고 있습니다.

문: 언제, 어디서 음주운전이 적발됐나요?

답: 2022년 8월 30일 23:00경 서울 성동구 자택에서 적발됐습니다.

문: 당시 적발 혈중알코올농도는 몇 %인가요?

답: 0.033%입니다.

문: 그럼 피의자는 언제, 어디서, 누구와 술을 마셨나요?

답: 같은 날 21:00부터 22:00까지 성수동 삼겹살집에서 친구와 술을 마셨습니다.

문: 피의자가 마신 술의 종류와 양은요?

답: 처음처럼 소주 2잔 마셨습니다.

문: 피의자는 술을 마시고 식당을 나와 어떻게 하다가 적발됐나요?

답: 친구는 택시를 타고 귀가했고, 저는 식당 앞 도로에 주차한 승용차를 운전해서 귀가했습니다. 그런데 제가 차에 타는 모습을 본 행인이 경찰에 신고했는지, 출동한 경찰관이 제 집에 찾아와서 음주측정을 하게 된 것입니다.

문: 피의자가 운전한 거리는 얼마나 되나요?

답: 한 200m 정도 되는 것 같습니다.

문: 피의자가 집에 도착한 시각은요?

답: 같은 날 22:15경 도착한 것 같습니다.

문: 피의자가 마지막으로 술 마신 시각, 집에 도착한 시각 등을 알 수 있는 자료를 제출할 의향이 있나요?

답: 네. 식당에서 나온 시각은 신용카드 결제 영수증으로, 집에 도착한 시각은 아파트 지하 주차장 CCTV 영상 및 출입기록 확인서를 제출하겠습니다.

문: 그럼 피의자가 마지막으로 술을 마신 시각은 22:00경이고, 운전을 마친 시각은 22:15경, 혈중알코올농도 측정 시각은 23:00경이라는 말씀이신가요?

답: 네. 그렇습니다.

문: 그럼 피의자는 본인이 음주운전 한 사실을 부인하는 것인가요?

답: 네. 부인합니다. 저는 제가 운전할 때 정말 정신이 멀쩡하다고 생각했습니다. 제가 혈중알코올농도 상승기에 있었는지 확인하시어, 처벌기준치 초과 여부를 판단해 주시면 감사하겠습니다.

문: 피의자는 음주측정 하기 전에 입을 헹구었나요?

답: 네. 종이컵 안에 있는 물로 입을 헹구었습니다.

문: 피의자는 호흡측정 결과에 이의가 있을 경우 채혈할 수 있다는 사실을 고지받았나요?

답: 네. 고지받았으나, 채혈을 희망하지 않았습니다.

문: 지금까지 피의자가 진술한 내용은 모두 사실인가요?

답: 네. 사실입니다.

문: 피의자는 무슨 일로 조사를 받고 있나요?

답: 뺑소니(도주치상) 혐의로 조사를 받고 있습니다.

문: 피의자는 언제, 어디서 도주치상으로 적발됐나요?

답: 2022년 8월 30일 08:00경 자택에서 뺑소니 혐의로 적발됐습니다.

문: 피의자는 2022년 8월 30일 00:30경 서울 교대역 사거리에서 교통사고가 발생한 사실을 알고 있나요?

답: 네. 뺑소니로 적발될 때, 출동한 경찰관에게 혐의사실을 고지받아서 알고 있습니다.

문: 피의자는 사고 당시 교통사고가 난 사실을 알고 있었나요?

답: 네. 알고 있었습니다.

문: 피의자가 기억하는 교통사고 당시 상황을 진술해 보세요.

답: 제가 그날 교대역 사거리를 지나가던 중 3차로에서 2차로로 차선 변경을 시도했습니다. 그런데 옆 2차로에서 달리던 차량이 "빵" 했고, 그 과정에서 차량끼리 스치는 교통사고가 났습니다. 그런데 피해 차량이 비상등을 켜고 진행 방향 우측 골목길로 우회전했고, 저는 피해 차량이 골목길로 들어가는 것을 보고 '서로 없던 일로 하자는 것'인 줄 알고, 차를 정차하지 않고 그대로 차를 몰아 집으로 들어왔습니다.

문: 피해자 진술에 따르면 교통사고가 났고, 큰 도로에서 차를 세우면 위험하니까 옆 골목길에 차를 세우고 사고를 수습하려고 했다고 하는데 어떻게 생각하시나요?

답: 네. 충분히 일리 있다고 생각합니다.

문: 그럼에도 아무런 조치 없이 현장을 벗어났는데, 당시 술 마시고 운전한 것 아닌가요?

답: 아닙니다. 그날 저는 사무실에서 퇴근하는 길이었고, 술은 마시지 않았습니다.

문: 건물 CCTV를 보면 사무실에서 나오기 4시간 전에 사무실로 들어가는 모습이 나오는데, 어디서 술 마시고 들어온 것은 아닌가요?

답: 아닙니다. 제 신용카드 사용내역을 보면 술을 마시지 않았다는 것을 쉽게 알 수 있습니다.

문: 그럼 교통사고를 내고, 피해자에게 전치 2주의 상처를 입혔음에도 불구하고 아무런 구호 조치 없이 현장을 떠난 사실은 인정하나요?

답: 네. 인정합니다.

문: 지금까지 피의자가 진술한 내용은 모두 사실인가요?

답: 네. 사실입니다.

문: 피의자는 무슨 일로 조사를 받고 있나요?

답: 음주 뺑소니(도주치상) 혐의로 조사를 받고 있습니다.

문: 피의자는 언제, 어디서 도주치상으로 적발됐나요?

답: 2022년 8월 30일 08:00경 자택에서 뺑소니 혐의로 적발됐습니다.

문: 피의자는 2022년 8월 30일 00:30경 서울 교대역 인근 골목길에서 교통사고가 발생한 사실을 알고 있나요?

답: 네. 뺑소니로 적발될 때, 출동한 경찰관에게 혐의사실을 고지받아서 알고 있습니다.

문: 피의자는 사고 당시 교통사고가 난 사실을 알고 있었나요?

답: 아니요. 몰랐습니다.

문: 피의자가 기억하는 당시 상황을 진술해 보세요.

답: 제가 그날 교대역 인근 골목길을 지나가고 있었습니다. 그런데 마침 그날 골목길 공사를 하고 있었고, 도로가 울퉁불퉁했습니다. 길 양쪽에는 주정차한 차들이 있었고, 매우 혼잡했던 것으로 기억합니다. 저는 골목길을 지나 남부터미널 방향 도로로 진입한 것만 기억합니다.

문: 피해자 진술에 따르면, 피의자는 골목길에서 차를 운전하다가 피해자의 손을 치고 그냥 갔다고 하던데, 정말 몰랐나요?

답: 네. 그때 골목길이 혼잡하고, 공사로 땅도 불규칙해서 바퀴에서 올라오는 소음이 심했습니다. 피해자가 주정차된 차량 사이에서 나오려다가 지나가는 제 차와 손이 부딪친 것 같은데, 앞 범퍼가 아닌 측면 조수석 문 쪽에 부딪쳤고, 아무런 사고 소음, 진동을 느끼지 못했기 때문에 정말 몰랐습니다.

문: 피의자는 당시 술 마시고 운전했지요?
답: 네.

문: 언제, 어디서, 누구와 술을 마셨나요?
답: 같은 날 23:00부터 24:00까지 교대역 삼겹살집에서 친구와 술을 마셨습니다.

문: 피의자가 마신 술의 종류와 양은요?
답: 처음처럼 소주 3잔 마셨습니다.

문: 그럼 음주운전 사실을 숨기기 위해 사고 낸 사실을 알고도 그냥 현장을 떠난 것 아닌가요?
답: 아닙니다. 제가 그날 술을 마시긴 했지만, 정말 사고 사실을 몰랐습니다. 사고 영상을 보면, 술 안 마신 운전자라도 쉽게 사고 사실을 인지하기 힘들었을 것입니다.

문: 이 사건 사고로 피해자는 전치 2주의 상해를 입었다고 하는데, 어떻게 생각하나요?

답: 정말 스칠 정도로 가벼운 접촉인데, 전치 2주 상해를 입었다는 것도
    이해가 되지 않습니다.

문: 그럼 피의자는 도주치상 혐의를 부인하는 것인가요?
답: 네. 정말 몰랐으므로 부인합니다.

문: 피해자와는 합의하실 것인가요?
답: 뺑소니 사실을 부인하므로 형사합의는 따로 진행하지 않을 것입니
    다. 자동차 종합보험으로 민사 처리만 할 생각입니다.

문: 지금까지 피의자가 진술한 내용은 모두 사실인가요?
답: 네. 사실입니다.

위와 같이 피의자신문조사가 끝나면, 조사관은 이를 기재한 조서를 출력하여 피의자에게 본인이 진술한 것과 같은 내용인지 확인하라고 한다. 피의자가 진술한 것과 조서에 기재된 내용이 같다고 말하면, 조서에 피의자 도장 또는 지장을 찍는다. 그럼 경찰피의자신문조사는 모두 끝이 난다.

피의자신문조사가 끝나면, 곧바로 행정처분 절차에 돌입한다. 경찰은 피의자의 운전면허취소를 고지하고, 이에 대한 사전통지서를 교부한다. 그리고 40일짜리(또는 20일짜리) 임시운전면허 서류를 교부하는데, 40일 임시운전면허 기간이 지나면, 그때부터 정해진 결격 기간 동안 운전면허를 취득할 수 없다. 그다음 전자지문을 등록하는데, 3분이면 끝난다. 지

문까지 등록하고 나면 조사관이 전부 끝났다며 이제 집에 가도 된다고 한다. 그럼 경찰조사가 모두 끝났으니 집으로 귀가하면 된다.

경찰조사 때 하는 일
피의자신문조사
운전면허취소처분
전자지문등록

절대지식 음주운전 뺑소니의 모든 것

22. 경찰조사 받을 때 거짓말하면 안 되는 이유

법정에 출석한 증인이 거짓말을 하면 위증죄로 처벌받는다. 위증죄는 매우 죄질이 나쁜 범죄로, 초범도 법정구속형으로 처벌한다. 그런데 피고인이 법정에서 거짓말하면 어떻게 될까? '제3자인 증인도 위증죄로 처벌하는데, 피고인도 크게 처벌하지 않을까?'라고 생각할 수 있지만, 결론적으로 아무런 처벌도 받지 않는다. 왜 그럴까? 우리 헌법은 피고인에게 진술거부권을 보장하고 있는데, 이 진술거부권은 본인에게 불리한 진술을 거부할 권리만 아니라 불리한 사실을 숨기기 위한 거짓말을 할 권리도 보장하기 때문이다.

기본적으로 음주운전자는 자기에게 불리한 사실을 숨기는 경향이 있다. 경찰조사에서도 마찬가지다. 이런저런 핑계를 대면서 마치 자기는 모르고 한 것처럼 진술한다. 심지어 있지도 않은 허위 사실을 적극 주장하는 경우도 있는데, 그럼 안 된다. 경찰조사에서 한 거짓말이 나중에 들통나면 별도로 처벌은 안 받아도 괘씸죄로 무거운 처벌을 받을 수 있기 때문이다.

하지만 우리 헌법이 진술거부권을 보장하는 만큼 특별히 문제 되지 않는 부분에 대해서는 어느 정도 거짓말을 인정하고 있는데, 바로 범죄 성립과 관련 없는 부분이다. 음주운전 범죄를 예로 들면 범죄가 성립하기 위해 3가지 조건을 충족해야 하는데, 첫째 술을 마셨을 것, 둘째 자동차 용법에 맞게 운전할 것, 셋째 혈중알코올농도가 처벌기준치를 초과할 것 등이 있다. 만약 이 중 한 가지라도 충족하지 못하면 음주운전 범죄가 성립되지 않는다. 그런데 경찰과 검사는 음주운전 피의자의 혐의사실을 입증할 의무가 있다. 위 3가지 조건만 자백 진술을 받아내면 범죄 입증에 큰 지장이 없다. 그럼 나머지 사실 관계는? 범죄 성립 여부와 관련 없는 내용은 피의자가 일부 거짓 진술을 하더라도 크게 문제 삼지 않는다. 수사기관 입장에서 유죄 성립 여부가 중요한 것이지, 나머지 사안은 재판장이 알아서 처리할 문제기 때문이다.

그러나 일반인 입장에서 어떤 것은 되고, 어떤 것은 안 되는지 구별하기가 쉽지 않다. 본인은 범죄 요건과 관련 없는 내용이라고 생각해서 조금 (?) 거짓말했는데, 나중 알고 보니 범죄사실을 부인한 것이 되어 유죄 판결과 함께 실형을 선고받았다든지, 범죄 요건과 관련 없는 불리한 내용을 유리한 내용으로 착각하여 전부 진술했다가 더 무거운 처벌을 받았다든지 등 잔머리 굴리다가 장렬한 최후를 맞는 사례가 적지 않다. 그러므로 일반인 음주운전자는 경찰조사에서 가급적 거짓말은 피하는 것이 좋다. 정 걱정이 되면 가까운 법률전문가를 찾아가 경찰조사 절차에서 어떻게 진술하는 것이 좋은지 상담을 받는 것도 나쁘지 않다. 변호사 상담 비용은 보통 시간당 15~30만 원 정도인데, 1시간만 상담받아도 충분하다. 인생이 걸린 문제를 운에 맡기기에는 위험부담이 너무 크다.

절대지식 음주운전 뺑소니의 모든 것

23. 경찰조사 받을 때 반성문 꼭 제출해야 하나?

"변호사님, 경찰조사 갈 때 반성문 가져가야 합니까?" 정말 지겹도록 들은 질문이다. 결론부터 말하면 변호인을 선임하지 않은 사람들은 반성문을 가져가야 한다. 경찰조사 받을 때 반성문을 제출해야 검사, 판사까지 수사기록에 반성문이 첨부되어 올라간다.

그럼 변호사를 선임한 사람들은? 변호사가 알아서 의견서를 제출하니까 반성문을 미리 제출할 필요가 없다. 왜? 변호사에게 반성문을 주면 의견서에 그 내용을 첨부하기 때문이다.

그리고 반성문을 제출하면 안 되는 한 가지 더 예외적 상황이 있는데, 바로 본인이 어떤 범죄를 저질렀는지 알지 못할 때이다. 음주운전 범죄 특성상 적발 당시 상황이 잘 기억나지 않는 경우가 많은데, 그럴 때에는 일단 경찰조사를 받고 난 다음에 반성문을 제출하는 것이 좋다. 만약 이를 간과하고 덜컥 반성문을 내버리면 나중에 본인에게 유리한 사실을 주장하지 못하는 상황이 올 수 있다.

보통 경찰이 먼저 반성문을 가져오라고 요구하는데, 이는 피의자 편의를 위한 배려다. 다르게 말하면 당신의 혐의는 명백하니까 힘들게 고생하지 말고, 미리 반성문을 제출해 달라는 취지다. 그럼 반성문을 수사기록에 첨부해서 정상참작을 받을 수 있도록 해 주겠다는 것인데, 본인이 생각할 때 특이사항이 없다면 그대로 따르는 것이 좋다. 혹시나 불안하면 경찰조사 받을 때 조사관에게 부탁하라. 경찰조사 끝나고 제출하겠다고. 그렇게 해도 괜찮다.

24. 경찰조사 받을 때 변호사 입회 필요할까?

　음주운전이 적발되면 변호사를 선임해야 할까? 음주운전자라면 누구나 한 번은 생각해 봤을 고민이다. 결론부터 말하면 음주운전 초범은 변호사를 선임할 필요가 없다. 그런데 만약 음주운전 2진 아웃 이상으로 중한 처벌이 예상된다면? 그때는 변호사를 선임하는 것이 좋다. 그럼 어느 단계서 변호사를 선임해야 하는지 의문이 드는데, 경찰조사 단계부터 해야 하는지, 아니면 법원 재판에 넘겨졌을 때 해야 할지 갈팡질팡하는 사람들이 많다.

　정답부터 말하면 변호사 선임은 빠르면 빠를수록 좋다. 마치 병을 빨리 발견하고 빨리 치료받으면 좋다는 이야기와 같은 것이다. 생각해 보라. 음주운전 처벌은 경찰조사 단계서 증거를 수집하고, 검찰의 처분을 거쳐 법원이 최종 처벌을 정하는 순서로 진행된다. 만약 경찰조사 단계서 변호사의 조력을 받는다면? 본인에게 유리한 수사기록이 첨부될 가능성이 최소 1% 이상 높아지고, 그 연쇄작용에 의해 법원 처벌 결과까지 유리한 방향으로 사건을 끌어갈 수 있다. 법원 판결이 갑자기 뚝 떨어지는 것이 아니고, 경찰이 열심히 수집한 자료와 검사의 처벌 의견을 보고 듣고 결정하는 과정이기 때문이다.

그리고 경찰조사 단계부터 변호사 입회가 되면 유·무형적 이익을 받는데, 바로 사전구속영장방지와 유리한 증거 구성 가능성, 사건 진행 방향에 대한 설정 협의 등 여러 가지가 있다. 예를 들어 집행유예 기간 중에 음주운전이 적발된 피의자가 있다고 가정해 보자. 피의자는 변호사를 선임했고, 변호사는 피의자 경찰조사에 동행·입회했다. 이때 변호사가 하는 역할은?

첫째, 피의자가 떨지 않고 유리한 진술을 할 수 있도록 옆에서 도와준다.
둘째, 피의자에게 유리한 증거(마지막으로 술 마신 시각, 운전 시각, 음주측정 한 시각 등을 알 수 있는 자료들)를 수집해 달라고 수사기관에 요청할 수 있다.
셋째, 영장 신청 여부에 대하여 재고를 요청하거나, 영장 철회를 위한 조건을 미리 협의할 수 있다.
넷째, 집행유예 기간 도과를 위해 검찰 송치 일정을 조정하거나 추가 수사를 요청하는 등 사건 진행 속도를 협의할 수 있다. 구속 가능성이 있는 피의자일수록 변호사의 경찰조사 입회는 선택이 아니라 필수인 것이다.

- 사전구속 영장신청 여부에 대해 협의 가능하다.
- 피의자가 유리한 진술을 할 수 있도록 옆에서 도와준다.
- 사건 진행 속도를 조율할 수 있다.
- 피의자에게 유리한 방향으로 사건을 이끌어 간다.
- 무죄 또는 정상참작 가능성을 높인다.

그러나 변호사 선임은 만만치 않은 비용이 든다. 법무법인 같은 경우 착수금이 천만 원부터 시작하는 곳도 많으니까 의뢰인 입장에서 여간 부담되는 것이 아니다. 하지만 평생 한 번 올까 말까 한 인생 위기에서 돈 몇백이 아쉬워서 가만히 있다가는 나중에 땅을 칠 수 있다. 따라서 사회 수업료 낸다는 생각으로 변호사 조력을 받는 것이 훨씬 낫다.

또 구속이 아니더라도 변호사 도움을 받아야 하는 때가 있는데, 반드시 벌금형 처벌이 필요한 경우다. 공무원, 공기업, 대기업, 전문직, 금융권 재직자들은 금고형 이상의 처벌을 받으면 법령 또는 인사규칙에 따라 직장을 잃을 가능성이 높다. 벌금형이 나올 가능성이 높다 하더라도 만에 하나 집행유예 이상의 형벌이 선고되면 큰 손해를 입기 때문에 경찰조사 단계부터 변호사에게 도움받는 것이 좋다. 원하는 결과가 있으면, 그 결과를 위해 1% 확률이라도 높이는 것이 장기적으로 더 큰 이득이기 때문이다.

25. 주차장에서 음주운전 하면 어떻게 되나?

음주운전을 하다 적발되면 2가지 불이익 처분을 받는다. 첫 번째는 형사처벌(징역, 집행유예, 벌금 등)이고, 두 번째는 운전면허처분(취소 또는 정지)이다. 형사처벌과 면허처분 둘 다 도로교통법에서 규정하고 있는데, 형사처벌은 2진 아웃 가중처벌 조항이 헌법재판소에서 위헌결정을 받으면서 혈중알코올농도에 따라 처벌하는 것으로 형량이 낮아졌다. 그런데 면허처분은 여전히 2001년 7월 24일부터 지금까지 2회 이상 적발되기만 하면 기본 결격 기간 2년을 유지하고 있고, 심지어 대물사고가 2회 있거나 대인사고가 껴 있으면 결격 기간 3년까지 가중되는 등 면허에 대한 제한은 더 심해졌다. 그러다 보니 형사처벌보다 면허처분이 더 무섭다는 말이 나오기 시작했고, 처벌감형보다 면허구제에 대한 관심이 더 커지는 상황에 있다.

그래서인지 최근 주차장에서 운전했다는 주장이 크게 늘어났는데, 주차장에서의 음주운전은 면허처분을 받지 않기 때문이다. 도로를 운전하여 주차장에 왔어도, 주차장에서 적발됐다는 사실로 주차장에서만 운전

　　　　　　　　　　　　　　절대지식 음주운전 뺑소니의 모든 것

했다고 우기는 것이다.

 똑같은 음주운전인데, 도로냐 주차장이냐에 따라 면허처분이 달라지는 이유는 도로교통법에 있다. 음주운전 형사처벌 조항은 도로교통법 제44조 및 제148조의2에서 술에 취한 상태에서 자동차 등을 운전하면 처벌한다고 규정하고 있다. 그리고 음주운전 면허처분 조항은 같은 법 제93조 제1항에서 술에 취한 상태에서 자동차 등을 운전하면 면허를 취소하거나 정지시킬 수 있다고 규정하고 있다. 둘 다 음주운전 하면 처벌하거나 면허처분 한다고 규정하고 있다. 어디를 봐도 도로인지 여부를 따지는 문구는 없다.

 그런데 도로교통법 제2조 제26호를 보면 "운전"이란 도로에서 차마 또는 노면전차를 그 본래의 사용 방법에 따라 사용한 것을 말한다고 규정하고 있다. 해당 조항에서 도로에서 자동차를 움직였을 때 운전이라고 정했으므로, 도로가 아닌 주차장에서 차량을 움직인 것은 운전이 아닌 것이 된다. 즉 주차장에서의 음주운전은 운전을 하지 않은 것이 되어 아무런 면허처분을 받지 않게 되는 것이다. 반면 형사처벌 조항인 제148조의2는 도로 외의 곳까지 포함한다고 규정하고 있으므로, 형사처벌의 경우 면허처분과 달리 도로냐 주차장이냐를 가리지 않고 모두 처벌하고 있다.

제2조(정의) 이 법에서 사용하는 용어의 뜻은 다음과 같다.

26. "운전"이란 도로(제27조 제6항 제3호·제44조·제45조·제54조 제1항·제148조·제148조의2 및 제156조 제10호의 경우에는 도로 외의 곳을 포함한다)에서 차마 또는 노면전차를 그 본래의 사용 방법에 따라 사용하는 것(조종 또는 자율주행시스템을 사용하는 것을 포함한다)을 말한다.

위와 같은 이유로 주차장에서의 음주운전은 면허처분을 할 수 없는데, 그럼 대체 어떤 곳이 주차장인지가 문제 된다. 이에 대해 도로교통법 제2조 제1호 라목은 '현실적으로 불특정 다수의 사람 또는 차마(車馬)가 통행할 수 있도록 공개된 장소로서 안전하고 원활한 교통을 확보할 필요가 있는 장소'라고 규정하는데, 구체적으로 식당 전용 주차장, 차단기가 있는 공영주차장, 사유지 주차장 등이 있다. 주차장과 관련하여 문제 되는 장소는 바로 '아파트 주차장'인데, 어떤 아파트는 차단기가 없고 불특정 다수가 주차장을 자유로이 다닐 수 있는 반면, 어떤 아파트는 차단기로 입주민만 이용할 수 있도록 주차장을 통제하기 때문이다. 이에 대해 대법원은 아파트 주차장이라도 불특정 다수의 사람이나 차량의 통행을 허용하는 등 공개된 장소인지 여부에 따라 판단해야 한다는 입장인데, 실무상 아파트 입구에 차단기나 관리사무소를 통해 출입 차량을 통제하고 있으면 주차장으로 보고 있다. 따라서 같은 음주운전이더라도 주차장에서만 운전할 경우, 형사처벌은 받아도 면허처분은 받지 않게 된다.

26. [검경 수사권 조정] 경찰 처분의 모든 것

2021년 1월 1일부터 검찰과 경찰의 수사권 조정을 내용으로 한 개정 형사소송법이 시행됐다. 일명 '검경 수사권 조정'이라고 부른다. 수사권 조정에 따라 경찰은 수사종결권(불송치 결정)을 가지게 됐고, 검사는 수사종결 남용을 견제하는 역할을 수행하게 됐다. 이에 덩달아 음주운전 수사도 많이 바뀌었는데, 과거에는 경찰조사 → 검찰조사 → 검찰처분 → 약식명령 또는 불구속구공판 → 법원 판단 순으로 진행됐다면, 이제는 경찰조사 → 검찰처분 → 약식명령 또는 불구속구공판 → 법원 판단 순으로 '검찰조사'를 건너뛰게 된 것이다.

검경 수사권 조정에서 가장 문제 되는 영역은 단연 '불송치 결정'이다. 예를 들어 음주운전자가 교통사고를 내고 도망갔다고 가정해 보자. 경찰이 수사를 해 보니 음주운전 사실은 인정돼도, 도주 의사는 없는 것으로 결론이 내려졌다. 그래서 피의자에 대해 도주치상(뺑소니)은 불송치 결정하고, 음주운전 및 교통사고치상죄만 기소의견으로 검찰에 송치했다. 이때 교통사고 피해자는 어떤 조치를 할 수 있을까?

피해자는 경찰의 뺑소니 불송치 결정이 잘못됐다고 생각하면, 경찰에 이의신청을 제기할 수 있다. 그럼 경찰은 즉시 검사에게 위 사건을 송치해야 하고, 검사는 뺑소니 여부를 검토한 다음 경찰의 불송치 결정이 옳다고 생각하면 이의신청을 기각한다. 만약 뺑소니 혐의가 성립된다고 생각하면 검사는 자신이 직접 처분을 내리는 것 대신 경찰에 보완수사 처분을 한다. 여기서 경찰이 보완수사를 벌인 결과 뺑소니 사실이 인정된다고 생각하면 검찰에 뺑소니 기소 의견으로 송치할 수 있다. 그런데 보완수사를 했음에도 불송치 결정 입장을 유지한다면, 그때는 검사가 직접 처분을 내릴 수 있다.

만약 피해자가 경찰의 뺑소니 불송치 결정에 대해 아무런 이의를 신청하지 않으면 어떻게 될까? 경찰은 불송치 결정한 기록에 대해 이의신청이 없어도 무조건 검사에게 기록을 송부해야 한다. 그럼 기록을 받은 검사가 90일 동안 사건을 검토하는데, 불송치 결정이 위법·부당하다고 판단될 경우 경찰에 재수사를 요청할 수 있다. 그런데 경찰이 위법·부당한 원인을 제거하지 않고 불송치 결정 입장을 고수한다면 직접 사건 송치를 요구할 수 있고, 그에 따라 직접 처분을 내릴 수 있다.

절대지식 음주운전 뺑소니의 모든 것

검경수사권 조정 후 형사절차

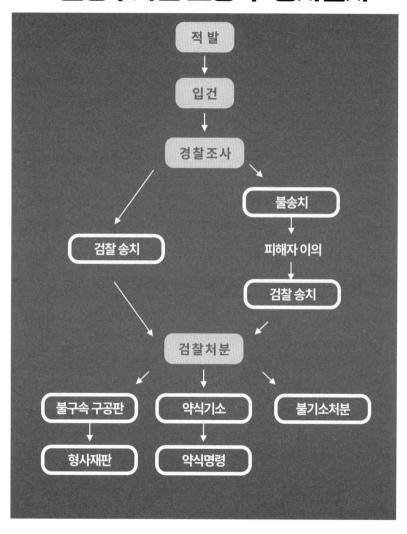

27. 변호인 의견서(경찰서 제출)

음주운전 사건 같은 경우 경찰조사 단계서 의견서를 내지 않는다. 기본적으로 무혐의를 다툴 사건이 많지 않을 뿐만 아니라, 설령 무혐의를 주장한다 하더라도 경찰이 이를 받아들이는 경우가 흔치 않았기 때문이다. 그런데 2021년부터 검찰과 경찰 수사권이 조정되면서 경찰의 불송치 결정을 목표로 의견서를 제출하는 빈도가 늘어났다. 경찰도 과거 검찰처럼 형법 및 형사소송법의 법리를 심도 있게 연구하면서, 확신이 들면 가차없이 불송치 결정하는 사례가 많아졌기 때문이다. 그러나 음주운전 사건의 99% 이상이 범죄 혐의가 명확한 자백 사건이라는 점에서 의견서의 필요성은 그다지 높지 않다.

하지만 음주운전 자백 사건이라 하더라도 의견서를 꼭 필요로 하는 때가 있는데, 바로 사전구속영장 신청 대상 사건이다. 경찰은 음주운전도 사안이 심각하다고 보면 검찰에 구속영장을 신청할 수 있다. 검찰은 경찰이 영장신청 하면 특별한 사정이 있지 않는 이상 다 수용하기 때문에 경찰 단계부터 영장이 신청되지 않도록 준비할 필요가 있다.

절대지식 음주운전 뺑소니의 모든 것

경찰의 영장신청은 사건 담당 부서에서 영장신청서를 작성하면, 각 경찰청 영장심사관의 심의를 거쳐 최종 여부를 결정한다. 경찰은 영장심사관 제도를 통해 인권보호 및 영장신청 오남용 방지를 도모하는데, 여기서 1차 내부 통제가 이뤄진다. 따라서 피의자는 담당 조사관의 영장 신청 방침에 대항할 수 있는 기회가 딱 한 번 있는데, 바로 영장심사관이다. 영장심사관은 담당 조사관이 작성한 수사기록을 전부 검토하는데, 수사기록에 피의자 의견서가 있으면 그 내용까지 참작하기 때문이다. 그래서 사건 내용에 비추어 경찰이 영장신청 할 가능성이 있다고 하면, (변호인 또는 피의자) 의견서를 경찰에 제출하는 것이 좋다.

다만, 영장 신청 검토 및 심사 과정은 비공개라서 피의자 입장에서는 영장심사관이 직접 영장신청을 기각했는지 그 여부까지 알 방법이 없다. 경찰조사에서 분명 담당 조사관이 피의자에 대해 영장을 신청한다고 했는데, 영장신청 없이 검찰에 사건이 송치됐을 때 영장심사관이 영장신청을 기각했을 것이라고 지레짐작할 뿐이다.

변호인 의견서

사　　건: 도로교통법위반(음주운전)

피 의 자: 홍 길 동

위 사건에 관하여 피의자의 변호인은 다음과 같이 의견서를 제출하오니, 그 내용을 적극 참작하여 주시기 바랍니다.

다 음

1. 이 사건 혐의사실에 대한 의견 - 전부 인정

　가. 이 사건 혐의사실은 '피의자는 2022. 9. 3. 22:00경 혈중알코올농도 0.091%의 술에 취한 상태로 서울 서초구 서초역 앞 도로에서 같은 구 교대역 사거리 앞 도로까지 약 300m 구간에서 46버9876호 그랜저 승용차를 운전하였다.'는 것입니다.

　나. 피의자는 이 사건 혐의사실을 전부 인정하는 등 깊이 반성하고 있으며, 수사기관 조사에 성실히 임하고 마지막 선처를 구하고자 합니다.

2. 이 사건 정상 관련

　가. 피의자는 잘못을 인정하고 수사기관 조사에 적극 협조하였습니다.

　나. 피의자는 5명의 가족을 부양하고 있는 가장입니다.

　다. 피의자는 직원들의 생계를 책임지고 있는 법인 회사의 대표입니다.

　라. 피의자는 진심으로 반성하고 있습니다.

　마. 피의자와 사회적 유대관계에 있는 지인들이 적극 탄원하고 있습니다.

3. 구속영장 신청 관련 - 불구속 재판 받을 수 있도록 선처 부탁드립니다.

가. 피의자는 2021. 9. 8. 수원지방법원에서 도로교통법위반(음주운전)
으로 징역 1년 및 집행유예 2년을 선고받고, 같은 해 9. 16.자로 그
판결이 확정되는 등 현재 집행유예 기간 중에 있는 자입니다.

나. 그런데 위 판결 확정 이후 2021. 11. 25. 헌법재판소에서 도로교통법
제148조의2 제1항에 대하여 위헌결정을 내렸고, 피의자는 2022. 9.
7.경 수원지방법원에 위 확정 판결에 대한 재심을 청구하였습니다.

다. 비록 피의자가 현재 집행유예 기간 중에 있는 것은 사실이나, 위 법
원에서 재심판결이 다시 내려지면 집행유예라는 신분적 제한이 풀
리게 되고, 5명의 가족을 부양하고 있어 재범 위험성 및 도주 가능
성이 현저히 낮다고 볼 수 있는바, 부디 이러한 사실들을 참작하시
어 불구속 재판을 받을 수 있도록 선처 부탁드립니다.

4. 결론

이 사건 관련 제반 사정들을 고려하시어 피의자가 다시 한번 본연의 직
무에 매진할 수 있도록 선처하여 주시기 바랍니다.

참 고 자 료

1. 위 입증서류 각 1통

2022. 10. 10.
피의자의 변호인
변호사 최충만

서울 서초경찰서 교통조사1팀 이몽룡 조사관님 귀중

28. 음주운전 검찰수사 어떻게 진행되나?

음주운전 사건은 경찰조사 → 검찰처분 → 법원재판 순으로 처벌한다. 과거에는 경찰조사 → 검찰조사 → 검찰처분 → 법원재판 순으로 진행했지만, 2021년 검경 수사권 조정으로 검찰은 특별한 사정이 있지 않는 이상 직접 수사를 하지 않는 것으로 변경됐다. 따라서 음주운전 사건 같은 경우 검찰이 직접 수사하는 일은 사실상 사라졌다.

그런데 예외적으로 검찰이 직접 수사하는 경우가 있는데, 바로 피해자 이의신청과 재수사 처분이다. 재수사 처분 같은 경우 경찰의 위법·부당한 수사에 대해 시정이 안 되면 검사가 직접 수사하는 것을 말하는데, 이런 경우는 음주운전 사건에 없다고 봐도 무방하다. 그리고 피해자 이의신청은 음주운전 교통사고 사건(도주치상, 위험운전치상, 교통사고치상 등)에 관하여 경찰의 불송치 결정에 대해 피해자가 불복하는 것을 말하는데, 이의신청이 들어오면 사건을 즉시 검찰에 송치해야 하고 이때 담당 검사의 판단에 따라 직접 수사가 가능하다.

다만, 앞의 2가지 모두 검찰이 직접 수사하는 경우는 거의 없다. 검찰이 직접 수사할 수도 있지만, 음주운전 사건은 검찰의 수사보완 요구만으로도 충분하기 때문이다. 그래서 실무상 검찰은 수사에 미흡한 부분이 있으면 경찰에게 구체적으로 어떤 부분을 어떻게 보완하라고 처분을 내릴 뿐, 직접 수사를 하지 않는다. 이제는 음주운전 피의자가 검찰 수사를 걱정하지 않아도 된다는 뜻이다.

29. 음주운전도 구속영장 청구한다

음주운전 피의자들이 가장 두려워하는 것을 꼽으면, 단연코 사전구속영장 청구다. 사전구속영장이란, 법원 판결 선고 전에 피의자를 미리 구속시키는 것을 말하는데, 검사가 청구한다. 형사소송법에서 정하고 있는 사전구속영장 청구 조건은 아래 표와 같다.

형사소송법 사전구속영장 청구 조건

형사소송법

제201조(구속)

① 피의자가 죄를 범하였다고 의심할 만한 상당한 이유가 있고 제70조 제1항 각호의 1에 해당하는 사유가 있을 때에는 검사는 관할지방법원판사에게 청구하여 구속영장을 받아 피의자를 구속할 수 있고 사법경찰관은 검사에게 신청하여 검사의 청구로 관할지방법원판사의 구속영장을 받아 피의자를 구속할 수 있다.

제70조(구속의 사유)

① 법원은 피고인이 죄를 범하였다고 의심할 만한 상당한 이유가 있고 다음 각호의 1에 해당하는 사유가 있는 경우에는 피고인을 구속할 수 있다.

    1. 피고인이 일정한 주거가 없는 때

    2. 피고인이 증거를 인멸할 염려가 있는 때

    3. 피고인이 도망하거나 도망할 염려가 있는 때

② 법원은 제1항의 구속사유를 심사함에 있어서 범죄의 중대성, 재범의 위험성, 피해자 및 중요 참고인 등에 대한 위해 우려 등을 고려하여야 한다.

③ 다액 50만 원 이하의 벌금, 구류 또는 과료에 해당하는 사건에 관하여는 제1항 제1호의 경우를 제한 외에는 구속할 수 없다.

음주운전 사건에서 사전구속영장이 청구되는 경우는 정해져 있다. 형사소송법에서 위와 같은 구속영장 청구 조건을 충족해야 한다고 정하고 있으나, 실무상 음주운전 사건에서 구속영장은 "구속 가능성이 매우 높은 때"에 도망할 염려가 있다고 보아 청구한다. 조금 구체적으로 예를 들면 아래 표와 같다.

음주운전 사전구속영장 대상 사건

- 음주운전 교통사고로 사람이 중대한 상해를 입거나 사망한 경우
- 음주운전 처벌 집행유예 기간 중 다시 음주운전 적발된 경우

- 음주운전 처벌 누범기간 중 다시 음주운전 적발된 경우
- 음주운전 처벌 재판 중 다시 음주운전 적발된 경우
- 음주운전 처벌 재판 중 법원 연락을 안 받은 경우

음주운전 사건은 과거 검찰이 직접 영장을 청구하는 경우가 많았는데, 2021년 검경 수사권 조정 이후 실무상 경찰이 사전구속영장을 신청한 경우에 한하여 영장을 청구하고 있다. 경찰이 음주운전 사건에 대해 1차 수사권을 가져가면서 경찰의 수사권을 존중한다는 의미에서 영장청구 여부까지 경찰 의견을 최대한 수용하고 있기 때문이다. 따라서 음주운전 사건의 사전구속영장 청구는 ① 담당 경찰조사관이 사전구속영장 신청서를 작성, ② 경찰 영장심사관이 이를 검토하고 승인하면, 검찰로 영장신청 접수, ③ 영장 당직 검사가 검토 후 영장청구 여부 결정, ④ 사전구속영장 실질심사 회부 순으로 진행된다.

검사가 영장을 청구하면 이틀 이내 관할 법원에서 영장실질심사가 열리는데, 준비 시간이 매우 짧기 때문에 변호사의 역할과 능력이 중요하다. 영장심사는 재판장이 검사의 구속영장청구 이유를 듣고, 변호인의 구속영장 청구기각의 의견을 들은 다음, 피의자에게 궁금한 내용을 질문하고 답변을 듣는 방식으로 진행한다. 형사소송법에서 영장 발부 여부를 결정함에 있어 범죄의 중대성, 재범의 위험성, 피해자에 대한 위해 우려 등을 고려해야 한다고 정하고 있지만, 실상은 본안 사건에서 다투는 법적 쟁점이 있는지 여부를 기준으로 구속을 결정하고 있다. 따라서 음주운전

영장실질심사에서는 다투는 쟁점 또는 적발 경위에 있어 참작할 만한 사정이 있다는 점을 적극 주장하여 구속되지 않을 가능성이 있다는 의문을 판사에게 심어 줘야 한다. 그럼 확률은 높지 않아도, 영장청구가 기각될 수 있다.

변호인 의견서

사　　건: 2022영장123호 도로교통법위반(음주운전)

피 의 자: 홍 길 동

위 사건에 관하여 피의자의 변호인은 다음과 같이 의견서를 제출하오니, 그 내용을 참작하시어 이 사건 영장청구를 기각하여 주시기 바랍니다.

다 음

1. 이 사건 범죄사실에 대한 의견 - 기초 범죄사실 인정

　가. 이 사건 범죄사실은

　　　'피의자는 2021. 9. 8. 수원지방법원에서 도로교통법위반(음주운전)으로 징역 1년 및 집행유예 2년을 선고받고, 같은 해 9. 16.자로 그 판결이 확정되는 등 현재 집행유예 기간 중에 있는 자이다. 피의자는 2022. 9. 3. 22:00경 혈중알코올농도 0.091%의 술에 취한 상태로 서울 송파구 잠실공영주차장 지하 1층에서 같은 주차장 지하 2층까지 약 50m 구간에서 46버9876호 그랜저 승용차를 운전하였다.'는 것입니다.

　나. 피의자는 이 사건 범죄사실을 인정하고 깊이 반성하고 있으며, 변호인을 선임하여 성실히 재판에 임할 것을 약속하고 있습니다. 단, 사전 구속을 필요로 하는 사유에 대해서는 이 사건 적발 경위에 있어 사실관계에 대한 다툼이 있고, 재범의 위험 및 도주 가능성이 매

우 낮으므로 일응 부인합니다.

2. 이 사건 적발 경위 관련

가. 피의자는 2022. 9. 3. 21:30경 잠실 공영주차장에서 신원 미상의 여성에게 말을 걸었습니다.

나. 그러자 위 여성은 피의자가 술에 취한 상태서 말 건 것이 불쾌했는지, 바로 112에 전화를 걸어 성추행범으로 신고했습니다.

다. 피의자는 상대 여성이 경찰에 신고하는 모습을 보고, 주차된 자동차를 운전하여 지하 1층에서 지하 2층 주차장으로 내려갔습니다.

라. 같은 날 21:50경 신고를 받고 출동한 경찰관이 주차장 한쪽에 주차를 하고 숨어 있는 피의자를 발견하고, 음주 측정을 요구했습니다.

마. 그 결과 피의자는 같은 날 22:00경 혈중알코올농도 0.091%의 술 취한 상태에서 약 50m를 운전한 혐의로 적발됐고, 과거 동종 범죄로 집행유예 기간 중이라는 사실을 이유로 이 사건 영장실질심사를 받게 됐습니다.

3. 이 사건 관련 쟁점 다툼 존재

가. 피의자가 실제로 성추행을 저질렀는지 여부

(1) 피의자는 이 사건 성명 미상의 신고자를 성추행한 사실이 없습니다.

(2) 위 신고자는 현장에 출동한 경찰관에게 피의자를 성추행범으로 신고한 것이 아니라 성추행할 것 같은 사람이 있다는 취지로 신고하였다며, 피의자가 실제 성추행범이 아니라는 사실을 명백히 밝혔습니다.

(3) 그러자 경찰도 피의자의 항변과 신고자의 진술을 모두 반영하여 성추행 신고 사실에 대해서는 혐의가 없는 것으로 내사 종결했습니다.

나. 피의자가 음주운전의 목적으로 운전을 한 것인지 여부

(1) 피의자는 이 사건 발생 전 대리기사를 호출하고 잠실 공영주차장 지하 1층에 서 있었습니다.

(2) 그러다 지나가는 성명 미상의 여성을 발견하고는 마음이 동하여 여성에게 혹시 연락처를 알려 줄 수 없겠냐고 물었다가 이 사건 신고를 당했습니다.

(3) 피의자는 위 여성이 경찰에 신고하는 모습을 보고 겁이 났고, 잠깐 몸을 숨기는 것이 좋을 것 같다는 생각이 들어 아무 생각 없이 주차된 차량을 운전하여 같은 주차장 지하 2층으로 내려갔습니다.

(4) 그리하여 신고를 받고 출동한 경찰관에게 음주운전 혐의로 적발되었는바, 당시 피의자는 순수 음주운전의 목적으로 승용차를 운전한 것이 아니라 억울한 무고(신고)로부터 벗어나기 위해 자신도 모르게 음주운전 했다는 사실을 쉽게 알 수 있습니다.

(5) 따라서 이 사건 적발 경위에 있어 피의자에게 전적인 책임을 묻기 어려운 특별 정상참작 사유가 있습니다.

4. 피의자의 재범 위험성 여부 - 이 사건 운전 차량 즉시 매각 완료

5. 피의자의 도주 가능성 여부 - 변호인 선임 등 성실히 재판 받을 것을 다짐.

6. 결론

이 사건의 경우 적발 경위 등 기초 사실 관계에 대해 다툼이 있고, 차량

매각 및 피의자의 적극 변소 등 재범 위험성 및 도주 가능성이 현저히 낮으며, 양형에 있어 특별 정상 존부 등 다소 복잡한 쟁점이 문제 될 것으로 보이는바, 부디 피의자가 본안 공판에서 헌법이 보장하는 방어권을 행사할 수 있도록 검사의 구속영장 청구를 기각하여 주시기 바랍니다.

첨 부 자 료

1. 위 입증서류 각 1통

2022. 10. 00.

피의자의 변호인

변호사 최충만

서울동부지방법원 영장전담 재판부 귀중

30. [검수완박] 검찰 처분의 모든 것

음주운전 형사처벌은 경찰조사 → 검찰처분 → 법원재판 순으로 진행된다. 경찰에서 사건을 기소의견으로 검찰에 송치하면 검사는 형사처분을 내린다.

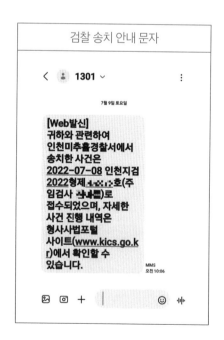

절대지식 음주운전 뺑소니의 모든 것

검사가 내리는 처분은 여러 가지가 있는데, 간략히 소개하면 다음과 같다.

1) 불구속구공판 처분

불구속구공판 처분은 검사가 피의자를 법원 형사재판에 회부하는 것을 말한다. 구공판 처분이 내려지면 피의자는 그때부터 피고인 신분이 되어 반드시 재판을 받아야 한다. 재판결과에 따라 구속 될 수도 있다.

불구속구공판 처분 공지

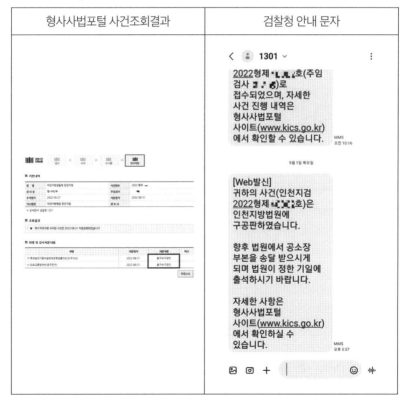

2) 약식명령청구 처분

약식명령청구 처분은 검사가 피의자를 벌금형으로 처벌하는 명령을 내려달라고 법원에 요구하는 것을 말한다. 약식명령 처분이 내려지면 매우 높은 확률로 벌금형이 선고되며, 별도로 재판을 받을 필요가 없다. 만약 피의자가 약식명령에 불복할 경우 법원에 정식재판을 청구하여 제대로 된 형사재판을 받을 수 있다.

약식명령청구 처분 공지

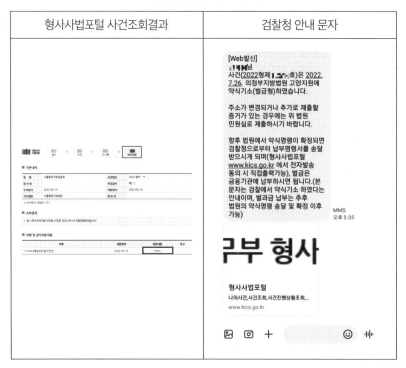

절대지식 음주운전 뺑소니의 모든 것

3) 기소유예 처분

기소유예 처분은 검사가 판단했을 때, 피의자에게 유죄는 인정되지만, 그 정상을 참작하여 형사처분을 않겠다는 것을 말한다. 음주운전 사건에서 기소유예 처분이 내려지면 취소, 정지됐던 운전면허를 즉시 취득할 수 있게 되는 등 여러 가지 혜택이 있다. 그런데 기소유예 처분 역시 유죄가 인정된다는 전제하에 내리는 처분이므로, 만약 무죄를 다투고 싶다면 법원이 아닌 헌법재판소에 헌법소원을 제기해야 한다. 우리 형사소송법이 기소유예 처분에 대해 재판받을 수 있는 절차를 따로 두고 있지 않기 때문이다.

기소유예 처분 공지

형사사법포털 사건조회결과	검찰청 안내 문자

4) 무혐의 처분

불기소(증거불충분 또는 죄가 안 됨) 처분은 검사가 수사기록을 검토한 결과, 피의자에게 유죄 혐의점을 인정하기 어렵다고 판단할 때 내리는 처분이다. 다른 말로 무혐의 처분이라고 한다. 무죄 판결과 동일한 효력이 있으며, 무혐의 처분을 받으면 피의자는 아무런 범죄를 저지르지 않은 상태로 회복된다. 검사가 불기소처분 시에는 불기소처분 이유서를 작성해야 하며, 불기소처분 통지서와 이유서가 함께 피의자에게 송달된다.

무혐의 처분 공지

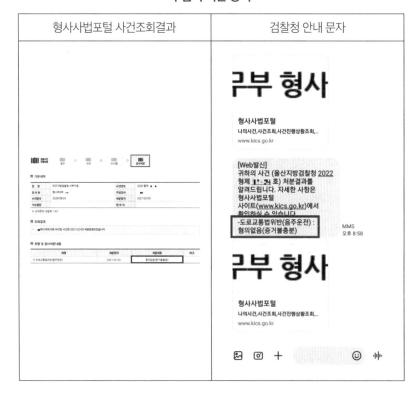

형사사법포털 사건조회결과	검찰청 안내 문자

절대지식 음주운전 뺑소니의 모든 것

불기소처분통지서

문서확인번호 ▪ ▪▪▪▪▪▪▪▪▪▪

발행번호 ▪ ▪ ▪▪▪▪▪

서울중앙지방검찰청

(전화번호   1301   )

분류기호 및
문서번호

2022. 8. 1.

수 신   최충만법률사무소

발 신 서울중앙지방검찰청

제 목   불기소이유통지

귀하가 청구한 불기소이유를 아래와 같이 통지합니다.

① 사 건 번 호	▪▪지방검찰청 2022형제 ▪▪호	
② 고 소 (발) 인 성 명	해당사항없음	
피의자 [피고소(발)인]	③ 성 명	▪▪▪▪
	④ 주민등록번호	▪ ▪ -1▪▪▪▪▪▪
⑤ 죄 명	가.도로교통법위반(음주운전)	
⑥ 처 분 검 사	▪▪▪	
⑦ 처 분 년 월 일	2022. 7. 29.	
⑧ 처 분 요 지	가.혐의없음(증거불충분)	
⑨ 불 기 소 이 유	별지 참조	
⑩ 비 고		

2022-08-01   1 / 1

불기소처분이유서

 울산지방검찰청

2022. 7. 29.

사건번호 2022년 형제▪▪◻호
제　목 불기소결정서
　　　　검사 ▪▪ ▪은 아래와 같이 불기소 결정을 한다.

I. 피의자　▪▪◇

II. 죄 명　도로교통법위반(음주운전)

III. 주 문

피의자는 증거 불충분하여 혐의 없다.

IV. 피의사실과 불기소이유

본건 피의사실의 요지는 사법경찰관이 작성한 송치결정서에 기재된 범죄사실과 같다.

○ 피의자의 최종 음주시점은 2022. 5. 24. 23:00경, 술에 취하여 운전을 마친(사고
　가 발생한) 시점은 같은 날 23:10경, 피의자에 대하여 호흡측정기로 혈중알코올
　농도를 측정한 시점은 같은 날 23:57경이고, 그 수치가 ▪▪▪로 측정된 사실은
　각 인정된다.(제14쪽 음주운전단속결과통보, 제15쪽 주취운전자정황진술보고서,
　제32쪽 피의자신문조서 등)

○ 음주운전 시점이 혈중알코올농도의 상승시점인지 하강시점인지 확정할 수 없는
　상황에서는 운전을 종료한 때로부터 상당한 시간이 경과한 지점에서 측정된 혈
　중알코올농도가 처벌기준치를 약간 넘었다고 하더라도 실제 운전시점의 혈중알

코올농도가 처벌기준치를 초과하였다고 단정할 수는 없고, 개인마다 차이는 있지만 음주 후 30분 ~90분 사이에 혈중알코올농도가 최고치에 이르고 그 후 시간당 약0.008% ~0.03%(평균 0.015%)씩 감소하는 것으로 일반적으로 알려져 있는데, 만약 운전을 종료한 때가 상승기에 속하여 있다면 실제 측정된 혈중알코올농도보다 운전 당시의 혈중알코올농도가 더 낮을 가능성이 있기 때문이다(대법원 2013. 10. 24. 선고 2013도2685 판결 등).

○ 본건의 경우 피의자는 음주 종료 시인 23:00경을 기준으로 최소 다음 날 00:30경까지가 혈중알코올농도의 상승기로, 이 상승기에 음주운전(23:10경) 및 음주측정(23:57경)이 모두 이루어져 음주운전 당시 실제 혈중알코올농도는 호흡측정치인 0.030% 보다 낮았을 가능성을 배제할 수 없다.

○ 즉, 피의자의 운전 종료 시점과 측정 시점 사이에 약 47분의 간격이 있고, 그 시점은 피의자의 최종 음주 시점을 기준으로 상승기에 해당되는바 피의자에게 가장 유리한 알코올 시간당 감소율을 적용하여 위드마크 공식을 통해 피의자의 운전당시 혈중알코올농도를 재산출하면 0.030%를 넘지 아니하는 것은 명백하므로 피의자의 음주운전 당시 혈중알코올농도가 처벌기준치인 0.030%이상이라고 단정하기 어렵고, 이를 인정할 증거가 없다.

○ 증거 불충분하여 혐의 없다.

검사   (인)

2022-06-01   2 / 2

범죄사실

피의자는 ░░░░호 ░░░ 승용차량을 운전한 사람이다.

2022. 05. 24. 23:10경 ░░░░░░░░░░░░░░░ 앞 도로에서 같은시 ░░░░░░░░ 앞 도로까지 약 100미터의 거리를 혈중알콜농도 0.030%의 주취상태로 위 차량을 운전하였다.

5) 기소중지 및 재기 처분

기소중지란, 피의자에 대한 검찰 수사 또는 처분을 계속하기 어려운 사정이 있을 때 잠시 그 절차를 멈추는 것을 말한다. 반대로 재기 처분이란, 피의자에 대한 수사 또는 처분 절차를 다시 개시하는 것을 말한다.

기소중지처분 공지

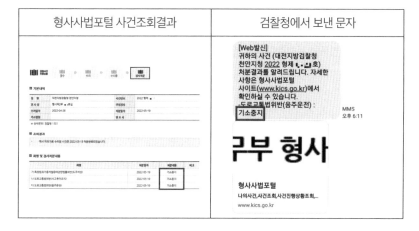

재기처분 공지

6) 보완수사 처분

보완수사 처분이란, 검사가 경찰이 송치한 사건을 검토한 결과, 유죄를 입증함에 있어 수사가 미흡하거나 위법·부당한 사안이 발견된 경우 이를 시정할 것을 경찰에 요구하는 것을 말한다. 경찰은 검사의 보완수사 처분이 내려지면, 지적받은 부분을 보완하여 다시 사건을 검찰에 송치한다.

보완수사 처분 공지

형사사법포털 사건조회결과	검찰청에서 보낸 문자

31. 변호인 의견서(검찰 제출)

음주운전 사건이 검찰에 송치되면, 피의자는 무엇을 할 수 있을까? 대다수 피의자는 경찰에 반성문만 제출하고, 검찰의 처분을 기다린다. 하지만 검사도 피의자의 신변을 결정할 수 있는 처분권을 가지고 있다는 점에서 마냥 기다리는 것만큼 아까운 시간도 없다. 그래서 변호사는 피의자를 위해 검찰에도 의견서를 제출하는 경우가 있는데, 대표적인 몇 가지를 소개하면 아래와 같다.

첫째, 사전구속영장 청구 가능성이 있는 때이다. 집행유예 기간 중 적발이거나 중대한 음주사고를 낸 경우 검사는 영장청구 여부를 검토한다. 이때 검사는 제출된 모든 수사 자료를 확인하는데, 그중 변호인 의견서가 첨부돼 있다면 이를 안 읽어 볼 수 없다. 검사가 불구속구공판을 희망한다는 의견서를 보면 무슨 생각이 들까? 피의자 요청을 받아들일지 여부를 한 번 더 고민한다. 구속영장청구 검토를 위해 수사기록을 확인하다가 중간에 돌이킬 가능성이 높아진다는 뜻이다. 따라서 영장청구 가능성이 있는 사건일 때에는 변호인 의견서를 제출하는 것이 좋다.

둘째, 무혐의 또는 기소유예, 약식명령 등 특정한 결과를 희망할 때이다. 수사기록에는 피의자가 원하는 결과가 무엇인지 명확하지(명확하게 드러나 있지) 않다. 경찰이 피의자의 희망 처벌까지 검토할 필요는 없기 때문이다. 따라서 피의자는 검사에게 받고 싶은 처분이 있다면, 이를 구체적으로 밝히고 주장할 필요가 있다. 일단 뭘 원하는지 바쁜 검사가 인지해야 그것을 들어줄지 말지 결정할 수 있는 것 아니겠는가. 검사는 대한민국에서 가장 바쁜 공무원이기 때문에 피의자 사정을 알아서 챙겨 줄 수 없다. 그래서 피의자가 직장 해고 규정 때문에 벌금형이 필요하다든지 뭔가 특별한 사정이 있을 때, 변호인 의견서를 제출하는 것이 좋다.

자, 그럼 변호인 의견서는 언제 제출하는 것이 좋을까? 사건이 검찰에 송치됐을 때? 아니면 검사가 사건을 처분할 때쯤? 보통 변호사들은 검찰에 사건이 송치되면, 담당 검사에게 전화를 걸어 3일 이내 또는 일주일 이내 의견서를 제출하겠다고 한다. 그럼 특별한 일이 있지 않는 이상 검사가 기다려 주고 의견서를 수령하는데, 문제는 이를 지키지 않는 검사들이 생각보다 많다는 것이다. 한 예로 필자가 검사에게 3일 안에 의견서를 제출하겠다고 했다. 의견서 제출 이유는 피의자가 직장 해고 규정 때문에 약식명령을 강력 희망했기 때문이다. 하지만 해당 검사는 약속과 달리 다음 날 바로 불구속구공판 처분을 내렸고, 필자는 한순간에 의뢰인에게 거짓말쟁이가 됐다. 그래도 이것은 그나마 괜찮다.

더 큰 문제는 변호인 의견서 제출 전에 검사가 약식명령 처분을 내린 경우다. 변호인 의견서 제출 전에 피의자가 희망하는 결과가 나와 버리면 변호사도 의뢰인도 서로 머쓱한 상황이 된다. 의뢰인 입장에서는 '변호사가 없어도 그냥 약식명령이 나왔을 것을 괜히 돈 썼나?'라는 생각이 들기 때문이다. 마치 암 판정 받고 오랜 시간 관리하다가 수술을 시행했는데, 열어 보니 그사이 암세포가 없어진 것이라고나 할까?

담당 검사에게 어찌 된 연유로 미리 처분했냐고 물었더니 "변호사님이 경찰조사에 입회해서 왜 벌금이 필요한지 상세히 밝힌 내용을 조서에서 확인했다. 안 봐도 해당 근거자료 들어올 것이 뻔하고, 부장님이 내일까지 관련 사건 다 처분하라고 지시해서 변호인 주장을 적극 받아들여 약식명령 처분했다."고 말했다. 하…. 이것을 우리 의뢰인이 직접 들었다면 "변호사님이 아무것도 안 해도 벌금 나왔네요."라는 비아냥까지 들을 일 없었을 텐데…. 이처럼 변호인 의견서 제출 시기는 어려운 문제다.

위와 같은 이유로 검찰 단계서 변호인 의견서를 제출하는 것은 위험하다. 검사가 약속을 지키지 못하는 경우가 생각보다 많다. 그래서 실무상 검찰 변호인 의견서는 경찰조사가 끝나고 담당 조사관에게 제출한다. 한 번 제출된 의견서는 수사기록자료에 첨부되어 같이 검찰로 송부되기 때문이다. 검사는 수사기록을 확인하면서 첨부된 의견서를 반드시 읽을 수밖에 없고, 그 의견서 내용을 필연적으로 검토한다. 누락 위험도 방지하고, 검사가 약속을 지키는지 염려 부담도 없으니 경찰조사를 마치고 제출하는 것이 가장 좋다.

변호인 의견서
- 특정범죄가중처벌등에관한법률위반(도주치상)등 -
- 피의자 홍 길 동 -

변호인 최충만

목 차

변호인 의견서

사 건 명 특정범죄가중처벌등에관한법률위반(도주치상)등

피 의 자 홍 길 동

위 사건에 관하여 피의자의 변호인은 다음과 같이 의견서를 제출합니다.

다 음

1. 이 사건 피의 사실 관련 - 부인

(1) 이 사건 피의 사실은 '피의자는 2022. 10. 10. 18:10경 교대역 사거리에서 서초역 방향으로 10나0000호 승용차로 이동하던 중, 과실로 중앙선을 침범하여 반대편에서 오던 피해 차량 왼쪽 앞 범퍼를 충격하고, 피해자에게 2주간의 치료를 요하는 상해를 입게 하였음에도 피해자 구호 등 아무런 조치를 취하지 아니하고 도주하였다.'는 것입니다.

(2) 이에 피의자는 피해자에게 연락처를 제공하고, 사고 보험 처리 합의가 끝나고 난 다음 현장을 떠났으므로, 이 사건 피의 사실을 전부 부인합니다.

2. 이 사건의 쟁점

가. 피의자에게 도주 의사가 있었는지 여부

(1) 대법원 판단 기준

특정범죄 가중처벌 등에 관한 법률 제5조의3 제1항에서 정한 '피해자를 구호하는 등 도로교통법 제54조 제1항의 규정에 의한 조치를 취하지 아니하고 도주한 때'란, 사고 운전자가 사고로 인하여 피해자가 사

상을 당한 사실을 인식하였음에도 피해자를 구호하는 등 도로교통법 제54조 제1항에 규정된 의무를 이행하기 이전에 사고현장을 이탈하여 사고를 낸 자가 누구인지 확정될 수 없는 상태를 초래하는 경우를 말합니다. 도로교통법 제54조 제1항의 취지는 도로에서 일어나는 교통상의 위험과 장해를 방지·제거하여 안전하고 원활한 교통을 확보하기 위한 것이므로, 이 경우 운전자가 취하여야 할 조치는 사고의 내용과 피해의 정도 등 구체적 상황에 따라 적절히 강구되어야 하고 그 정도는 건전한 양식에 비추어 통상 요구되는 정도의 것으로서, 여기에는 피해자나 경찰관 등 교통사고와 관계있는 사람에게 사고 운전자의 신원을 밝히는 것도 포함된다 할 것이나, 다만 특정범죄 가중처벌 등에 관한 법률 제5조의3 제1항의 규정이 자동차와 교통사고의 격증에 상응하는 건전하고 합리적인 교통질서가 확립되지 못한 현실에서 자신의 과실로 교통사고를 야기한 운전자가 그 사고로 사상을 당한 피해자를 구호하는 등의 조치를 취하지 않고 도주하는 행위에 강한 윤리적 비난 가능성이 있음을 감안하여 이를 가중처벌 함으로써 교통의 안전이라는 공공의 이익을 보호함과 아울러 교통사고로 사상을 당한 피해자의 생명과 신체의 안전이라는 개인적 법익을 보호하기 위하여 제정된 것이라는 그 입법 취지와 보호법익에 비추어, 사고 운전자가 피해자를 구호하는 등 도로교통법 제54조 제1항에 정한 의무를 이행하기 전에 도주의 범의로써 사고현장을 이탈한 것인지 여부를 판정함에 있어서는 그 사고의 경위와 내용, 피해자의 상해 부위와 정도, 사고 운전자의 과실 정도, 사고 운전자와 피해자의 나이와 성별, 사고 후의 정황 등을 종합적으로 고려하여야 합니다(**대법원 2012. 7. 12. 선고 2012도1474 판결 등 참조**). 따라서 이 사건 피의자에게 특가법 제5조의3 제1

절대지식 음주운전 뺑소니의 모든 것

항 도주치상 책임을 지우려면 적어도 피의자가 도주의 범의로써 사고 현장을 이탈한 것인지 여부를 확인할 필요가 있습니다.

(2) 이 사건 기초 사실 및 발생 경위 관련

일시 2022.10.10	기초 사실
18:10	피의자가 피해 차량 왼쪽 앞 범퍼를 충격함(수사기록 경찰 피의자신문조서 참조).
18:14	피의자가 이 사건 사고 후 삼성화재보험 설계사 최○○에게 사고와 관련하여 전화함(증 제1호증 통화내역 참조).
18:20	이 사건 사고 후 피해자와 피의자가 서로 연락처를 교환하였음(증 제1호증 통화내역 참조). 피의자는 피해자에게 사고에 대한 보험 처리를 진행하겠다고 하고 이후부터는 피해자와 전화로 소통하기로 하며 대화를 끝냈음.
18:23	피의자는 피해자와 대화를 모두 끝낸 후 출발함.
18:25	피의자가 피해자와 통화하면서 보험 처리를 진행하기로 이야기하고 전화통화를 종료함(**증 제2호증 녹취록 1쪽 참조**).
18:30	피의자가 사고 접수를 위해 삼성화재보험 설계사 최○○에게 전화함(**증 제1호증 통화내역 참조**).
18:33	피해자에게 사고 접수에 대한 요청과 관련하여 전화 받음(**증 제1호증 통화내역 및 제2호증 녹취록 2~3쪽 참조**).
18:30	피의자가 사고 접수를 위해 삼성화재보험 설계사 최○○에게 전화함(**증 제1호증 통화내역 참조**).

18:33	피해자에게 사고 접수에 대한 요청과 관련하여 전화 받음(증 **제1호증 통화내역 및 제2호증 녹취록 2~3쪽 참조**).
18:33부터 18:40까지	사고 접수와 관련하여 삼성화재보험 설계사 최○○과 통화함(증 **제1호증 통화내역 참조**).
18:43	피해자로부터 사고 접수가 지연되고 있다며 사고 접수를 빠르게 해 달라는 대화를 하며 통화함(증 **제2호증 녹취록 1쪽 참조**).
18:45	삼성화재보험 설계사 최○○과 통화하여 사고 접수 지연되고 있다며 빠른 처리를 부탁함(증 **제1호증 통화내역 참조**). 주말 연휴로 인하여 설계사 최○○이 이 사건 차량의 보험회사를 확인하는 것에 시간이 소요되었음.
18:50	피의자는 피해자로부터 설계사 최○○의 전화는 받았으나 설계사가 아닌 보험회사에 사고 접수를 해 달라고 요청받음. 피해자의 렌터카 직원이 사고접수번호를 요청하여 피의자는 접수하겠다고 이야기함(증 **제2호증 녹취록 5~7쪽 참조**).
18:52	피의자는 삼성화재보험 설계사 최○○과 통화하여 계속해서 빠른 처리를 부탁함(증 **제1호증 통화내역 참조**).
19:03	피해자로부터 경찰서 접수하겠다는 문자를 받음(증 **제1호증 통화내역 참조**).
19:20	삼성화재보험 설계사 최○○과 통화한 후 이 사건 차량이 현대해상보험에 가입되어 있다는 것을 안내받음.
19:32	현대해상보험 고객센터로부터 전화를 받고 이 사건 사고 접수를 완료하였음(증 **제3호증 접수완료문자 참조**).

(3) 피의자가 현장을 떠난 이유

 (가) 피의자는 이 사건 사고 직후 피해자에게 사고 원인은 모두 자신에게 있으므로 바로 보험 처리를 해 주겠다고 말했습니다. 그러자 피해자는 위 제안에 동의했고, 피의자는 보험 접수 해 줄 것을 약속하고 사고 현장을 떠났습니다.

 (나) 피해자도 2022. 10. 10. 18:25경 피의자와 한 전화통화에서 "도주"에 대한 이야기는 없고, 단순히 사고 보험 처리에 관한 대화뿐이었다는 것을 보면, 피의자와 피해자는 교통사고에 대해 보험 처리 하기로 합의했다는 사실을 알 수 있습니다(**증 제2호증 녹취록 1쪽 및 아래 표2 참조**).

(4) 피의자의 보험 접수가 늦어진 이유

 (가) 피의자는 사고 후 같은 날 18:14경 보험 처리를 위해 삼성화재보험 설계사인 사건 외 최○○에게 전화했습니다. 피의자는 현재 운영하는 법인 명의로 차량보험, 화재보험, 영업배상 책임보험, 사고배상책임보험 등 9건, 개인 명의로 차량보험, 건강보험, 암보험, 의료비보험 등 15건 총 24건의 보험을 삼성화재보험에 가입한 전력이 있습니다(**증 제5호증 법인 및 개인 명의 보험가입내역 참조**). 또한, 과거 법인 차량 자동차 종합보험도 삼성화재보험이었기 때문에(**증 제6호증 과거 법인차량 보험가입내역 참조**), 당연히 이 사건 차량도 삼성화재보험에 가입돼 있을 것으로 생각하고 삼성화재보험 설계사에게 전화했던 것입니다.

 (나) 그런데 나중에 알고 보니 이 사건 차량은 삼성화재보험이 아닌 현대해상보험 자동차 보험에 가입돼 있었고, 위 착오로 사고 보험

접수가 지연됐습니다. 그리고 삼성화재보험 설계사인 최○○도 이 사건 당일 휴일이었고, 가입 보험사 확인이 늦어진 관계로 사고 보험 접수가 조금 더 늦게 된 것이었습니다.

(5) 소결 - 피의자 도주 의사 없음

    (가) 피의자는 이 사고 후 즉시 하차하여 피해자의 상태를 살피고, 죄송하다고 사과했습니다. 그리고 옆 공터에서 피해자와 대화하면서 사고 보험 처리를 해 주겠다는 의사를 표시했습니다.

    (나) 그리고 피의자는 피해자와 연락처를 주고받은 다음, 보험 접수하는 것으로 대화를 마치고 현장을 떠났습니다. 이후에도 피의자는 피해자와 계속 통화하며 사고 보험 접수를 진행했습니다. 그런데 앞서 말씀드린 바와 같이 가입한 자동차 보험사 착오로 사고 시각으로부터 약 1시간 정도 지나서 보험 접수가 완료됐던 것입니다(**중 제3호증 사고 접수 완료 문자 참조**).

    (다) 따라서 위와 같은 사정에 비추어 보면 피의자에게 도주 의사가 전혀 없었다는 사실을 알 수 있습니다. 만약 피의자에게 도주 의사가 있었다면 이 사고 이후 즉시 정차하지 않고 도주하거나, 피해자의 연락을 피했을 것입니다. 하지만 피의자는 본의 아니게 보험 접수가 지연된 사실만 있을 뿐, 피해자와의 대화를 회피하거나 사고 처리에 비협조적인 모습을 보인 사실이 없습니다. 이러한 정황을 확인하시어 피의자에게 도주 의사가 없었다는 사실을 인정하여 주시기 바랍니다.

나. 피해자에 대한 구호 조치가 필요한 상황이었는지 여부

(1) 대법원 판단 기준

　(가) 대법원은 도주치상 구성요건 중 피해자 구호 필요성에 대해 '사고의 경위와 내용, 피해자의 상해 부위와 정도, 사고 운전자의 과실 정도, 사고 운전자와 피해자의 나이와 성별, 사고 후의 정황 등을 종합적으로 고려하여 사고 운전자가 실제로 피해자를 구호하는 등 구 도로교통법 제50조 제1항에 의한 조치를 취할 필요가 있었다고 인정되지 아니하는 경우에는 사고 운전자가 피해자를 구호하는 등 구 도로교통법 제50조 제1항에 규정된 의무를 이행하기 이전에 사고현장을 이탈하였더라도 특가법 제5조의3 제1항 위반죄로 처벌할 수 없다.'라고 판시한 바 있습니다(**대법원 2002. 1. 11. 선고 2001도2869 판결, 대법원 2021. 2. 10. 선고 2020도15208 판결 참조**).

　(나) 따라서 이 사건도 당시 피해자에게 구호 조치 필요성이 있었는지 그 여부를 확인할 필요가 있습니다.

(2) 이 사건 피해자에게 구호 조치가 필요했는지 여부

　(가) 이 사건 피해 차량 블랙박스 및 촬영 영상을 보면, 피해자 모습 및 대화 상태가 매우 양호하다는 사실을 알 수 있습니다(**증 제8호증 피해 차량 이동 영상 및 아래 표 사진 참조**). 그리고 통화 내용에서 확인되는 것처럼 사고 당시 피해자는 피의자에게 대물 접수만 요구했습니다. 대인 피해 접수는 사고일로부터 2일이 지난 후에 피해자가 임의로 신청한 것으로, 사고 당시 피해자가 피의자에게 아프다는 이야기를 한 사실이 없었다는 것을 알 수 있습니다.

　(나) 그리고 이 사건 가해 차량과 피해 차량 모두 사고 직후 바로 도로

옆 공터에 주차를 완료하고, 피해자도 함께 사고 수습에 나섰습니다
(**증 제7호증 피해 차량 사진 참조**).

〈표-가해 차량 및 피해 차량 이동 사진〉

(3) 소결

위처럼 이 사건 피해자는 피의자와 사고 보험 처리 문제에 관해 대화
를 나누고, 사고 보험 처리를 접수하겠다는 약속을 믿고 피의자가 떠
나는 것을 허락했습니다. 그리고 관련 사진 및 영상을 보면, 피해자
가 정상적으로 움직이는 모습이 명백히 확인되는바, 피의자 입장에
서 피해자가 다쳤다고 인식할 만한 사정이 없습니다.

다. 이 사건에서 도로교통법 제54조 제1항의 사고 후 조치가 필요했는지

(1) 대법원 판단 기준

대법원은 '도로교통법 제54조 제1항의 취지는 도로에서 일어나는
교통상의 위험과 장해를 방지·제거하여 안전하고 원활한 교통을
확보하기 위한 것으로서 피해자의 물적 피해를 회복시켜 주기 위한
것이 아니고, 이 경우 사고 운전자가 취하여야 할 조치는 사고의 내

절대지식 음주운전 뺑소니의 모든 것

용과 피해의 정도 등 구체적 상황에 따라 적절히 강구되어야 하며 그 정도는 건전한 양식에 비추어 통상 요구되는 정도의 조치를 말한 다.'라고 판시하였는바(**대법원 2014. 2. 27. 선고 2013도15885 판결 참조**), 교통상의 위험과 장해가 발생하지 않았다면 사고 후 미조치 책임을 물을 수 없다는 입장입니다.

(2) 이 사건 교통상의 위험과 장해가 발생했는지 여부

(가) 이 사건 관련 블랙박스 및 촬영 영상 등을 보면, 사고 현장 도로에 비산물 등이 흩어져 있거나, 유사한 장해물 등이 전혀 확인되지 않는 것을 알 수 있습니다.

(나) 그리고 이 사건 피의자와 피해자는 사고 직후 바로 도로 옆 공터 에 차량을 이동하였고, 교통상의 위험을 초래하거나 방치한 사실 이 없습니다(**증 제7호증 피해 차량 사진 참조**).

(3) 소결 - 사고 후 조치의무 이행 완료

따라서 피의자의 행위로 교통상의 위험과 장해가 발생하였다고 보 기 어렵고, 설사 일부 있다 하더라도 즉시 이를 적극적으로 제거하는 등 사고 후 조치의무를 전부 이행하였습니다.

3. 결론

위와 같이 ① 이 사건 사고 후 피의자가 사과하며 피해자에게 연락처를 제공한 점, ② 피의자가 피해자에게 사고 보험 처리를 하겠다고 제안하 고, 피해자가 이를 승낙한 후 현장을 떠난 점, ③ 피의자가 피해자로부 터 걸려온 전화를 계속 받으며 사고 접수를 위해 노력한 점, ④ 피의자

가 이 사건 차량 가입 보험사를 착각하여 사고 접수가 지연된 점, ⑤ 피의자가 보험사를 확인하자마자 바로 사고 접수를 완료한 점, ⑥ 사고 후 이 사건 가해 차량 및 피해 차량을 모두 도로 옆 및 공터로 이동·조치함으로 도로에 교통상 장해 및 위험 발생이 제거된 점, ⑦ 블랙박스 및 관련 촬영 영상을 볼 때, 피해자가 상해를 입었다고 인식하기 어려운 점 등을 종합해 볼 때, 피의자에게 도주 의사가 있거나, 피해자를 구호할 필요성이 있었다고 볼 수 없습니다. 그러므로 위와 같은 제반 정황 등을 참작하시어 피의자에게 "혐의없음(증거불충분)" 처분을 내려주시기 바랍니다.

증 거 자 료

1. 증 제1호증 통화내역	1통
1. 증 제2호증 녹취록	1통
1. 증 제3호증 사고접수 완료문자	1통
1. 증 제4호증 피의자 업무일정표 및 고객 일정 관련 자료	1통
1. 증 제5호증 법인 및 개인 명의 보험가입내역	2통
1. 증 제6호증 과거 법인차량 보험가입내역	1통
1. 증 제7호증 피해 차량 사진	1통
1. 증 제8호증 피해 차량 이동 영상	1통

2022. 10.

위 피의자의 변호인

변호사 최충만

서울중앙지방검찰청 이몽룡 검사님 귀중

32. 형사사건 통지절차의 모든 것

음주운전은 부끄러운 범죄다. 그래서 음주운전 적발 사실을 숨기려고 노력하는 사람들이 많다. 어떤 사람은 회사에 알려지면 안 된다고, 어떤 사람은 가족들에게 알려지면 안 된다고 한다. 음주운전 사건은 본인과 경찰, 검찰, 법원만 안다. 그래서 본인과 위 수사 사법기관들만 입 꾹 닫고 있으면 가족이나 다른 사람들이 알 길이 없다.

그런데 우리 형사 사법 절차는 피의사실 및 처벌에 대해 통지하도록 되어 있다. 경찰은 입건 및 행정처분 사실을, 검찰은 형사 처분 사실을, 법원은 재판 및 처벌 사실을 통지하는데, 이 통지 절차는 우편통지라는 점에서 문제가 된다. 피의자가 살고 있는 거주지로 우편 통지를 보내면, 가족이나 동거인이 음주운전 적발 사실을 눈치챌 가능성이 높기 때문이다.

따라서 실무상 피의자가 다른 사람 모르게 혼자 재판, 처벌 받으려고 할 경우, 송달 장소를 거주지가 아닌 본인만 아는 주소지로 지정하고 있다. 예를 들어 경찰조사를 받을 때 주민등록상 주소지는 서울이지만, 형사 및 행정처분 통지서 송달 장소를 수원시로 바꿔달라고 요청하고, 사건이 검찰, 법원에 송치될 때마다 송달 장소 변경 및 송달영수인 신청서를 제출하는 것이다. 그럼 각 관할 기관에서 피의자가 지정한 주소로 우편물을 송달해 준다.

하지만 우편물 보내는 것도 결국 공무원 즉, 사람이 하는 것이기 때문에 간혹 이를 깜빡하고 실수로 피의자 거주지에 보내는 경우가 있다. 이때 피의자는 어디 가서 하소연도 못 하고 꼼짝없이 당하게 되는데, 이를 막기 위해 우체국에 주소 변경 신청 서비스를 이용하는 것도 괜찮은 방법이다. 이러면 이중으로 거주지 송달을 막을 수 있고, 재판 및 최종 형사처벌까지 본인만 아는 상태서 그 절차를 진행할 수 있다.

수사기관이 보내는 통지서들

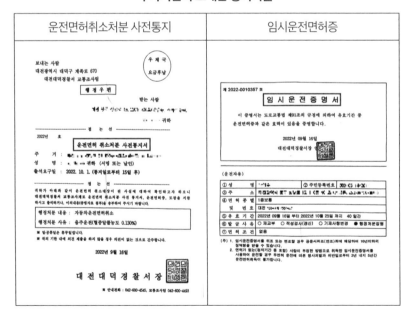

절대지식 음주운전 뺑소니의 모든 것

운전면허취소처분 1차 통지

운전면허취소처분 2차 통지

경찰 수사결과 통지서

경찰 사건처리결과 통지서

법원이 보내는 통지서들

공소장

서울남부지방검찰청

2021. 4. .

사건번호 2021년 형제○○호
수 신 자 서울남부지방법원 발 신 자
검 사 ○○ _____ (인)

제 목 공소장
아래와 같이 공소를 제기합니다.

I. 피고인 관련사항

피 고 인 ○○○ (○○○, ○○○), ○세

직 업 회사원, ○○○

주 거 서울 서초구 서초중앙로 166, 302호(서초동, 서원빌딩)

등록기준지 ○○ ○○○ ○○○

죄 명 특정범죄가중처벌등에관한법률위반(위험운전치상), 도로교통법위반
(음주운전)

적용법조 특정범죄가중처벌등에관한법률 제5조의11 제1항, 도로교통법 제148
조의2 제1항, 제44조 제1항, 형법 제37조, 제38조

구속여부 불구속

변 호 인 법률사무소 ○○ (변호사 최○○, 서영○)

II. 공소사실

범죄전력

피고인은 2014. ○. ○. 서울남부지방법원에서 도로교통법위반(음주운전)죄 등으로 벌금 700만 원을 선고받고, 2016. ○. 서울남부지방법원에서 도로교통법위반(음주운전)죄로 벌금 400만 원을 선고받았다.

범죄사실

피고인은 ○○호 ○○○ 승용차의 운전업무에 종사하는 사람이다.

피고인은 2021. 1. ○. ○○경 혈중알콜농도 0.03% 이상의 술에 취한 상태로 위 스토리지 승용차를 운전하여 ○○ ○ ○○ 부근 편도 2차로 중 2차로를 따라 진행하게 되었다. 이러한 경우 운전업무에 종사하는 사람으로서는 전방좌우를 잘 살펴 안전하게 진행하여야 할 업무상 주의의무가 있다.

그럼에도 불구하고 피고인은 이를 게을리 한 채 술에 취하여 정상적인 운전이 곤란한 상태에서 그대로 진행한 과실로 마침 진행방향 전방에 ○○이 주차해 둔 ○○ ○○ ○○○, 승용차의 전부 뒤 범퍼로 위 스토리지 승용차의 오른쪽 앞 범퍼로 충격한 후 전복되었다.

결국 피고인은 위와 같은 업무상 과실로 위 ○○ 승용차에 탑승하고 있던 피해자 ○○○에게 약 2주간의 치료를 필요로 하는 경추의 염좌 및 긴장 등 상해를 입게 하였다.

III. 첨부

1. 변호인선임서 1부

피고인 소환장

서울 서초구 서초중앙로 166,
서원빌딩 302호 (서초동)
○○○

06605

2061071-440511
형사단독부

서울남부지방법원

피고인소환장

사 건 2021고단○○ 특정범죄가중처벌등에관한법률위반(위험운전치
상)등

피 고 인 ○○○

위 사건에 관하여 공판기일을 지정하였으므로 피고인은 아래 일시 및 장소에 출석하여야 합니다.
정당한 이유없이 출석하지 아니하는 때에는 도망할 염려가 있다고 인정되어 구속영장을 발부할 수 있습니다.

일시 : 2021. 9. ○(○) 14:30
장소 : 서울남부지방법원 309호법정

2021. 7. 3.

판사 ○○○

◇ 유의사항 ◇

1. 출석할 때에는 주민등록증을 가져오시기 바랍니다.
2. 질병 기타의 사유로 출석하지 못할 때에는 의사의 진단서, 기타의 자료를 제출하시기 바랍니다.
3. 공판기일의 변경신청을 할 때에는 공판기일변경의 필요한 사유와 그 사유가 계속 되리라고 예상하는 기간을 명시하고 소명할 수 있는 자료를 제출하여야 합니다.
4. 법정에 제출을 이유하는 사건번호를 기재하시기 바랍니다.
 ※ 시간안내를 원할 경우 자동응답전화로 ☎ 1588-9100입니다. 비로 정확히 기 빠르게 안내드립니다.
 ※ 인터넷(http://www.scourt.go.kr)을 이용하시면 재판기일 등 자세한 안내를 받을 수 있습니다.
 ■ 대민봉사센터(http://www.scourt.go.kr) 이용하시면 재판기일 등 자세한 정보를 열람하실 수 있습니다.
 ■ 문의사항 연락처 : 서울남부지방법원   종합민원실 김수진
   직통전화 : 02-2192-1382
   팩   스 : 02-2646-8173   e-mail

공판기일 변경 명령

서울 서초구 서초중앙로 166,
302호 법률사무소 광평 (서초동, 서원빌딩) (최○○/서
영원)
○○○

06605

수 원 지 방 법 원 등본입니다.
2022. 9. 1.
수원지방법원
공판기일변경명령 법원주사

사 건 2022고단○○ 도로교통법위반(음주운전)

피 고 인 ○○○

위 사건에 관하여 2022. 9. 6.(화) 11:00의 공판기일을 다음과 같이 변경한다.

다 음

변경한 기일 : 2022. 10. 13.(목) 11:10

2022. 9. 1.

판사 ○ ○○

국선변호인 선정고지

[제1심 형사의 국선사건용]

국선변호인 선정을 위한 고지

사 건 2021고단○○ 특정범죄가중처벌등에관한법률위반(위험운전치상)등
피 고 인 ○ ○○

1. 피고인은 위 사건에 관하여 변호인을 선임할 수 있습니다.

2. 피고인이 빈곤 그 밖의 사유로 인하여 개인적으로 변호인을 선임할 수 없을 때에는 형사소송법 제33조 제2항에 따라 이 법원에 국선변호인 선정을 청구할 수 있음을 알려드립니다.

3. 국선변호인 선정청구는 다음과 같이 하면 됩니다.

가. 뒷면에 있는 '국선변호인 선정청구서' 양식의 빈칸을 기재하고 서명 또는 날인(무인)한 다음 소속 위에(피고인의 변호인 의뢰를 받을 권리 보장 및 운반침해의 위법한 운행을 위하여 가급적 이 고지를 받은 날부터 7일 안에) 이 법원에 제출하면 됩니다. 이 사건으로 구속되어 있는 경우에는 교도소구치소장으로부터 변호인 선정 청구서를 제출하면 됩니다.

나. 빈곤 그 밖의 사유에 대한 소명자료를 함께 제출하시기 바랍니다.

[국선변호인 선정 청구사유 및 소명자료 안내]
- 생계급여수급자 관련 : 국민소득생활보장수급자, 건강보험료부과내역서, 소득금액증명서 등
- 「국민기초생활 보장법」에 따른 수급자 : 기초생활수급권자 증명서 등
- 「한부모가족지원법」에 따른 지원대상자 : 한부모가족 증명서 등
- 「다문화법」에 따른 수급자 : 기타증명서 발급 등
- 「장애인연금법」에 따른 수급자 : 수급자 증명서 또는 장애인연금 지급내역이 나타나는 거래실적명세 서류 등
- 「북한이탈주민」의 보호 및 정착지원에 관한 법률」에 따른 보호대상자 : 북한이탈주민등록확인서 등
- 빈곤 구속, 수형 중이라든, 자녀양육부 관련 영장등구제기간 지원
- 기타 개인 사정(가정형편 관련 : 인감, 부가, 연금, 재산, 가계소득 또는 진단 상태 등)

다. 국선변호인 선정을 청구하거나 청구하지 아니하고 선정을 원하지 않는 경우에는 '국선변호인 선정청구서' 양식의 해당란을 기재하여 서명 또는 날인(무인)한 다음 이 법원에 제출할 수 있습니다.

4. 법원은 피고인이 제출한 청구서의 기재 내용과 공소장의 기재 사항 기타 소명자료를 검토하여 피고인이 가정형편 기타 제반 사정에 비추어 사선변호인을 선임함이 어렵다고 인정

거나 피고인의 권리보호를 위하여 필요하다고 인정하는 때에는 국선변호인을 선정합니다.

5. 피고인이 특정 변호인을 선택하여 선정청구를 한 경우에는 특별한 사정이 없는 한 그 변호인을 국선변호인으로 선정합니다. 다만, 재판부별로 전속 국선변호인이 지정되어 있음에도 피고인이 전속변호인 아니된 변호인을 선택한 경우에는 재판장이 상당하다고 인정하는 때에 한하여 그 변호인을 국선변호인으로 선정하게 됩니다.

6. 법원이 형을 선고하는 때에는 국선변호인에게 지급하는 비용을 피고인이 부담하도록 하는 경우가 있을 수 있고(형사소송법 제186조), 이러한 소송비용부담의 재판에 대하여는 재판의 확정 전 10일 이내에 재판을 선고한 법원에 소송비용 전부 또는 일부에 대한 집행면제를 신청할 수 있습니다(형사소송법 제487조).

2021. 4. 14.
서울남부지방법원 형사2단독 판사 ○○○

* 선정재판을 실시하지 않는 법원에서는 재판장을 기재하여야 사용합니다.

국선변호인 선정 청구서

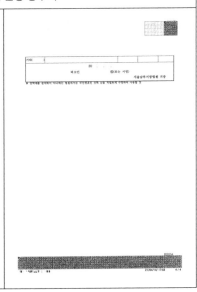

송달 장소 변경 신청서

사　　건　　2022고단○○○ 도로교통법위반(음주운전)

피 고 인　　홍 길 동

위 사건에 관하여 피고인의 변호인은 다음과 같이 송달주소를 변경 신청하오니 아래의 장소로 우편물을 송달하여 주시기 바랍니다.

다　　　음

변경된 송달 장소

서울특별시 서초구 서초중앙로 166, 서원빌딩 302호

2022.　　．

위 피고인의 변호인

변호사 최 충 만

서 영 원

수원지방법원 형사○단독 귀중

33. 법원 공판 전에 의견서 꼭 제출해야 하나?

검사가 불구속구공판 처분을 하면 형사재판을 받아야 한다. 이를 공판이라고 부르는데, 공판 절차를 진행하기 전에 먼저 법원이 피고인에게 의견서 양식을 보낸다. 의견서 양식을 보내는 이유는 공판 절차를 진행할 때 피고인에게 정상참작 사유가 있는지 미리 알기 위함이다. 피고인이 의견서 양식지에 재판장이 참작했으면 하는 내용을 적어서 법원에 보내면, 이를 재판장이 보고 처벌 형량을 정할 때 고려하는 것이다.

그런데 위 의견서를 꼭 법원에 제출해야 하는지 묻는 사람들이 많다. 의견서 안내문을 보면 받은 날로부터 7일 이내 의견서를 법원에 보내달라고 쓰여 있기 때문이다. 변호인 선임 유무와 상관없이 법원은 모든 피고인에게 위 의견서 양식지를 우편으로 보내주는데, 이것을 제출 안 하면 불이익을 당하는 것은 아닌지 걱정한다. 질문에 대한 결론부터 말하면 법원에 의견서를 제출하는 것이 당연히(?) 좋다. 의견서를 제출하면 재판장이 피고인의 입장을 공판 전에 파악할 수 있고, 처벌 형량을 정할 때 정상참작 사유를 쉽게 확인할 수 있기 때문이다.

다만, 변호인을 선임한 때에는 의견서를 제출할 필요가 없다. 변호인이 공판 전에 '변론요지서'라는 서면을 법원에 제출하는데, 이 서면에 공소사실에 대한 의견과 증거의견, 피고인의 정상참작 사유까지 총망라하여 기재돼 있다. 재판장이 '변론요지서'를 보면 쉽게 피고인의 특별 사정을 파악할 수 있으므로, 피고인이 직접 의견서를 작성하여 법원에 제출할 필요는 없는 것이다.

공판 의견서 작성 사례

<h2>의 견 서</h2>

사　　건: 2022고단 1234호 도로교통법위반(음주운전)

피 고 인: 홍 길 동

이 의견서는 피고인의 진술권 보장과 공판 절차의 원활한 진행을 위하여 제출하도록 하는 것입니다. 피고인은 다음 사항을 기재하여 이 양식을 송부받은 날로부터 **7일 이내에** 법원에 제출하시기 바랍니다. 진술을 거부하는 경우에는 진술을 거부한다는 내용을 기재하여 제출할 수 있습니다.

1. 공소사실에 대한 의견

　가. 공소사실의 인정 여부

　　(1) 공소사실을 모두 인정함(○)

　　(2) 세부적으로 약간 다른 부분은 있지만 전체적으로 잘못을 인정함( )

---

(3) 여러 개의 공소사실 중 일부만 인정함(　　)

(4) 공소사실을 인정할 수 없음(　　)

(5) 진술을 거부함(　　)

나. 공소사실을 인정하지 않거나(1의 가. (3), (4) 중 어느 하나를 선택한 경우), 사실과 다른 부분이 있다고 하는 경우(1의 가. (2)를 선택한 경우), 그 이유를 구체적으로 밝혀 주시기 바랍니다.

(생략)

2. 절차 진행에 대한 의견

가. 이 사건 이외에 현재 재판 진행 중이거나 수사 중인 다른 사건이 있다면, 해당 수사기관이나 법원과 그 사건명, 당사자명을 기재하여 주시기 바랍니다.

없습니다.

나. 이 사건 재판을 진행하기 전에 법원에 이야기하고 싶은 특별한 사정이 있습니까?

변호사를 선임할 형편이 안 됩니다. 국선 변호인 선정 부탁드립니다.

다. 이 사건 재판의 절차 진행에 있어, 법원에서 참작해 주기를 바라는 사항이 있으면, 구체적으로 밝혀 주시기 바랍니다.

제가 혼자 양육하는 초등학생 자녀가 있습니다. 선처 부탁드립니다.

3. 성행 및 환경에 관한 의견

가. 가족관계

(1) 가족사항(사실상의 부부나 자녀도 기재하며, 중한 질병 또는 장애

가 있는 등 특별한 사정은 비고란에 기재)

관계	성명	나이	학력	직업	동거 여부	비고
본인	최○○	38	대졸	회사원	-	
자녀	최○○	9	초재	학생	○	소아질병

(2) 주거사항

자가 소유(시가:　　　원), 전세(보증금:　　　원),

월세(보증금: 3,000만 원, 월세: 50만 원), 기타(여인숙, 노숙 등)

(3) 가족의 수입

본인이 회사에 다니면서 받는 월급 240만 원이 전부입니다.

나. 피고인의 학력·직업 및 경력

(1) 피고인의 학력

2012년 전○대학교 시각디자인학과 졸업했습니다.

(2) 과거의 직업, 경력

프리랜서 그래픽 디자인을 했었습니다.

(3) 현재의 직업 및 월수입, 생계유지 방법

저는 주식회사 ○○디자인 회사에 3년째 다니고 있습니다. 월수입
은 240만 원이고, 생계유지는 제 월급으로 충당하고 있습니다.

(4) 향후 취직을 하거나 직업을 바꿀 계획 유무 및 그 내용, 자격증 등
소지 여부

할 줄 아는 것이 디자인이라 직업을 바꿀 계획은 없습니다. 특별한
자격증은 없습니다.

다. 성장과정 및 생활환경(부모나 형제와의 관계, 본인의 결혼생활, 학교생활, 교우관계, 성장환경, 취미, 특기, 과거의 선행 등을 기재)

부모님은 타 지역에 살고 계시고, 형제로 누나 한 명이 있는데 시집가서 분가했습니다. 저는 전 배우자와 결혼하여 슬하에 아들 한 명을 낳았는데, 결혼 3년 만에 성격 차이로 이혼했습니다. 평범한 학창 시절을 보냈고, 어렸을 때 집안 형편이 넉넉지 않았지만, 그래도 큰 어려움 없이 자랐습니다. 취미는 자전거이고, 현재 다니고 있는 회사에서 틈틈이 사회봉사 활동 나가고 있습니다.

라. 피고인 자신이 생각하는 자기의 성격과 장·단점

저는 본래 활발하고 융통성 있는 성격이었습니다. 그런데 전 배우자와 이혼하고 어린 아들 양육을 부담하면서 자신감을 많이 잃어버렸습니다. 지금은 조용히 회사를 다니는 편입니다.

4. 정상에 관한 의견(공소사실을 인정하지 않는 경우 기재하지 않아도 됨)

가. 범행을 한 이유

회사 회식에 참석했다가 아들이 아빠 언제 오냐고 해서 저도 모르게 순간적으로 실수를 하고 말았습니다.

나. 피해자와의 관계

피해자는 없습니다.

다. 합의 여부(미합의인 경우 합의 전망, 합의를 위한 노력 및 진행상황)

음주 단속 적발이라 피해자 없습니다.

라. 범행 후 피고인의 생활

매일 반성문 작성하면서 자숙하고 있습니다.

마. 현재 질병이나 신체장애 여부

저는 건강이 양호하지만, 제 아들이 소아질병으로 정기적인 병원 치료를 받아야 합니다.

바. 억울하다고 생각되는 사정이나 애로사항

없습니다. 오로지 반성과 후회뿐입니다.

사. 그 외 형을 정함에 있어서 고려할 사항

제가 혼자 어렵게 아들을 양육하고 있습니다. 다시는 음주운전 안하겠다는 다짐으로 자동차도 팔고, 금주클리닉 센터도 다니고 있습니다. 제가 만약 구속되면 제 아들을 돌봐줄 사람이 없습니다. 제 부모님도 고령에 건강이 안 좋아서 손주를 돌볼 형편이 안 됩니다. 정말 반성하고 후회하고 있습니다. 이번 한 번만 마지막 선처 제발 부탁드립니다. 감사합니다.

2023. 2. 20.

피고인   홍 길 동   (기명날인 또는 서명)

서울중앙지방법원 형사1단독 귀중

> * 각 사항은 사실대로 구체적으로 기재하여야 하며, 기억나지 않는 부분은 기재하지 않아도 됩니다.
> * 변호인이나 가족의 도움을 받아 작성할 수 있습니다.
> * 진술을 거부하는 경우에는 그 뜻을 기재하여 제출할 수 있습니다.
> * 지면이 부족하면 별도의 종이에 적어 첨부할 수 있으며, 참고할 만한 자료가 있으면 함께 제출하시기 바랍니다.

절대지식 음주운전 뺑소니의 모든 것

34. 변호인 의견서(법원 제출)

피의자가 형사 공판 절차에 회부되면 피고인으로서 재판을 받는다. 그리고 변호인도 피고인을 위해 재판 준비를 한다. 변호인은 피고인이 공소사실을 부인하면 무죄를, 공소사실을 인정하면 정상참작을 요청하는 서면을 작성하는데, 이를 변론요지서 또는 변호인 의견서라고 부른다.

변호인이 변호인 의견서를 내는 이유는 검사와 대등하게 다투기 위한 것인데, 검사가 공소장과 수사기록을 무기로 싸운다면, 이에 대항하여 구체적으로 반박하는 무기가 바로 변호인 의견서이다. 만약 변호사가 변호인 의견서를 제출하지 않는다면 이는 중대한 의무 해태로 위임계약 해지 사유가 된다.

변호인은 위 의견서를 법원 재판이 열리기 전까지 준비해서 제출하는데, 그 이유는 재판장이 공소장에 기재된 내용을 제외하고 아무것도 모르기 때문이다. 그래서 변호인은 재판장에게 검사가 증거기록을 제출하기 전에 먼저 변호인 의견서를 제출하는데, 이는 공소장에 기재된 내용에 따른 편견을 미리 제거하고, 피고인에게 유리한 방향으로 재판을 끌어가려는 데 그 목적이 있다. 만약 변호인 의견서를 제출하지 않으면, 재판장은 피고인의 입장을 모른 채 검사의 일방적인 주장만 들을 수밖에 없고, 결국 피고인에게 불리한 결과가 나올 가능성이 크다.

따라서 형사 사건에서 변호인 의견서는 피고인에게 처음과 끝이라고 불릴 정도로 매우 중요하다. 이 의견서를 통해 유·무죄 또는 구속 여부가 결정되기 때문이다.

변호인 의견서 작성 사례

변호인 의견서

사 건 명 　2022고단 1234호 도로교통법위반(음주운전)
피 고 인 　홍 길 동

위 사건에 관하여 피고인의 변호인은 다음과 같이 의견을 개진합니다.

다 음

1. 이 사건 공소사실에 대한 의견 - 공소사실 부인

가. 이 사건 공소사실은 '피고인은 2023. 2. 1. 21:10경 서울 서초구 교대역에서부터 같은 구 서초역 입구에 이르기까지 약 300m 구간에서 혈중알코올농도 0.032%의 술에 취한 상태로 46버1234호 G80 승용차를 운전하였다.'는 것입니다.

나. 이에 피고인은 위 승용차 운전 당시 혈중알코올농도 상승기에 있었고, 반드시 처벌기준치인 0.03% 이상 술에 취한 상태에 있었다고 단정할 수 없는 사정이 있는바, 위 공소사실을 전부 부인합니다.

2. 이 사건 증거목록에 대한 의견 - 부동의 및 입증취지부인 등

- 증거 인부 및 증거 설명 -

순번	작성기관	진술자	증 거 명 칭	인부방법
7	사경		주취운전 정황보고서	부동의
8	〃	피의자	주취운전자 정황진술 보고서	부동의
9	〃		수사보고(주취운전자 정황보고)	부동의
16	〃	피의자	피의자 신문조서	내용 부인

순번 7~9번은 적발 당시 피고인의 상태를 기재한 서류로 실제 사실과 다르므로 부동의합니다.

순번 16번 사경 작성 피의자 신문조서는 실제 사실과 다른 내용이 기재되어 있으므로 내용 부인합니다.

※ 나머지 순번 증거목록은 모두 동의하되, **입증취지 부인**합니다.

3. 피고인이 운전할 당시 음주 혈중알코올농도 0.03%를 초과하였다고 볼 수 있는지 여부

가. 피고인의 주장 및 관련 증거에서 확인되는 기초 사실

시간 (2023. 2. 1.)	기초 사실
18:00	피고인이 수산횟집에 전화하여 포장 주문을 한 시각 (**중 제1호중 통화 목록 참조**)
19:35	피고인이 수산횟집에서 포장한 음식을 결제한 시각(**중 제2호중 영수중 참조**).
19:45	피고인이 자택에 입차한 시각(**중 제3호중 입차기록사 진 참조**)
20:00~20:40	피고인이 지인과 함께 포장 회를 먹으면서, 맥주 2잔을 마심(**중 제4호중 확인서 및 중 제5호중 현장 사진 참조**).
20:50	피고인이 자택에서 출차한 시각(**중 제6호중 관리사무 소 확인서 참조**)
20:55	피고인이 자동차 운전을 종료한 시각
21:10	피고인에 대한 호흡측정 결과 혈중알코올농도 0.032% 로 도출된 시각(**공소장 참조**)

나. 음주운전 당시 혈중알코올농도의 상승 및 하강 관련 판단 기준

(1) 형사재판에서 공소가 제기된 범죄사실에 대한 증명책임은 검사에게 있고, 유죄의 인정은 법관으로 하여금 합리적인 의심을 할 여지가 없을 정도로 공소사실이 진실한 것이라는 확신을 가지게 하는 증명력을 가진 증거에 의하여야 하므로, 그와 같은 증거가 없다면 설령 피고인에게 유죄의 의심이 간다 하더라도 피고인의 이익으로 판단할 수밖에 없습니다(대법원 2002. 12. 24. 선고 2002도5662 판결 등 참조).

(2) 한편, 음주운전 시점이 혈중알코올농도의 상승시점인지 하강시점

인지 확정할 수 없는 상황에서는 운전을 종료한 때로부터 상당한 시간이 경과한 시점에서 측정된 혈중알코올농도가 처벌기준치를 약간 넘었다고 하더라도, 실제 운전 시점의 혈중알코올농도가 처벌기준치를 초과하였다고 단정할 수는 없습니다. 개인마다 차이는 있지만 음주 후 30분~90분 사이에 혈중알코올농도가 최고치에 이르고 그 후 시간당 약 0.008%~0.03%(평균 약 0.015%)씩 감소하는 것으로 일반적으로 알려져 있는데, 만약 운전을 종료한 때가 상승기에 속하여 있다면 실제 측정된 혈중알코올농도보다 운전 당시의 혈중알코올농도가 더 낮을 가능성이 있기 때문입니다(대법원 2013. 10. 24. 선고 2013도6285 판결 등 참조).

(3) 또한 음주 후 혈중알코올농도가 최고치에 도달할 때까지 시간당 어느 정도의 비율로 증가하는지에 대해서는 아직까지 과학적으로 알려진 신빙성 있는 통계자료가 없고, 음주측정기에 의해 호흡측정을 한 혈중알코올농도 측정치로는 혈중알코올농도가 최고치에 도달한 이후 하강기에 해당하는 구간의 혈중알코올농도를 역추산할 수 있을 뿐 상승기에 해당하는 구간의 혈중알코올농도는 산정할 수 없다는 것이 대법원의 확립된 판례입니다.

다. 이 사건의 경우

(1) 이 사건 공소사실 및 증거기록, 추가 증거자료에 따르면, ① 피고인은 2023. 2. 1. 20:00경 내지 20:40경 맥주 2잔 마신 사실, ② 이후 피고인은 운전을 시작하여 같은 날 20:55경까지 운전을 하였고, 같은 날 21:10경 경찰관의 요구에 따라 호흡측정을 했는데, 그 혈중알코올농도가 0.032%로 측정된 사실 등을 알 수 있습니다.

(2) 위 기초 사실을 앞서 본 법리에 비추어 보면, 피고인에게 가장 유리한 전제 사실에 따라 최종 음주 후 90분이 경과한 시점에서 혈중알코올농도가 최고치에 이른다는 것을 기초로 할 경우, 피고인이 이 사건 차량을 운전한 시점인 2023. 2. 1. 20:50 내지 20:55경 무렵 및 호흡측정이 이루어진 21:10경은 피고인의 최종 음주 시점인 20:40경으로부터 90분 이내로서 혈중알코올농도 상승기에 해당할 가능성이 높습니다.

(3) 그리고 호흡측정결과는 혈중알코올농도 0.032%로 음주운전이 인정되는 기준치인 0.03%와 불과 0.002%의 근소한 차이밖에 나지 않고, 음주측정기 측정오차 범위 내에 있다는 점, 피고인의 최종 음주 시점 이후의 혈중알코올농도 상승분을 알 수 없을 뿐만 아니라 피고인에게 불리하게 마신 술의 대부분을 음주 시작 시점에 마셨다고 가정하더라도 혈중알코올농도가 등가적으로 상승한다고 가정해 피고인의 운전 당시 혈중알코올농도를 객관적으로 산출하면 2023. 2. 1. 20:50 내지 20:55경 무렵 피고인의 혈중알코올농도는 0.03%에 미치지 못하는 점[2] 등을 고려하면, 검사가 제출한 증거만으로 이 사건 운전 당시 피고인의 혈중알코올농도가 0.03% 이상이었다고 단정할 수 없습니다.

(4) 비록 경찰 적발 보고서에서 피고인의 얼굴색이 붉었으며, 발음이 꼬였고, 걸음이 비틀거리는 등 취한 상태였다고 기재하였으나, 주취운전적발정황보고서는 처벌기준치인 0.03% 이상 측정된 이후 기계적으로 작성되는 측면이 있고, "약간" 취기가 있다고 기재한 사실만으로는 반드시 피고인의 혈중알코올농도가 0.03% 이상이었다고는 볼 수 없습니다.

절대지식 음주운전 뺑소니의 모든 것

라. 소결

따라서 이 사건 피고인의 운전 당시 실제 혈중알코올농도는 처벌기준치
인 0.03% 이상이라고 반드시 단정할 수 없습니다.

4. 결론

그러므로 이 사건 공소사실은 범죄사실의 증명이 없는 경우에 해당하므로,
피고인에게 형사소송법 제325조 후단에 따라 무죄를 선고하고, 형법 제58조
제2항에 따라 피고인에 대한 무죄판결의 요지를 공시하여 주시기 바랍니다.

증 거 자 료

1. 증 제1호증 통화 목록	1통
1. 증 제2호증 영수증	1통
1. 증 제3호증 입차기록사진	2통
1. 증 제4호증 확인서(김○○)	1통
1. 증 제5호증 자택 현장 사진	1통
1. 증 제6호증 확인서(관리사무소)	1통

2023. 3.

위 피고인의 변호인

변호사 최충만

서울중앙지방법원 형사1단독 귀중

---

2)   0.0245% = 0.032% - (0.03% × 15분/60분)

35. 법원 형사 공판 절차 어떻게 진행되나?

    피의자가 불구속구공판 처분을 받으면 피고인으로서 법원 공판(=형사재판)을 받는다. 공판 절차는 형사소송법에서 정하고 있는 순서에 따라 진행된다. 1차 공판은 정식조사 재판과 간이조사 재판이 있다. 정식조사 공판은 피고인의 공소사실 인정 여부 → 증거 인정 여부 → 증거에 대한 조사 → 증거 또는 증인 신청 순으로 진행되는데, 피고인이 공소사실을 부인할 경우 오리지널 정식 재판 과정을 거치는 것을 말한다. 간이조사 공판은 피고인의 공소사실 인정 여부 → 증거 인정 여부 → 증거에 대한 재판장의 간략한 확인 → 공판종결 순으로 진행되는데, 피고인이 공소사실을 전부 인정한 경우 이를 간소화하여 약식의 재판 과정을 거치는 것을 말한다. 음주운전 사건 같은 경우 피고인이 공소사실을 자백하면 간이공판 절차를, 부인하면 정식공판 절차를 거치는 것이라고 생각하면 된다.

절대지식 음주운전 뺑소니의 모든 것

(공판 시간이 되면 법정 방청석에 착석한다.)

재판장: 사건번호 2022고단000호 사건, 피고인 홍길동 씨 나오셨습니까?

피고인: 네!

재판장: 네. 피고인 홍길동 씨 피고인석으로 나오시기 바랍니다.

(피고인석에 들어선 홍길동이 선 채로 재판장을 바라본다.)

재판장: 네. 본인 확인 및 진술거부권 고지하겠습니다. 피고인은 이 법
      정에서 진술을 거부할 수 있습니다. 단 진술거부를 포기하고 진
      술한 내용은 본인에게 불리한 유죄 증거로 사용될 수 있습니다.
      피고인 생년월일 어떻게 되십니까?

피고인: 1990년 3월 8일입니다.

재판장: 피고인의 직업은요?

피고인: 회사원입니다.

재판장: 피고인의 주소는요?

피고인: 서울 서초구 서초중앙로 166, 302호입니다.

재판장: 피고인의 본적은 수원시 매탄동 맞습니까?

피고인: 네. 맞습니다.

재판장: 네. 자리에 앉으시기 바랍니다. 피고인 주소가 바뀌면 이 법원에
      꼭 신고하셔야 합니다. 만약 신고하지 않으면 피고인이 없는 상
      태에서 재판이 진행될 수 있습니다.

피고인: 네.

재판장: 검사님, 공소사실 요지 낭독해 주시기 바랍니다.

검 사: 네. 피고인은 2022년 8월 15일 22:00경 서울 서초구 교대역 사

거리에서 서초역 사거리까지 혈중알코올농도 0.035%의 술 취한 상태서 그랜저 34더3454호 승용차를 약 300m 운전하였다는 것입니다.

재판장: 피고인 이 사건 공소사실에 대한 의견 말씀해 주십시오.

피고인: 네. 이 사건 공소사실을 전부 다 인정합니다.

재판장: 검사님, 증거 신청해 주십시오.

검　사: 증거목록 및 증거기록 제출합니다.

재판장: 피고인, 증거목록에 대한 의견 말씀해 주십시오.

피고인: 네. 증거목록 전부 다 증거로 동의합니다.

재판장: 네. 피고인이 공소사실을 인정하고 증거목록 동의하였으므로, 간이공판 절차로 진행합니다. 증거기록을 보니 피고인에 대한 적발 및 주취정황보고, 피의자신문조서, 범죄경력증명 등이 있고요. 특별히 문제 될 만한 사안은 보이지 않는 것 같습니다. 피고인, 증거내용에 대한 특별한 의견 있습니까?

피고인: 아니요. 없습니다.

재판장: 네. 혹시 더 추가로 할 것 있습니까?

검사, 피고인: 생략하겠습니다.

재판장: 피고인 신문하시겠습니까?

검　사: 생략하겠습니다.

재판장: 네. 그럼 재판을 마치겠습니다. 검사님, 구형해 주시기 바랍니다.

검　사: 피고인은 과거 전력이 있음에도 또 음주운전 하였습니다. 이 점 고려하시어 피고인에게 징역 1년 6월을 선고하여 주시기 바랍니다.

재판장: 네. 1년 6월 구형하셨고요. 피고인, 마지막 할 말 있으면 하시기 바랍니다.

피고인: 진심으로 반성하고 있습니다. 다시는 이런 일 없도록 하겠습니다. 마지막 선처 부탁드립니다.

재판장: 네. 선고기일은 지금으로부터 2주 후인 10월 30일 오전 10시 이 법정에서 하겠습니다. 피고인 선고기일에 늦지 말고 꼭 이 법정으로 나오셔야 합니다. 이제 돌아가셔도 됩니다.

피고인: 네. 알겠습니다.

법원 공판 절차에 출석할 때 주의할 사항이 몇 가지 있는데, 첫째 복장, 둘째 답변 태도다.

법정 출석 복장은 따로 정해진 것은 없지만, 사람의 신분(구속 여부)을 결정하는 엄숙한 곳이라는 점에서 진지한 태도로 공판에 임하고 있다는 사실을 어필할 필요가 있다. 그래서 가급적 남자든 여자든 정장을 입고 나오는 것을 추천하는데, 정장이 여의치 않으면 적어도 단정한 캐주얼 복장을 유지하는 것이 좋다. 간혹 꾀죄죄한 추리닝이나 화려하고 노출이 심한 옷을 입고 오는 경우가 있는데, 피고인이 이 사건 재판을 하찮게 여기고 있다는 편견을 재판장에게 심어 줄 수 있으므로 삼가는 것이 좋다.

그리고 법정에서 재판장이 이것저것 질문하는데, 건조하고 짧게 대답하는 피고인들이 있다. 이런 경우 재판장에게 굉장히 무례한 느낌을 줄 수 있으므로 무조건 조심하는 것이 좋다. 예를 들어 생년월일이나 직업을 묻는 질문에 "1990년 3월 30일", "자영업" 이렇게 답하는 사람이 있는데, 이러면 안 된다. "1990년 3월 30일입니다.", "자영업입니다."라고 답변해야 하고, 다른 질문에도 답변 끝에는 "~입니다."라는 맺음말을 꼭 붙여야 한다.

그렇지 않으면 재판장이 피고인에게 "피고인의 법정 태도를 보니까 재판에 대한 진지함이 없고, 반성의 태도도 보이지 않는 것 같습니다. 그리고 과거 피고인의 행태에 비추어 실형 가능성이 높고, 도주 가능성이 높아 보이므로 본 법정에서 사전구속영장을 발부합니다."라는 말과 동시에 재판 중 구속을 당할 수도 있기 때문이다.

절대지식 음주운전 뺑소니의 모든 것

36. 법원은 음주운전에 대해 어떤 처벌을 내릴 수 있나?

형사처벌은 법원의 고유 판단 영역이다. 우리 헌법이 처벌은 재판을 통해, 재판은 법관에게 받을 수 있도록 규정하기 때문이다. 그래서 법원은 피고인에 대해 어떤 처벌을 내릴지 결정할 수 있는데, 크게 징역, 집행유예, 벌금, 선고유예 등 4가지 중 한 가지를 선택해서 처벌하고 있다. 음주운전은 도로교통법 제148조의2에서 처벌 조항을 정하고 있는데, 그 내용을 보면 아래 표와 같다.

음주운전 처벌 조항

도로교통법

제148조의2(벌칙) ① 제44조 제1항 또는 제2항을 위반(자동차 등 또는 노면전차를 운전한 경우로 한정한다. 다만, 개인형 이동장치를 운전한 경우는 제외한다. 이하 이 조에서 같다)하여 벌금 이상의 형을 선고받고 그 형이 확정된 날부터 10년 내에 다시 같은 조 제1항 또는 제2항을 위반한 사람(형이 실효된 사람도 포함한다)은 다음 각호의 구분에 따라 처

벌한다. 〈개정 2023. 1. 3.〉

  1. 제44조 제2항을 위반한 사람은 1년 이상 6년 이하의 징역이나 500만 원 이상 3천만 원 이하의 벌금에 처한다.

  2. 제44조 제1항을 위반한 사람 중 혈중알코올농도가 0.2퍼센트 이상인 사람은 2년 이상 6년 이하의 징역이나 1천만 원 이상 3천만 원 이하의 벌금에 처한다.

  3. 제44조 제1항을 위반한 사람 중 혈중알코올농도가 0.03퍼센트 이상 0.2퍼센트 미만인 사람은 1년 이상 5년 이하의 징역이나 500만 원 이상 2천만 원 이하의 벌금에 처한다.

② 술에 취한 상태에 있다고 인정할 만한 상당한 이유가 있는 사람으로서 제44조 제2항에 따른 경찰공무원의 측정에 응하지 아니하는 사람(자동차 등 또는 노면전차를 운전한 경우로 한정한다)은 1년 이상 5년 이하의 징역이나 500만 원 이상 2천만 원 이하의 벌금에 처한다. 〈개정 2023. 1. 3.〉

③ 제44조 제1항을 위반하여 술에 취한 상태에서 자동차 등 또는 노면전차를 운전한 사람은 다음 각호의 구분에 따라 처벌한다.

  1. 혈중알코올농도가 0.2퍼센트 이상인 사람은 2년 이상 5년 이하의 징역이나 1천만 원 이상 2천만 원 이하의 벌금

  2. 혈중알코올농도가 0.08퍼센트 이상 0.2퍼센트 미만인 사람은 1년 이상 2년 이하의 징역이나 500만 원 이상 1천만 원 이하의 벌금

  3. 혈중알코올농도가 0.03퍼센트 이상 0.08퍼센트 미만인 사람은 1

년 이하의 징역이나 500만 원 이하의 벌금

④ 제45조를 위반하여 약물로 인하여 정상적으로 운전하지 못할 우려
가 있는 상태에서 자동차 등 또는 노면전차를 운전한 사람은 3년 이
하의 징역이나 1천만 원 이하의 벌금에 처한다.

이 중 첫째, 징역형은 교도소에 들어가 노역을 사는 형벌로, 신체의 자
유를 박탈당하는 구속형이 실제 집행된다고 하여 실형이라고도 부른다.
모든 피고인이 가장 두려워하는 처벌로 어떻게든 구속을 면하려고 애쓰
는 형벌이기도 하다. 둘째, 집행유예는 피고인에게 징역형을 선고하되,
일정한 기간 동안 범죄를 저지르지 않는 조건으로 구속집행을 유예하는
형벌로, 구속형을 선고하지만 실제로는 구속되지 않는다는 점에서 법원
의 마지막 경고라고도 부른다. 셋째, 벌금은 가장 흔하게 내려지는 처벌
로, 일정한 돈을 국가에 납부하는 형벌을 말한다. 그리고 마지막 넷째, 선
고유예가 있는데, 선고유예는 피고인에 대한 일정한 처벌의 선고를 유예
하는 것으로, 죄를 저지른 것은 사실이나 특별히 처벌하지 않을 사정이
인정된 경우 예외적으로 내리는 판결을 말한다. 그래서 선고유예는 2년
동안 큰 사고를 치지 않으면 아무런 처벌을 받지 않는 것이 되는데, 무죄
보다 더 받기 어려운 것으로 평가된다.

재판장은 피고인에게 징역 실형을 선고하고 법정구속 하려면 반드시
구속영장을 발부해야 하는데, 예외적으로 구속영장을 발부하지 않는 경

우가 있다. 피고인을 구속하지 않는 것이 피해자의 피해 회복에 유리하거나, 피고인이 항소심에서 법적 쟁점을 적극 다툴 가능성이 높은 상황에서 도망할 염려가 현저히 낮은 때이다. 이런 경우 재판장은 피고인에게 실형을 선고하면서도 예외적으로 실제 구속까지는 하지 않을 수 있는데, 음주운전 사건에서 특별한 사정이 있지 않는 이상 기대하기 어렵다.

실형선고 및 법정구속 절차

재판장: 피고인 홍길동 씨 앞으로 나오세요. 네. 선고하겠습니다. 피고인은… (중략) 하였으므로, 아래와 같이 형을 정했습니다. 주문, 피고인을 징역 1년에 처한다. 피고인! 피고인에게 징역 1년 실형을 선고하였습니다. 피고인은 이 판결에 불복할 경우 선고일로부터 1주일 이내 이 법원에 항소장을 제출하시기 바랍니다. 피고인, 추가로 할 말 있습니까?

피고인: 없습니다.

재판장: 네. 피고인에게 구속영장 발부합니다.

교도관: (피고인에게 다가와서) 자. 옆에 있는 방으로 가시죠.

피고인: 네. (법정 옆 대기실로 끌려간다.)

집행유예 선고 절차

재판장: 피고인 홍길동 씨 앞으로 나오세요. 네. 선고하겠습니다. 피고인은… (중략) 하였으므로, 아래와 같이 형을 정했습니다. 주문, 피고인을 징역 1년에 처한다. 다만 이 판결 확정일로부터 2년간

위 형의 집행을 유예한다. 피고인에게 80시간의 사회봉사 및 40시간의 준법운전강의 수강을 명한다. 피고인에게 집행유예를 선고했습니다. 이 판결에 불복할 경우 1주일 이내 이 법원에 항소장을 제출하시기 바랍니다. 집에 돌아가셔도 좋습니다.

벌금형 선고 절차

재판장: 피고인 홍길동 씨 앞으로 나오세요. 네. 선고하겠습니다. 피고인은… (중략) 하였으므로, 아래와 같이 형을 정했습니다. 주문, 피고인을 벌금 1,000만 원에 처한다. 피고인이 위 벌금을 납입하지 않는 경우 10만 원을 1일로 환산한 기간 피고인을 노역장에 유치한다. 위 벌금에 상당한 금액의 가납을 명한다. 피고인에게 벌금형을 선고했습니다. 이 판결에 불복할 경우 1주일 이내 이 법원에 항소장을 제출하시기 바랍니다. 집에 돌아가셔도 좋습니다.

선고유예 선고 절차

재판장: 피고인 홍길동 씨 앞으로 나오세요. 네. 선고하겠습니다. 피고인은… (중략) 하였으므로, 아래와 같이 형을 정했습니다. 주문, 피고인에 대하여 형의 선고를 유예한다. 피고인에게 선고유예형을 선고했습니다. 이 판결에 불복할 경우 1주일 이내 이 법원에 항소장을 제출하시기 바랍니다. 집에 돌아가셔도 좋습니다.

37. 음주운전도 무죄가 있다

    법원은 피고인을 처벌하는 것 외에, 죄가 없다고 생각되거나 공소권이 없다고 판단되면 무죄 또는 공소기각 판결을 내릴 수 있다. 헌법상 법관은 양심에 따라 판결할 수 있는 권리를 보장하기 때문이다.

    음주운전 사건에서 피고인이 무죄를 받는 경우는 크게 3가지가 있는데, 하나는 혈중알코올농도 상승기이고, 또 하나는 긴급피난, 그리고 마지막 하나는 적발 절차의 위법성 등이 있다. 정형화된 음주운전 사건에서 무죄가 나오는 이유는 간단하다. 헌법과 형사소송법이 형사처벌 하려면 명확히 처벌기준치를 초과하거나 긴급피난 등 위법성 요건을 엄격하게 따질 것을 요구하기 때문이다.

    먼저 음주운전 성립 요건을 보자. 운전자가 혈중알코올농도 0.03% 이상 술 취한 상태서 운전을 하면 음주운전이 성립된다. 그런데 사람은 술을 마시면 바로 혈중알코올농도에 반영되지 않는다. 섭취한 술의 알코올이 서서히 시간이 흐르면서 혈액 속에 흡수되는데, 처벌기준치인 0.03% 이상 도달하려면 어느 정도 시간이 지나야 한다. 그래서 소주 한 병을 원샷하고 바로 운전을 해도 음주운전으로 처벌받지 않는다. 소주 한 병 원샷으로 혈중알코올농도가 0.03% 이상 되려면 적어도 5분 이상을 필요로 하기 때문이다. 따라서 검사는 피고인을 음주운전으로 처벌하려면 피고인이 운전할 당시 기준으로 혈중알코올농도 0.03% 이상 술 취한 상태에 있었다는 사실을 입증해야 하는데, 운전을 마친 시각과 혈중알코올농도를 측정한 시각의 격차가 크면, 과연 운전할 당시 피고인이 술 취한 상태에 있었다고 볼 수 있는지 의문이 든다. 이러한 경우 검사와 변호사가 피고인의 유무죄를 두고 다투는데, 여기서 재판장을 설득한 사람이 누구냐에 따라 유무죄가 결정되는 것이다.

그리고 긴급피난의 경우 매우 특별한 상황이 있지 않는 이상 쉽게 인정되지 않는데, 음주운전 같은 경우 다른 사건들보다 의외로 잘 인정된다. 음주운전 사건은 필연적으로 자동차 운전을 수반하는데, 교통사고 방지를 위해 주취자가 자동차를 운전했을 때 문제 된다. 주취자가 대리기사를 불러 집에 가던 중 대리기사와 싸우는 경우가 있는데, 화가 난 대리기사가 도로 한복판에 차를 세우고 그냥 가는 경우가 종종 발생한다. 이때 주취자가 운전해서 차를 도로 가장자리로 이동한 경우 어떻게 평가할 것인지를 두고 다툼이 발생하는데, 검사는 교통사고 발생 위험성이 적고 주취자가 직접 운전하는 것 말고 다른 대안책이 있었다는 이유로 유죄판결을, 반대로 변호인은 교통사고 발생 위험성이 크고, 다른 대안책이 없었다는 이유로 무죄를 주장한다. 이 경우에도 누가 재판장을 잘 설득하느냐에 따라 유무죄가 갈리는 것이다.

한편 무죄의 실익은 특별히 설명 안 해도 매우 매우 많다는 것은 누구나 다 알고 있다. 음주운전 사건 같은 경우 무죄를 받는 순간 모든 것이 해결된다. 구속 위험성과 형사상 불이익은 물론, 행정처분으로 취소된 면허도 소급하여 다시 부활한다. 변호인을 선임했으면 변호인 선임 비용도 일부 보상받을 수 있다. 음주운전을 이유로 소속 기관 또는 회사로부터 징계를 받은 것이 있다면 다시 그 징계의 취소도 요구할 수 있는 등 무죄 판결은 모든 피고인이 바라는 결과이기도 하다.

무죄 판결 선고 절차

재판장: 피고인 홍길동 씨 앞으로 나오세요. 네. 선고하겠습니다. 피고인은… (중략) 하였으므로, 아래와 같이 판결을 선고합니다. 주문, 피고인은 무죄. 피고인에게 무죄를 선고했습니다. 검사는 이 판결에 불복할 경우 선고일로부터 1주일 이내 이 법원에 항소를 제기할 수 있습니다.

피고인: 감사합니다.

무죄 선고 및 원상회복 절차

형사처벌	모든 형사처벌 소멸
운전면허 취소처분	운전면허취소처분은 처음부터 없었던 것처럼 소급하여 효력을 상실한다. 운전자는 무죄 판결문과 확정증명원을 관할 경찰청 민원실에 제출하면, 운전면허증을 돌려받을 수 있다.
형사소송비용	피고인 입장에서 무죄판결을 받기 위해 변호인 조력을 받는 등 적지 않은 비용을 지출했다. 국가는 피고인에 대한 무리한 기소로 피고인이 입은 손해에 대해 형사보상 할 의무가 있다. 일반적으로 심급당 약 200만 원 상당의 형사보상금이 지급된다. 피고인이 관할 법원에 무죄 판결문과 확정증명원, 형사보상청구서를 접수하면, 법원이 보상비용을 결정해 준다. 그리고 피고인이 관할 검찰에 형사보상결정문과 지급신청서를 제출하면, 신청서에 기재된 은행계좌로 형사보상금이 지급된다.
징계처분	공무원이 만약 음주운전 사건으로 징계를 받았다면, 무죄 판결문과 확정증명원을 근거로 일정한 기간 내에 징계 취소를 요구할 수 있다. 이때 소속 기관장은 특별한 사정이 없으면 해당 징계를 취소해야 한다.

38. 음주운전 무죄 유형 Ⅰ 혈중알코올농도 상승기

음주운전 사건에서 가장 많이 나오는 무죄 유형은 혈중알코올농도 상승기이다. 혈중알코올농도 상승기란, 이전에 밝힌 바와 같이 술을 마시고 난 후 우리 몸속 체내 알코올농도가 상승하는 시간을 말한다. 예를 들어 우리가 소주 1병을 원샷하면 바로 술에 취하지 않는다. 술에 있던 알코올이 체내 흡수되기까지 시간이 걸리기 때문이다. 그래서 소주 1병을 원샷하면 바로 혈중알코올농도가 측정되지는 않지만, 10분, 30분, 60분이 지날 때마다 혈중알코올농도는 점점 더 높게 측정된다.

그럼 대체 언제부터 언제까지가 혈중알코올농도 상승기일까? 우리 대법원 판례에 따르면 마지막으로 술을 마신 시각으로부터 90분까지를 혈중알코올농도 상승기로 보고 있다. 그리고 90분까지 최고 농도에 도달하고, 그다음부터 시간당 0.008~0.03%씩 혈중알코올농도가 떨어진다고 본다. 그래서 A가 20:00부터 21:00까지 소주 1병을 마셨다고 가정하면, A의 혈중알코올농도 상승기는 마지막으로 술잔을 든 21:00부터 90분이 지난 22:30까지가 되는 것이고, 그 이후부터 시간당 0.008%씩 떨어진다고 보는 것이다.

만약 A가 21:20부터 21:30까지 자동차를 운전했고, 신고를 받고 출동한 경찰관이 22:00에 A의 혈중알코올농도를 측정한 결과 0.1%가 도출됐다면 어떻게 될까? 실제로 운전을 한 21:30경 A의 혈중알코올농도는 22:00경 측정한 농도보다 낮은 것으로 본다. 이렇게 되면 과연 A가 운전할 당시 실제 혈중알코올농도가 처벌기준치인 0.03% 이상이라고 단정할 수 있는지 의문이 들게 되는데, 명확성을 요구하는 현행 형사법 체제에서 무죄 판결이 나올 수도 있는 것이다.

그런데 위와 같은 혈중알코올농도 상승기는 치명적인 약점이 있는데, 바로 예외적인 상황이 발생한 때이다. 대법원은 혈중알코올농도 상승기라고 해서 무조건 무죄를 선고해서는 안 된다는 입장인데, 그 이유는 명확히 술 취한 상태에 있었다고 볼 수 있는 경우가 있다는 것이다. 가장 대표적인 경우로 2가지를 꼽을 수 있는데, 첫째는 교통사고 유무이고, 둘째는 술 마시기 시작한 시각이다.

첫째, 교통사고는 기본적으로 술 취하지 않은 상태에서 쉽게 발생하지 않는다. 그런데 교통사고가 발생했고, 교통사고 가해자가 음주운전자라면? 그렇다. 혈중알코올농도 상승기였다 하더라도 운전 당시 0.03% 이상 술 취한 상태에 있었다고 보는 것이 상식에 맞고, 음주운전으로 처벌해야 한다는 것이다.

둘째, 술 마신 시각이 빠르고 오래됐다면 혈중알코올농도 상승기 주장이 희석된다. 예를 들어 A씨가 18:00부터 21:00까지 소주 1병을 마셨다고 가정해 보자. 그럼 19:30경까지 마신 술의 양은 소주 반병이 되는데, 그로부터 90분이 지난 21:00에 A의 혈중알코올농도는 소주 반병 마신 만큼 그 농도가 최고치에 이른다. 그런데 나머지 소주 반병을 21:00까지 마셨다는 이유로 혈중알코올농도 상승기를 22:30까지 인정한다면 어떻게 될까? 일반적인 혈중알코올농도 상승기와 달리 A씨가 운전할 당시 농도는 0.03% 이상 술 취한 상태에 있었을 가능성이 매우 높다. 왜? 소주 반병 마신 만큼의 혈중알코올농도가 이미 최고치에 이르렀고, 그 상태에서 더 섭취한 알코올에 의해 계속 높아져 가는 상황이기 때문이다.

따라서 혈중알코올농도 상승기는 술 마시기 시작한 시각과 마지막으로 술 마신 시각 사이 간격이 비교적 짧고, 마지막 술 마신 시각으로부터 90분 이내 자동차 운전과 혈중알코올농도 측정이 모두 이루어졌으며, 운전한 시각과 농도 측정 시각 간에 간격이 크면 클수록 유리하다.

자. 이제 구체적으로 계산을 해 보자. 우리 대법원 판례에 따르면 혈중알코올농도 상승기는 마지막으로 술 마신 시각으로부터 30분에서 90분까지 혈중알코올농도가 상승하는데, 실무상 피고인에게 유리한 90분을 채택하고 있다. 그리고 90분까지 혈중알코올농도가 최고치에 도달했다가 시간당 0.008~0.03%씩 그 농도가 떨어지는데, 혈중알코올농도 하강기에서 적발됐을 경우 실무상 피고인에게 유리한 0.008%를 적용하여 농도를 가산하고 있다. 그리고 검찰과 법원은 위 하강기 공식을 혈중알코올농도

상승기에서도 역산 적용하는데, 하강기 공식을 상승기에 적용한 결과 피고인의 농도가 0.03% 미만인 것으로 도출된다면 이는 강력한 무죄 근거가 된다. 혈중알코올농도는 상승기에서 급격히 올라가고 하강기에서는 천천히 내려간다는 것이 명확한 연구결과이고, 하강기 공식을 적용한 것보다 실제 피고인의 혈중알코올농도는 더 낮을 가능성이 높기 때문이다.

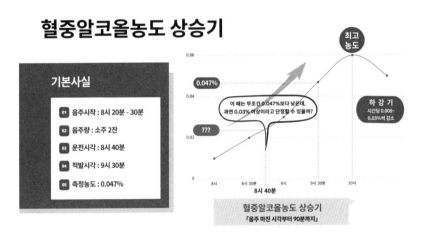

혈중알코올농도 상승기와 하강기 그래프

유리한 혈중알코올농도 상승기 사례

- 술 마시기 시작한 시각: 20:20
- 마지막 술을 마신 시각: 20:30
- 운전을 한 시각: 20:35~20:40
- 혈중알코올농도 호흡측정 한 시각: 21:30

- 측정된 혈중알코올농도: 0.047%

 * 실제 운전했을 당시 예상 혈중알코올농도: 최대 0.027% 이하 (=무죄)

불리한 혈중알코올농도 상승기 사례

- 술 마시기 시작한 시각: 20:00
- 마지막 술을 마신 시각: 20:30
- 운전을 한 시각: 21:15~21:20
- 혈중알코올농도 호흡측정 한 시각: 21:30
- 도출된 혈중알코올농도: 0.047%

 * 실제 운전했을 당시 예상 혈중알코올농도: 최대 0.037% 이하 (=유죄)

위와 같이 혈중알코올농도 상승기를 주장하려면 마지막으로 술 마신 시각과 운전을 한 시각, 혈중알코올농도 측정 시각을 특정해야 하는데, 문제는 마지막 술 마신 시각이다. 운전시각과 측정시각은 경찰의 수사자료를 통해 쉽게 확인되지만, 마지막 술 마신 시각은 입증하기가 쉽지 않기 때문이다.

그래서 피고인은 자신이 마지막 술 마신 시각을 특정하기 위해 술집 신용카드 사용내역, 술집에 있는 CCTV 영상 등을 증거자료로 제출하기도 하는데, 만약 CCTV가 없는 식당에서 현금으로 계산했다면? 친구 오피스

텔에서 술을 마신 것이라면? 이런 경우 술 마신 시각을 입증하기란 사실상 불가능하다. 그래서 이런 때에는 같이 술 마신 동석자의 법정 증언을 통해 시간을 특정하기도 하는데, 심지어 동석자 없이 혼자 집에서 술 마신 경우라면 정말 답이 없다. 경찰조사에서 피고인이 진술한 내용 또는 법정에서 피고인이 진술한 내용을 토대로 결정할 수밖에.

대전지방법원 공주지원

판   결

등본입니다.
2022. 3. 29.
법원주사

사 건	2021고정 ▮▮ 도로교통법위반(음주운전)
피 고 인	▮▮▮ (▮▮▮-0000000), ▮▮
	주거 ▮▮▮ ▮▮ ▮▮▮ ▮▮▮
	등록기준지 ▮▮ ▮▮▮ ▮▮
검 사	▮▮(기소), ▮▮(공판)
변 호 인	변호사 서영원
판 결 선 고	2022. 3. 25.

주   문

피고인은 무죄.

이   유

1. 공소사실의 요지

피고인은 2021. ▮▮. 20:40경 ▮▮ ▮▮▮ ▮▮ ▮▮ ▮ 앞 도로에서부터 ▮▮▮ ▮▮ ▮ 앞 도로에 이르기까지 약 4km 구간을 혈중알코올농도 0.047%의 술에 취한 상태로 ▮▮ 호 ▮▮ 차를 운전하였다.

2. 판 단

가. 관련 법리

1 / 5

대한민국법원

음주운전 시점이 혈중알코올농도의 상승시점인지 하강시점인지 확정할 수 없는 상황에서는 운전을 종료한 때로부터 상당한 시간이 경과한 시점에서 측정된 혈중알코올농도가 처벌기준치를 약간 넘었다고 하더라도, 실제 운전 시점의 혈중알코올농도가 처벌기준치를 초과하였다고 단정할 수는 없다. 개인마다 차이는 있지만, 음주 후 30분~90분 사이에 혈중알코올농도가 최고치에 이르고 그 후 시간당 약 0.008%~0.03%(평균 약 0.015%)씩 감소하는 것으로 일반적으로 알려져 있는데, 만약 운전을 종료한 때가 혈중알코올농도의 상승기에 속하여 있다면 실제 측정된 혈중알코올농도보다 운전 당시의 혈중알코올농도가 더 낮을 가능성이 있기 때문이다.

　　그러나 비록 운전 시점과 혈중알코올농도의 측정 시점 사이에 시간 간격이 있고 그때가 혈중알코올농도의 상승기로 보이는 경우라고 하더라도, 그러한 사정만으로 언제나 실제 운전 시점의 혈중알코올농도가 처벌기준치를 초과한다는 점에 대한 증명이 불가능하다고 볼 수는 없다. 이러한 경우 운전 당시에도 처벌기준치 이상이었다고 볼 수 있는지는 운전과 측정 사이의 시간 간격, 측정된 혈중알코올농도의 수치와 처벌기준치의 차이, 음주를 지속한 시간 및 음주량, 단속 및 측정 당시 운전자의 행동 양상, 교통사고가 있었다면 그 사고의 경위 및 정황 등 증거에 의하여 인정되는 여러 사정을 종합적으로 고려하여 논리와 경험칙에 따라 합리적으로 판단하여야 한다(대법원 2019. 7. 25. 선고 2018도6477 판결, 2013. 10. 24. 선고 2013도6285 판결 등 참조).

　　한편 형사재판에서 유죄의 인정은 법관으로 하여금 합리적인 의심을 할 여지가 없을 정도의 확신을 가지게 하는 증명력을 가진 엄격한 증거에 의하여야 하고, 이와 같은 증거가 없다면 피고인에게 유죄의 의심이 있다고 하더라도 피고인의 이익으로 판단할 수밖에 없다.

나. 판 단

검사가 제출하여 적법하게 조사를 마친 증거들에 의하면, 피고인이 2021. ▨. ▨. 20:40경 이전에 ▨▨▨ ▨▨▨▨ ▨▨ ▨▨ ▨▨에서 소주 2잔 정도를 마신 후 10여 분 정도를 운전하여 귀가한 사실, ▨▨파출소 순경 ▨▨▨은 피고인의 음주운전에 관한 112신고를 받고 피고인의 집으로 출동하여 같은 날 21:20경 음주감지기로 피고인의 음주 여부를 확인한 후 같은 날 21:30경 음주측정기로 피고인의 혈중알코올농도를 측정한 사실, 그 결과 위 측정 당시 피고인의 혈중알코올농도가 0.047%에 이른 사실, 측정결과에 대하여 피고인이 별다른 이의를 제기하지는 않았던 사실을 인정할 수 있다.

그러나 위 법리에 비추어 살펴건대, 위 각 증거와 증 제1 내지 3호증의 각 기재를 종합하여 인정할 수 있는 아래와 같은 사정들을 종합하면, 위 인정 사실만으로는 피고인이 운전하였을 당시 혈중알코올농도가 0.03% 이상에 해당함을 인정하기에 부족하고, 달리 이를 인정할 증거가 없다.

① 피고인의 일부 법정진술, 증인 ▨▨의 법정진술에 의하면 평소 주량이 소주 1병에 못 미치는 피고인은 2021. ▨. ▨. 20:20경 전후로 약 10여 분간 소주 2잔 정도를 마셨고, 그 술자리는 같은 날 20:33경 마무리된 것으로 보인다. 그리고 피고인이 위 소주 2잔 외에 추가로 음주한 정황을 확인할 수 있는 증거는 없다.

② 피고인에 대한 음주운전 신고는 2021. ▨. ▨. 20:39경 이루어졌는데, 위 신고에 따라 출동한 ▨▨파출소 순경 ▨▨은 피고인이 마지막으로 음주를 한 시점으로부터 25분 정도가 경과하였고, 마지막으로 운전한 시점의 직후로 보이는 2021. ▨. ▨. 20:45경 피고인의 집에 도착하여 피고인에게 음주운전 여부를 확인하였다. 그런데 ▨ ▨▨은 처음 피고인의 집에 도착한 후로부터 45분이 지난 후인 2021. ▨. ▨. 21:30경

에 이르러서야 피고인에 대한 음주측정을 하였다. 이와 같은 피고인의 음주 및 운전 시점과 음주측정 시점의 간격을 고려할 때, 피고인의 음주운전 시점이 혈중알코올농도 의 상승시점인지 하강시점인지 확정할 수 없다고 판단된다.

③ 피고인에 대한 음주측정결과는 0.047%로 처벌기준인 0.03%보다 0.017%나 높은 수준이기는 하다. 그러나 ⬛⬛이 피고인에 대하여 음주측정을 할 당시 피고인의 상 태는 언행 및 보행상태가 양호하고, 기타 특이사항은 없었던 것으로 보인다(⬛⬛은 피고인에 대한 음주측정 당시 피고인의 혈색이 약간 붉은 것을 확인하였는데, 피고인 은 음주를 하지 않은 평상시에도 혈색이 다소 붉은 체질을 가지고 있는 것으로 보인 다). ⬛⬛은 이 법정에서 수사보고(주취운전자 정황보고)에 기재된 것 외에 피고인에 게 술 냄새가 났다고 진술하였으나, 그러한 진술만으로 피고인이 운전하였을 당시 혈중알코올농도가 상승시점인지 하강시점인지 확정할 수 없는 이 사건에서 피고인의 혈중알코올농도가 0.03% 이상에 이른다고는 단정할 수는 없다[혈중알코올농도의 상승 속도가 하강속도보다 빠르다고 보는 것이 경험칙상 인정되는데, 앞서 본 하강속도 중 피고인에게 가장 유리한 시간당 감소치인 0.03%를 시간당 증가치로 가정하여 역산해 보면, 피고인의 운전 종료 시점의 혈중알코올농도 수치는 0.0245%(= 0.047% - 0.03% × 45분 / 60분) 정도로 볼 수 있는바, 이는 처벌기준 수치인 0.03%에 미치지 못한다].

④ 피고인의 음주운전으로 인하여 교통사고가 발생하거나 교통에 다른 장애가 발 생하였다는 사정을 확인할 수 있는 증거도 없다.

3. 결 론

따라서 위 공소사실은 범죄의 증명이 없는 경우에 해당하므로, 형사소송법 제325조 후단에 의하여 무죄를 선고한다.

이상의 이유로 주문과 같이 판결한다.

판사

39. 음주운전 무죄 유형 II 긴급피난

형사법상 음주운전을 처벌하려면 세 가지 요건을 충족해야 한다. 첫째 구성요건이고, 둘째 위법성, 셋째 책임능력이다. 구성요건은 술에 취한 상태서 운전하는 것이고, 위법성은 긴급피난 등 위법성 조각사유가 없을 것이며, 책임은 만 14세 미만 형사미성년자 또는 심신장애로 변별능력이 없는 자가 아닐 것을 요구하는데, 만약 이 중 한 가지라도 충족하지 못하면 행위자에게 형사처벌을 할 수 없다.

위와 관련하여 종종 뉴스기사로 나오는 사안이 있는데, 바로 긴급피난이다. 긴급피난은 말 그대로 긴급하게 (본인 또는 타인의 위험 상태로부터) 피난하는 것을 말하는데, 위법성 조각사유 중 하나로 만약 그 사실이 인정되면 무혐의 또는 무죄가 선고될 수 있다. 행위자에게 음주운전을 할 수밖에 없는 특별한 사유(위법한 행위에 대한 특별한 이유가 있어 형사상 책임을 묻기 어렵다고 보는 경우)가 있다고 보기 때문이다.

구체적으로 예를 들면, 술 취한 상태서 잠을 자던 중 갑자기 위독한 상태에 빠진 가족을 병원에 이송하기 위해 긴급히 운전한 경우, 술 취한 상태서 길을 가던 중 칼을 든 강도가 쫓아와 이를 피하기 위해 자동차를 운전한 경우, 대리기사가 도로 한복판에 차를 두고 내린 상황에서 술 취한 운전자가 교통사고 방지를 위해 차량을 도로 가장자리로 이동한 경우 등이 있다.

이 중 실무상 가장 문제 되는 유형은 바로 대리기사가 차를 버리고 떠나는 것인데, 대리기사들 중 일부가 술 취한 차량 소유자와 다투고 도로 한복판에 차를 세우고 하차하는 경우가 의외로 많이 발생한다. 다만, 대리기사가 차를 버리고 떠났다는 사실만으로 긴급피난이 쉽게 인정되는 것은 아닌데, 긴급피난은 말 그대로 부득이한 상황에 있었던 경우에 한하여 인정되는 특별 예외 요건이기 때문이다.

따라서 음주운전 긴급피난 요건으로 몇 가지 사항이 충족될 것을 필요로 하는데, 법원과 검찰이 주로 인정하는 사실요건은 아래 표와 같다.

긴급피난 인정 사실 요건

○ 대리기사가 도로 한복판에 차를 버리고 간 이유에 대해 큰 책임이 없을 것
○ 대리기사가 위험한 도로 한복판에 차를 버리고 갈 것
○ 실제로 그 도로에 차량 통행이 많고, 제한속도도 상당하여 교통사고 위험성이 높을 것

○ 음주운전자가 교통사고 위험으로부터 벗어날 목적으로 운전 할 것

○ 교통사고 위험에서 벗어나 안전을 확보하기까지 최소한의 거리만 운전할 것

○ 음주운전자가 직접 운전하는 것 외에 다른 방법으로 사고위험에서 벗어나기 힘든 상황일 것

긴급피난 인정 사실 관계

피고인 A씨는 대리운전을 이용하던 중 대리기사와 말다툼하였다. 화가 난 대리기사는 도로 옆 고가도로로 올라가는 길에 차를 세우고 하차하였다. A씨는 다시 대리기사를 부르려고 했는데, 도로 한복판이어서 이곳이 어디인지 알 수 없었다. A씨 차량을 다른 차량이 피해 갈 때마다 빵빵 경적 소리가 울렸다.

A씨는 다른 대리기사가 정확한 차량 위치를 찾는 것이 어렵고, 일단 안전한 곳으로 차량을 이동해야겠다는 생각으로 운전을 시작했다. A씨는 고가도로를 지나 약 100m 가량을 운전했고, 도로 옆 시내버스 정류장 도로에 차를 세웠다. 그러나 먼저 하차한 대리기사가 운전하는 A씨를 경찰에 신고했고, A씨는 음주운전 혐의로 재판에 넘겨졌다.

이에 대해 법원은 A씨 입장에서 다른 선택지가 없었다면서 긴급피난의 요건을 다 갖추었다고 보아 무죄를 선고했다.

피고인 A씨는 대리운전을 이용하던 중 대리기사에게 욕설하고 주먹을 휘두르는 등 위협했다. 화가 난 대리기사는 도로 옆 고가도로로 올라가는 길에 차를 세우고 하차하였다. A씨는 다시 대리기사를 부르려고 했는데, 도로 한복판이어서 이곳이 어디인지 알 수 없었다. A씨 차량을 다른 차량이 피해 갈 때마다 빵빵 경적 소리가 울렸다.

A씨는 다른 대리기사가 정확한 차량 위치를 찾는 것이 어렵고, 일단 안전한 곳으로 차량을 이동해야겠다는 생각으로 운전을 시작했다. A씨는 고가도로를 지나 약 100m 가량을 운전했고, 도로 옆 시내버스 정류장 도로에 차를 세웠다. 그런데 시내버스 정류장 도로에 차를 세운 것이 마음에 안 들었는지 다시 운전을 시작하여 30m 앞 도로까지 이동했고, 그곳에서 잠시 머물다 20m를 더 이동하여 도로 가장자리에 차를 세우더니 그대로 잠이 들었다.

그러자 먼저 하차한 대리기사가 운전하는 A씨를 경찰에 신고했고, A씨는 음주운전 혐의로 재판에 넘겨졌다.

이에 대해 법원은 A씨에게 음주운전 유죄를 선고했다. 대리기사가 먼저 하차한 원인을 제공한 책임이 있고, 설령 처음에는 긴급피난의 의사로 운전을 했다 하더라도 운전을 마칠 때까지 긴급피난의 의사가 있었다고 보기 어렵다는 것이 그 이유였다. A씨가 버스 정류장까지는 긴급피난의 의사로 이동했을 개연성이 있으나, 그 이후부터는 계속 음주운전을 할 의사로 이동하다가 잠이 들었다고 보는 것이 경험칙에 부합한다는 것이 그 이유였다.

언론뉴스에서 소개된 기사만 보면 긴급피난 무죄 선고가 쉽게 나는 것처럼 보인다. 그러나 앞서 말한 바와 같이 긴급피난은 특별 예외적 사유로 인정되는 것이기 때문에 단순히 긴급피난을 주장한다고 해서 되는 것은 아니고, 아래 표와 같이 몇 가지 재판 절차를 거쳐야 한다.

긴급피난 사실관계 확정을 위한 재판 절차

* 공소사실 인정 여부
  ☞ 피고인은 이 사건 공소사실을 전부 부인합니다. 피고인이 음주운전할 당시 현존하는 교통사고 위험에서 벗어나기 위해 부득이 운전한 것이기 때문입니다.
* 증거목록 동의 여부
  ☞ 피고인은 대리기사 진술조서에 대해 부동의합니다. 그리고 나머지 증거목록은 입증취지를 부인합니다.
* 증인신문
  ☞ 대리기사 진술조서를 부동의했기 때문에 대리기사에 대해 증인신문 절차를 진행합니다.
* 증거신청
  ☞ 도로 CCTV 영상, 차량 블랙박스, 해당 도로 차량 통행량 및 제한속도 관련 자료 등
* 증거 채택
  ☞ 증인신문과 증거조사를 거쳐 재판장이 어떤 것을 사실관계 증거로 채택할지 결정한다. 채택된 증거를 가지고 피고인에 대한 유·무죄 심증을 형성하고, 최종 판결을 내린다.

긴급피난이 인정되려면 적발 도로 현장에 대한 관련 증거들이 많이 현출되어야 한다. 기본적으로 긴급피난을 주장하는 피고인이 많이 불리한 입장이기 때문에 이를 뒤집으려면 조금이라도 관련된 것이라면 무엇이든 제출하는 것이 좋다.

긴급피난 인정 판결문

서 울 중 앙 지 방 법 원

판 결

사 건	2019고정2908 도로교통법위반(음주운전)
피 고 인	A

검 사	조경익(기소), 최주원(공판)
변 호 인	B
판 결 선 고	2020. 3. 23.

주 문

피고인은 무죄.

피고인에 대한 판결의 요지를 공시한다.

이 유

1. 이 사건 공소사실의 요지

　피고인은 2019. 11. 9. 23:02경 혈중알코올농도 0.097%의 술에 취한 상태로 서울 서초구 ○○대로 ○○ (○○동) 앞 노상 약 3m 구간에서 ○○모****호 ### 승용차를 운전하였다.

- 1 -

2. 피고인 및 변호인의 주장

피고인의 음주운전은 형법 제22조 제1항의 긴급피난에 해당하여 위법성이 조각되어 범죄가 되지 아니한다.

3. 판단

가. 형법 제22조 제1항의 긴급피난이란 자기 또는 타인의 법익에 대한 현재의 위난을 피하기 위한 상당한 이유 있는 행위를 말하고, 여기서 '상당한 이유 있는 행위'에 해당하려면, 첫째, 피난행위는 위난에 처한 법익을 보호하기 위한 유일한 수단이어야 하고, 둘째, 피해자에게 가장 경미한 손해를 주는 방법을 택하여야 하며, 셋째, 피난행위에 의하여 보전되는 이익은 이로 인하여 침해되는 이익보다 우월해야 하고, 넷째 피난행위는 그 자체가 사회윤리나 법질서 전체의 정신에 비추어 적합한 수단일 것을 요하는 등의 요건을 갖추어야 한다(대법원 2006. 4. 13. 선고 2005도9396 판결 등 참조).

나. 위 법리에 비추어 이 사건에 관하여 살펴건대, 이 법원에서 채택하여 조사한 증거들에 의하여 인정되는 사실들 혹은 사정들을 종합하여 보면, 피고인은 교통방해와 사고위험을 줄이기 위하여 편도 1차로(이하, '이 사건 도로'라 한다)의 우측 가장자리로 약 3m 가량 차를 이동시켰을 뿐 더 이상 차를 운전한 의사는 없었던 것으로 보이고, 당시 피고인의 혈중알코올농도, 차량을 이동한 거리, 이 사건 도로의 형상 및 타차량 통행상황 등에 비추어 보면, 피고인의 행위로 인하여 타인의 생명과 안전에 대하여 발생하는 위험은 그다지 크지 않았던 것으로 평가되는 반면, 피고인의 행위로 인하여 확보되는 법익이 위 침해되는 이익보다는 우월하였던 것으로 평가할 수 있다.

따라서 피고인이 이 사건 공소사실 기재와 같이 운전한 행위는 자기 또는 타인의 법익에 대한 현재의 위난을 피하기 위한 행위로서 상당한 이유가 있다고 할 것이어서

- 2 -

형법 제22조 제1항의 긴급피난에 해당한다.

1) 피고인은 음주 상태에서 귀가하기 위하여 평소에 자주 이용하던 대리운전 모바일 어플리케이션을 통해 대리운전기사를 호출하였는데, 위 대리운전기사는 이 사건 도로를 출발하여 잠시 운전하는 도중에 목적지까지의 경로에 대하여 피고인과 이견이 생기자, 갑자기 차를 정차한 후 그대로 하차·이탈하였다.

2) 위 정차 위치는 양방향 교차 통행을 할 수 없는 좁은 폭의 편도 1차로이자 ○○대로로 이어지는 길목이어서, 정차가 계속될 경우 피고인의 차량 뒤쪽에서 ○○대로로 나아가려는 차량과 피고인의 차량 앞쪽으로 ○○대로에서 들어오려는 차량 모두 진로가 막히게 되어, 결국 피고인의 차량은 앞뒤 양쪽에서 교통을 방해하는 상황에 놓이게 된다.

3) 실제로 대리운전기사가 하차·이탈한 직후에 피고인의 차량 뒤쪽에서 ○○대로로 나아가려는 승용차의 진로가 막히게 되자, 피고인은 조수석에서 하차하여 위 승용차 운전자에게 양해를 구하면서 다른 대리운전 호출을 시도한 것으로 보이고, 얼마 후 피고인의 차량 앞쪽으로 ○○대로에서 들어오려는 택시까지 나타나자 비로소 피고인은 진로공간을 확보해주기 위하여 운전을 하였다.

4) 피고인은 대리운전기사가 정차시킨 지점에서 우측 앞으로 약 3m 정도 운전하여 이 사건 도로의 가장자리 끝 지점에 차를 정차시킴으로써 차량 1대가 통행할 수 있는 공간을 만들었고, 이에 따라 위 택시가 먼저 이 사건 도로로 들어갔고 이어서 위 승용차가 ○○대로로 나아갈 수 있었다.

5) 피고인은 차를 정차시킨 후 곧바로 하차하여 위 택시와 위 승용차의 통행을 돕다가, 인근에서 몰래 피고인의 운전을 관찰하던 대리운전기사의 신고를 받고 출동한

- 3 -

경찰관에 의하여 음주운전으로 단속되었다.

　6) 당시 피고인에게는 운전을 부탁할 만한 지인이나 일행은 없었고, 위 승용차와 위 택시의 운전자 또는 주변 행인에게 운전을 부탁하는 것은 현실적으로 어려움이 있었을 것으로 판단된다. 또한 다른 대리운전기사를 호출하여 도착할 때까지 기다리기에는 당면한 교통 방해 및 사고 발생 위험이 급박할 수 있었던 상황이었다.

　7) 한편 대리운전기사가 하차·이탈하거나 경찰신고를 하는 과정에서 피고인이 대리운전기사에게 공격적인 언행을 한 사정은 엿보이지 아니한다.

4. 결론

　그렇다면, 이 사건 공소사실은 범죄로 되지 아니하는 경우에 해당하므로, 형사소송법 제325조 전단에 의하여 피고인에게 무죄를 선고하고, 형법 제58조 제2항에 의하여 피고인에 대한 판결의 요지를 공시하기로 하여, 주문과 같이 판결한다.

　　　　　　판사　　　류일건 ＿＿＿＿＿＿＿＿＿＿

한편 긴급피난을 이유로 음주운전을 한 사람이 사후적으로 치명적 실수를 하는 경우가 있는데, 바로 음주측정거부다. 긴급피난은 음주운전을 이유로 혈중알코올농도를 측정(호흡 또는 채혈)한 사람에 한하여 인정될 수 있는 사안인데, 음주측정거부는 긴급피난 음주운전 행위가 끝난 후 별도로 발생하는 범죄이기 때문이다. 따라서 음주운전 한 행위에 대해서는 긴급피난으로서 인정될 수 있다 하더라도 음주측정거부 행위에 대해서는 긴급피난 적용 자체가 불가능하므로, 절대로 측정거부를 해서는 안 된다.

40. 음주운전 무죄 유형 Ⅲ 대리운전

대리기사를 이용했다. 잠이 들었다. 그런데 시끄러운 소리가 들린다. 경찰이다. 경찰이 왜 술 마시고 운전했냐고 묻는다. 그런 적 없다. 대리기사가 운전했다. 어? 그런데 대리기사가 없다. 어떻게 된 것이지? 난 분명 대리기사가 운전하는 것을 보고 잠이 들었는데. 어? 내가 왜 운전석에 앉아 있나? 아니 뭐 이런 황당한 일이?

실제로 있었던 일이다. 대리운전 회사나 카카오대리를 이용했다면 전혀 문제가 되지 않는다. 대리이용기록이 전산에 다 남기 때문이다. 그런데 문제는 바로 길거리 대리기사다. 먹자골목이나 유흥가 거리를 걷다 보면 "대리 필요하세요?"라고 호객행위 하는 사람들을 종종 만날 수 있다. 우리는 이 사람들을 길거리 대리기사라고 부른다. 길거리 대리기사는 바로 즉각 이용할 수 있어서 좋은 장점도 있다. 그런데 위 사례처럼 난감한 상황에서는 대리 이용 사실을 입증하기 어렵다는 치명적인 단점이 있다.

길거리 대리기사를 이용했는데, 차량은 도로 한복판에 세워져 있고, 대리기사가 없다면 어떻게 해야 할까?

먼저 경찰관에게 차량이 이동한 모습을 담은 CCTV를 최대한 확보해 달라고 요청해야 한다. 경찰은 피고인이 음주운전 한 사실을 입증할 의무가 있다. 따라서 피고인이 실제로 음주운전 한 모습이 찍힌 CCTV를 찾아달라고 부탁할 필요가 있다. 만약 그런 CCTV가 없다면 피고인에게 유리한 증거로 작용할 수 있다.

그다음 대리기사 이용 사실을 경찰조사, 검찰조사, 법정진술에서 일관되게 주장해야 한다. 피고인이 자동차 운전석에서 적발됐다는 사실만으로 경찰과 검사, 재판장은 피고인의 음주운전 사실을 강하게 의심한다. 여기서 피고인이 마음을 강하게 먹을 필요가 있는데, 관련 정황이 본인에게 불리하게 흘러갈 경우 지레 겁먹고 공소사실을 인정하는 경우가 종종 발생한다. 그럼 본인의 억울함을 영영 풀 수 없으므로, 정말 억울하다면 일관성 있는 주장을 계속해야 한다.

마지막으로 대리기사 이용 전후 자신의 행적을 상세히 밝혀야 한다. 검사도 피고인도 음주운전 사실을 확실히 밝히지 못한 상황에 있다면, 재판장은 형사소송법상 검사 입증책임(피고인의 범죄사실은 검사가 입증할 책임이 있고, 재판장으로 하여금 유죄의 확신이 들 정도로 검사가 입증하지 못하면 무죄를 선고할 수밖에 없다는 법률 조항)을 이유로 피고인에게 마음이 기운다. 그런 상황에서 피고인이 자신의 행적을 CCTV, 신용카드 사용 영수증 등 객관적 자료로 입증한다면 재판장에게 무죄의 확신을 심어 줄 수 있다.

대리기사 운전을 이유로 무죄 선고받은 실제 판결 사례

수원지방법원 평택지원

판 결

사　　　건	2019고정　　 도로교통법위반(음주운전)	
피 고 인	(　　 +-0000000), 회사원	
	주거	
	:	
	등록기준지	
검　　　사	(기소), 　　　(공판)	
변 호 인	변호사 최충만	
판 결 선 고	2020. 1. 22.	

주 문

피고인은 무죄.

이 유

1. 공소사실

피고인은 2011. 8. 　. 수원지방법원에서 도로교통법위반(음주운전)죄로 벌금 200만 원을, 2014. 1. 　. 같은 법원에서 같은 죄명으로 벌금 400만 원의 약식명령을 각각 발령받았다.

피고인은 2018. 9. 　. 05:49경 　　시 　　　 　 　　　앞에서부터 　　　 　　　

:ᆞ┥ ᄅᆡ. 부근 도로까지 미상의 구간에서 혈중알코올농도 0.098%의 술에 취한 상태

로 ᇂᇂ호 ᄀᆞᆫ 승용차를 운전하였다.

이로써 피고인은 음주운전금지규정을 2회 이상 위반한 사람으로서 다시 술에 취한

상태에서 자동차를 운전하였다.

2. 판단

가. 형사재판에서 공소사실에 대한 입증책임은 검사에게 있고, 유죄의 인정은 법관으

로 하여금 합리적인 의심을 할 여지가 없을 정도로 공소사실이 진실한 것이라는 확신

을 가지게 하는 증명력을 가진 증거에 의하여야 하므로, 그와 같은 증거가 없다면 설

령 피고인에게 유죄의 의심이 간다 하더라도 유죄로 판단할 수는 없다(대법원 2001. 8.

21. 선고 2001도2823 판결, 대법원 2006. 3. 9. 선고 2005도8675 판결 등 참조).

나. 경찰이 단속 현장에 출동했을 당시 피고인이 기어가 "D"(전진) 상태로 시동이 꺼

져 있는 피고인 차량의 운전석에 앉아 있었던 점, 피고인 차량이 왕복2차로 도로에서

편도 1차로를 가로막은 채 주차되어 있던 점 등에 비추어 보면, 이 사건 당시 피고인

이 차량을 운전하였을 가능성이 있다고 보인다.

그러나 이 법원이 적법하게 채택하여 조사한 증거에 의하여 인정되는 다음과 같은

사정, 즉 ① 피고인은 수사기관에서 이 법정에 이르기까지 운전하지 않았고, 피고인이

술을 마신 운암지구에 취객들을 상대로 대리운전 영업을 하는 대리기사들 중 한 명에

게 대리운전을 맡겼다고 일관되게 진술하고 있는 점, ② 피고인과 함께 술을 마시고

단속 당시 피고인 차량 조수석에서 잠들어 있던 ᆞ┃ᆞ┃은 사건 당시 술에 만취하여 피

고인이 운전을 하였는지 기억나지 않는다고 진술하고 있는 점, ③ ᆞ┃ᆞ┃은 단속 당시

의자가 뒤로 젖혀져 있는 상태였는데, 피고인은 뒷좌석에 앉아 있다가 ᆞ┃ᆞ의 의자

가 뒤로 넘어와 불편하여 운전석 쪽으로 자리를 옮긴 것 같은데 그 과정에서 기어가 "D" 상태로 옮겨진 것 같다고 진술하고 있고, 피고인의 변호인이 제출한 자료에 의하면 실제로 피고인의 차량은 실제로 기어가 "N"(중립) 상태에서 시동이 꺼진 후 작은 충격에도 기어가 "D" 상태로 옮겨지는 모습을 보여 피고인의 변소내용에 부합하는 점, ④ 수사기관에서 피고인의 차량 출발지부터 단속 현장까지 CCTV 등 촬영장면을 확인하였으나, 피고인이 운전하였다는 점을 알 수 있는 자료는 확보하지 못한 점, ⑤ 오히려 수사결과보고(증거기록 순번 62번)에 의하면, 단속현장 근처 CCTV에 의하면 "피고인의 차량이 정차한 후 곧이어 차량 2대가 진행하였고 피고인 차량으로 인해 제동하는 것으로 추정"되는 장면이 촬영되었는데, 그 당시는 05:04경 05:05경으로 일반적인 통행이 혼하지 않은 시간대이고, 대리운전의 경우 목적지에서 대리운전기사를 다시 데려가기 위하여 다른 차량이 뒤따라오기도 하는데 그와 같은 차량일 가능성도 무시할 수 없는 점 등을 종합하여 보면, 검사가 제출한 증거만으로는 피고인이 차량을 운전하였다는 점이 합리적인 의심의 여지없이 증명되었다고 보기 부족하고, 달리 이를 인정할 증거가 없다.

3. 결론

그렇다면 이 사건 공소사실은 범죄사실의 증명이 없는 경우에 해당하므로, 형사소송법 제325조 후단에 의하여 무죄를 선고하되, 피고인이 무죄판결공시 취지의 선고에 동의하지 않으므로 형법 제58조 제2항 단서에 따라 무죄판결의 요지를 공시하지 않는다.

판사

41. 음주측정거부 무죄 유형 Ⅳ 사고부상 및 호흡질환

앞에서 음주측정거부는 혈중알코올농도 상승기든 긴급피난이든 인정되지 않으므로 매우 불리한 범죄행위라고 이야기한 바 있다. 그런데 음주측정거부도 무죄가 될 수 있는 예외적 상황이 있는데, 바로 사고 부상이다.

음주운전 하다가 교통사고가 나면 타인만 다치는 것이 아니라 본인도 다친다. 교통사고로 의식이 있고, 크게 다친 곳이 없다면 괜찮으나, 문제는 음주운전자가 사고로 의식이 없거나, 사고충격으로 가슴을 크게 다쳤을 때이다.

음주운전 측정은 음주측정기에 바람을 불어넣어 결과를 확인하는 호흡측정과 운전자의 혈액을 채취하여 혈액 속에 있는 알코올농도를 확인하는 채혈측정 방법 2가지가 있다. 그런데 교통사고로 운전자가 의식이 없거나 가슴을 크게 다쳐 불대에 바람을 불어넣을 수 없는 상황이라면 호흡측정이 불가능하다. 그럼 경찰관은 병원에서 운전자의 혈액을 임의로 채취하고, 바로 사후영장을 신청하는 방식으로 혈중알코올농도 혈액측정

절차를 진행해야 하는데, 이러한 일련의 절차가 실무상 조금 복잡[3]하고 까다롭다 보니 가급적이면 운전자의 동의를 받아 호흡 또는 혈액을 이용해 측정하는 방법으로 하려고 한다. 교통사고를 당한 운전자가 병원에 누워 있고, 의식이 조금이라도 있으면 혈액채취 동의서에 서명하라고 한다. 동의서에 서명을 거부하면, 구두로 음주측정을 거부하는 것인지 의사를 확인하는데 여기서 조금이라도 거부한다는 취지의 말이 나오는 순간 바로 음주측정거부로 입건한다. 이에 대해 과연 부상 고통으로 신음하는 가운데, 음주측정을 거부한다(또는 할 수 없다)는 취지의 발언이 음주측정을 거부한 것이 맞는가를 두고 다툼이 끊이지 않는다.

이와 관련 법원의 입장은 단호하다. 음주운전자가 교통사고를 당했다 하더라도 정말 호흡측정을 할 수 없을 정도로 큰 부상을 입었는지 여부를 엄격히 판단하고, 그다음으로 혈액 채취 동의 여부 및 음주측정에 응할 의사 여부를 확인할 수 있을 정도로 의식이 있었는지 여부를 기준으로 유·무죄를 판단할 수 있다는 것이다.

예를 들어 음주운전자가 교통사고로 가슴에 큰 부상을 입고 호흡측정을 할 수 없는 상황에서 경찰관이 내미는 동의서와 음주측정거부 고지에 대해 인지하기 힘들 정도로 큰 고통을 당하는 상황이었다면, 무죄라는 것

---

3) 경찰이 병원에서 음주운전자의 혈액을 채취한 다음 혈중알코올농도 측정을 의뢰한다. 그리고 바로 검찰에 위 채취 혈액에 대한 사후 압수영장을 신청해야 하는데, 이 신청서를 작성할 때 형사소송법상 긴급 사후영장 요건을 갖춰 기재하는 것이 조금 복잡하고 까다롭기 때문에 현장 출동 경찰관 및 담당 조사관 입장에서 매우 번거롭게 느껴지는 것이 사실이다.

이다. 반대로 음주운전자가 사고로 가슴에 큰 부상을 입었다 하더라도 경찰관이 요구하는 혈액채취 동의서 서명과 음주측정에 응할 의사 여부를 묻는 질문에 대해 그 의미를 정확히 인지하고 거부 취지로 답변한 것이라면 유죄라는 것이다.

실무상 피고인이 경찰관에게 측정거부 의사로 진술했는지 여부는 현장 출동 경찰관이 작성한 수사보고와 법정 증언을 토대로 그 신빙성을 확인한다. 증인신문 할 때 변호인은 경찰관이 사후영장을 통해 피고인 혈액을 채취할 수 있음에도 불구하고, 그러한 절차를 진행하지 않고 굳이 부상당한 피고인의 의사를 확인하고 음주측정거부로 입건한 이유가 무엇인지를 중점적으로 확인하는데, 그 증언 내용에 따라 피고인의 유·무죄가 판가름 난다. 경찰관이 봤을 때 피고인의 상태가 심각하지 않다고 판단하여 측정거부 의사를 확인했다고 진술했는데, 실제 피고인의 부상 정도가 굉장히 심각했던 것으로 밝혀졌다면 무죄가 된다.

교통사고 음주측정거부 무죄 판결 사례

대법원 2006. 1. 13.선고 2005도7125 판결

【판결요지】

[1] 도로교통법(2005. 5. 31. 법률 제7545호로 전문 개정되기 전의 것) 제41조 제2항, 제3항의 해석상, 술에 취한 상태에서 자동차 등을 운전하였다고 인정할 만한 상당한 이유가 있는 경우에 경찰공무원은 운전자가

술에 취하였는지 여부를 호흡측정기에 의하여 측정할 수 있고 운전자는 그 측정에 응할 의무가 있으나, 운전자의 신체 이상 등의 사유로 호흡측정기에 의한 측정이 불가능 내지 심히 곤란한 경우에까지 그와 같은 방식의 측정을 요구할 수는 없으며(이와 같은 상황이라면 경찰공무원으로서는 호흡측정기에 의한 측정의 절차를 생략하고 운전자의 동의를 얻거나 판사로부터 영장을 발부받아 혈액채취에 의한 측정으로 나아가야 할 것이다), 이와 같은 경우 경찰공무원이 운전자의 신체 이상에도 불구하고 호흡측정기에 의한 음주측정을 요구하여 운전자가 음주측정수치가 나타날 정도로 숨을 불어넣지 못한 결과 호흡측정기에 의한 음주측정이 제대로 되지 아니하였다고 하더라도 음주측정에 불응한 것으로 볼 수는 없다.

[2] 교통사고로 상해를 입은 피고인의 골절 부위와 정도에 비추어 음주측정 당시 통증으로 인하여 깊은 호흡을 하기 어려웠고 그 결과 음주측정이 제대로 되지 아니하였던 것으로 보이므로 피고인이 음주측정에 불응한 것이라고 볼 수는 없다고 한 원심의 판단을 수긍한 사례.

【이유】

구 도로교통법(2005. 5. 31. 법률 제7545호로 전문 개정되기 전의 것) 제41조 제2항, 제3항의 해석상, 술에 취한 상태에서 자동차 등을 운전하였다고 인정할 만한 상당한 이유가 있는 경우에 경찰공무원은 운전자가 술에 취하였는지 여부를 호흡측정기에 의하여 측정할 수 있고 운전자는 그 측정에 응할 의무가 있으나, 운전자의 신체 이상 등의 사유로 호흡측정기에 의한 측정이 불가능 내지 심히 곤란한 경우에까지 그와 같은 방

절대지식 음주운전 뺑소니의 모든 것

식의 측정을 요구할 수는 없으며(이와 같은 상황이라면 경찰공무원으로서는 호흡측정기에 의한 측정의 절차를 생략하고 운전자의 동의를 얻거나 판사로부터 영장을 발부받아 혈액채취에 의한 측정으로 나아가야 할 것이다), 이와 같은 경우 경찰공무원이 운전자의 신체 이상에도 불구하고 호흡측정기에 의한 음주측정을 요구하여 운전자가 음주측정수치가 나타날 정도로 숨을 불어넣지 못한 결과 호흡측정기에 의한 음주측정이 제대로 되지 아니하였다고 하더라도 음주측정에 불응한 것으로 볼 수는 없다(대법원 2002. 10. 25. 선고 2002도4220 판결 참조).

원심은 채택 증거에 의하여, 피고인이 이 사건 교통사고로 약 8주간의 치료를 요하는 좌쇄골 분쇄골절, 다발성 늑골 골절, 흉골 골절 등의 상해를 입은 사실, 위와 같은 상해로 인한 피고인의 골절 부위와 정도에 비추어 깊은 호흡을 하게 되면 흉곽용적을 많이 늘려야 하므로 골절편의 움직임으로 인해 심한 통증이 유발되는 사실, 피고인은 사고 직후 처음 응급실에 도착했을 때부터 수련의에게 가슴 통증을 호소하였고, 그 후 음주측정을 요구하는 경찰관에게도 계속 가슴과 어깨의 통증을 호소한 사실, 피고인은 3시간 동안 20여 회에 걸쳐 음주측정기를 불었으나 끝내 음주측정이 되지 아니한 사실을 인정한 다음, 피고인은 이 사건 음주측정 당시 통증으로 인하여 깊은 호흡을 하기 어려웠고 그 결과 음주측정이 제대로 되지 아니하였던 것으로 보이므로, 피고인이 음주측정에 불응한 것이라고 볼 수는 없다고 판단하여, 이 사건 공소사실에 대하여 무죄를 선고하였다.

위와 같은 법리와 기록에 비추어 살펴보면, 원심의 사실인정과 판단은 정당하고, 원심판결에 상고이유로 주장하는 바와 같이 심리를 다하지 아니하고 채증법칙을 위반하여 사실을 오인하는 등의 위법이 있다고 할 수 없다.

42. 음주운전 범죄 무죄 유형 V
적법 절차 위반 및 위법수집증거 배제

우리나라의 형사소송법은 피의자를 현행범 또는 긴급체포 할 사안이 아니라면, 피의자의 동의를 받아 임의 동행할 것을 요구한다. 만약 피의자가 거부하면 그때부터 강제수사라고 보아 반드시 영장을 필요로 한다. 그런데 이 압수수색 영장 받는 절차가 쉬운 것이 아니어서 현장에 출동하는 경찰관들 입장에서는 꼭 이렇게까지 해야 하는지 실무상 고민이 크다.

음주운전 사건은 특별한 상황이 아니면 영장이 크게 문제 되지 않는다. 대부분 현행범이기 때문이다. 그런데 피의자가 음주운전 한다는 의심 신고를 받고 경찰관이 출동한 상황에서, 피의자가 운전을 마치고 자택 안으로 들어가 버렸다면? 그때부터 경찰관의 고민이 시작된다.

경찰은 피의자 자택에서 초인종을 누르거나 문을 두드린다. 그럼 자택에 있는 누군가가 문을 열고 무슨 일 때문에 오셨냐고 물을 것이다. 경찰은 여기에 살고 있는 피의자가 음주운전 한다는 신고를 받고 출동했다며 피의자에게 자택 밖으로 나올 것을 요청한다. 피의자가 순순히 밖으로 나

절대지식 음주운전 뺑소니의 모든 것

온다면 아무런 문제가 없다. 그런데 만약 피의자가 밖에 나오는 것을 거부하면 문제가 발생한다. 그때부터는 임의동행이 아닌 강제수사 영역이기 때문이다. 밖으로 나오는 문제를 두고 경찰관과 피의자가 실랑이를 벌이다 보면, 경찰이 집 안 현관 또는 내부로 들어오는 경우가 있다. 그러다 경찰이 주거 침입했다는 사실을 깨닫고 다시 현관 밖으로 나가 한참을 설득한 결과 피의자가 밖에 나왔고, 그렇게 음주측정을 하였다면? 과연 이것을 적법하게 적발한 것으로 볼 수 있을까?

이에 대해 우리 법원은 명확한 입장을 내놓고 있다. 바로 독수독과. 독나무에서 독사과가 열린다는 뜻으로, 우리나라 영장주의 적법 절차를 설명하는 이론이다. 쉽게 말하면 형사소송법상 수사 절차는 1부터 100까지 적법해야 한다는 뜻이다. 만약 중간에 위법한 수사가 끼어들면 그때부터 사건은 위법한 것이 되어 결과도 위법한 것으로 끝난다는 것이다. 마치 중간에 단추를 잘못 끼우면 끝까지 단추가 잘못 끼워지는 것처럼 말이다.

다시 사례로 돌아와서 경찰관이 피의자 자택 현관으로 들어간 시점부터 보자. 신발이 놓여 있는 현관은 피의자가 살고 있는 주거에 포함된다. 그래서 경찰이 거주자의 동의를 받지 않고 현관에 들어가면 주거침입이 된다. 주거침입은 기본적으로 불법행위다. 적법행위가 되려면 영장이 있어야 하는데, 이 사건에서 경찰은 영장을 받지 않고 현관에 침입했다. 결국 어떻게 된다? 불법행위 확정이고, 위법한 수사가 된다. 그때부터 경찰이 진행한 일련의 수사행위는 전부 다 위법한 수사로서 증거능력이 부인된다.

그럼 만약 경찰이 집 안 현관에 들어갔다가 다시 밖으로 나가서 피의자를 설득하여 밖으로 데리고 나갔다면? 경찰이 잠깐 현관에 들어갔다가 나온 불법행위 하자가 없어질 수 있을까? 이에 대해 법원은 아니라는 입장이다. 위법한 수사행위가 끼어들어간 이상 이미 해당 사건은 오염되었고, 그 이후 일련의 수사 과정에서 확보한 증거들도 역시 증거능력이 없다는 것이다.

자. 그렇다면 피고인은 위 사건이 발생한 상황에서 자신의 억울함을 해소하려면 어떻게 해야 할까? 먼저 경찰관의 위법행위가 있었는지 여부를 확인해야 한다. 그런데 일반인이 경찰의 수사에 대해 위법한지 적법한지 평가하기란 매우 쉽지 않다. 실무상 경찰의 위법한 수사를 밝히려면 경찰의 수사보고 및 법정증언, 그리고 경찰이 촬영한 음주측정거부 영상을 보고 판단한다. 만약 경찰관이 피고인의 주거에 침입했는지 사실 여부가 문제 될 경우, 검사가 경찰이 피고인 동의를 받은 사실을 입증해야 한다. 만약 그렇지 않으면 피고인 동의 없이 주거에 침입하여 강제수사 한 것으로 보아 형사소송법상 영장주의 위반으로 무죄가 선고된다.

적법절차 위반 무죄 판결 사례

울 산 지 방 법 원

판 결

사 건	2016고단■■■	가. 도로교통법위반(음주측정거부)
		나. 범인도피
피 고 인	1.가. A	
	2.나. B	
검 사	■■■(기소), ■■■(공판)	
변 호 인	변호사 ■■■■■■■■ ■■■	
판 결 선 고	2017. ■ ■.	

주 문

피고인들은 모두 무죄

피고인들에 대한 판결의 요지를 공시한다.

이 유

1. 이 사건 공소사실의 요지

가. 피고인 A

피고인은 2016. 5. 2. 02:21경 울산 남구 D에 있는 E 부근 도로에서, 술을 마신 상태에서 F 승용차를 운전하던 중 울산남부경찰서 소속 순경 G으로부터 피고인에게서 술냄새가 나고 얼굴에 홍조를 띠는 등 술에 취한 상태에서 운전하였다고 인정할만한 상당

- 1 -

한 이유가 있어 약 30분에 걸쳐 음주측정기에 입김을 불어 넣는 방법으로 음주측정에 응할 것을 요구받았다.

그럼에도 피고인은 음주측정기에 입김을 불어넣지 않는 등 정당한 사유 없이 경찰공무원의 음주측정요구에 응하지 아니하였다.

나. 피고인 B

피고인은 통구게 피고인 B녀 대4항과 같은 일시, 필요이력 음주운전 수상이 입음을 받고 있음에도 불구하고, 2016. 5. 26.경 울산 남구 삼산동58번길 12 울산남부경찰서에서 마치 자신이 술을 많이 운전한 것처럼 진술서를 작성하여 감정평상관에게 제출하고 2016. 5. 18. 차1항과 해 울산남부경찰서에서 같은 내용으로 진술을 행였다.

결국 피고인은 형감 어성게 헤어 허망하는 해를 형당 자를 도와하게 하였다.

2. 판단

가. 피고인 A에 대한 판단

(1) 위법한 체포상태에서의 음주측정 요구는 위법하므로, 그러한 상태에서 음주측정 요구를 거부하였다면 음주측정거부죄가 성립할 수 없다.

(2) 적법하게 채택한 증거들에 의하면, 이 사건 음주측정 요구 당시의 상황에 관하여 아래와 같은 사실관계를 인정할 수 있다.

(가) 위 공소사실 기재 일시 및 장소에서, 피고인 A이 음주운전을 하였다고 의심한 출동 경찰관 H은 피고인 A으로 하여금 감지기를 불게 하였고, 그 결과 음주 감지가 되었다.

(나) 이에 H이 음주운전 여부를 추궁하자, 피고인 A은 '운전하지 않았다. 직접 경찰서에 가서 밝히겠다'고 하면서 스스로 현장에 있던 순찰차에 탑승하였다.

- 2 -

(다) 피고인 A은 위와 같이 경찰관 H 등과 함께 순찰차에 탑승하여 인근 지구대로 가던 중 '집에 가겠다. 순찰차에서 내리게 해달라'고 요구하였고, 이에 경찰관 H은 피고인 A을 일단 하차시켰다.

(라) 당시 순찰차에 음주측정기가 없었기 때문에, 경찰관 H은 지구대에 연락을 하여 음주측정기를 하차 현장으로 가지고 오도록 하는 한편 집에 가려는 피고인 A을 이탈하지 못하도록 제지하였는데, 그러한 상황은 현장에 음주측정기가 도착할 때까지 5분 정도 계속되었다.

(마) 결국 음주측정기가 도착하자 경찰관 H은 피고인 A에 대한 음주측정 요구를 하기 시작하였고, 10분 간격으로 3회의 측정요구를 실시한 후 그 시간 동안 계속 집에 가겠다면서 측정요구에 불응하던 피고인 A을 음주측정거부죄의 현행범으로 체포하였다.

(3) 위와 같은 사실관계에서 알 수 있는 바와 같이, 경찰관 H이 현행범 체포나 긴급체포 등 아무런 적법한 체포 절차를 거치지 아니한 채 순찰차에서 하차 후 집에 가려는 피고인 A을 붙잡아 둔 행위는 명백한 불법 체포로서, 그로부터 음주측정 요구가 시작될 때까지의 시간적 간격이 비록 5분 정도에 불과하다 하더라도 이 사건 측정요구 당시 그러한 위법한 체포상태가 지속되고 있었다는 결론에 영향을 미칠 수는 없다.

(4) 이에 대하여 검사는 경찰관 H의 "당시 피고인 A이 위험하게 도로에 뛰어가서 큰 소리로 '살려 달라'고 하거나 주변에 있던 운전자에게 '경찰관이 강제로 구금하고 있으니 살려달라'는 취지의 행동을 하길래 보호적 차원에서 피고인 A을 붙잡아 두었던 것이다"는 취지의 법정 증언을 토대로, 그와 동일한 사실관계에 기초하여 이 사건 음주측정요구의 적법성을 주장하나, 설령 그 주장의 사실관계가 맞다 하더라도 이 사건

- 3 -

불법체포를 정당화할 정도의 사유라고 볼 수는 없고, 오히려 위 증언 내용을 보면 피고인 A이 당시 상당한 정도의 강제적 인신체포의 상태에 있었음을 추정케 할 뿐이다.

(5) 따라서 피고인 A에 대한 이 사건 음주측정 요구는 위와 같은 불법 체포상태에서 이루어진 것으로서 위법하므로, 피고인 A이 이에 불응하였다고 하더라도 음주측정 거부죄를 구성하지 않는다.

43. 음주운전 뺑소니 무죄

음주운전을 하면 안 되는 이유는 바로 교통사고다. 교통사고가 나면 큰 인명피해 및 재산적 손해를 발생시키기 때문에 음주운전을 해서는 안 된다. 그런데 음주운전이 더 무서운 이유가 따로 있으니 바로 뺑소니이다. 관련 연구 결과 통계에 따르면 뺑소니 사유 95%는 음주운전이라고 하니 왜 음주운전을 하면 안 되는지 그 이유는 말하지 않아도 뻔하다.

우리나라 뺑소니 검거율은 99%에 육박한다. 일단 뺑소니 신고가 접수되면 무조건 잡힌다고 봐야 한다. 그래서 본인이 교통사고 난 사실을 인지했거나 인지할 수밖에 없는 상황이라면 무조건 안 도망가는 것이 상책이다. 도망가는 순간 면허는 물론, 바로 감옥으로 직행하는 것도 각오해야 할 판이니 말이다.

도주치상은 특정범죄 가중처벌 등에 관한 법률 제5조의3에서 처벌 형량을 규정하고 있는데, 사람이 사망하면 무기징역 또는 5년 이상 징역형을, 사람이 다치면 1년 이상 유기징역 또는 500만 원 이상 3,000만 원 이하 벌금형에 처해진다. 뺑소니로 기소됐다고 해서 무조건 구속되는 것은 아니지만, 피해자가 치료일수 4주 이상 골절 상해를 입은 경우 합의를 안 하면 구속될 수 있다. 그리고 과거 음주운전이나 뺑소니 전력이 있는 때에는 피해자와 합의 했어도 구속될 수 있으므로 조심해야 한다.

그리고 뺑소니로 벌금 이상 유죄가 확정되면 도로교통법 제82조 제2항 제4호에 따라 최소 4년 이상 운전면허가 취소된다. 음주운전 사실까지 더해질 경우 면허취소 기간은 같은 법 제82조 제2항 제3호 가목에 따라 5년으로 늘어난다. 그래서 아무리 경미한 사고라 하더라도 운전자는 절대로 도망가서는 안 되는 것이다.

그런데 아무리 음주운전자라 하더라도 교통사고가 난 사실을 모를 수 있는 예외적 경우가 있다. 예를 들어 정상적인 운전자 입장에서 봐도 인지하기 힘든 사고이거나 피해자가 상해를 입었다고 보기 어려울 정도로 지극히 상처가 경미할 때이다.

뺑소니 사고가 발생하면 일단 경찰은 운전자가 교통사고 발생 사실을 인지했는지 여부를 중점적으로 조사한다. 그리고 가해자가 사고 당시 술을 마셨는지 여부를 확인하는데, CCTV 영상 및 가해자 진술을 토대로 가해자가 어디서 출발했는지 먼저 파악한다. 만약 특정 식당에서 출발했으면 해당 식당에 찾아가 내부 CCTV 영상 또는 신용카드 사용내역, 업주 및 종업원 진술을 확보하여 최종 음주 여부를 확인하는 것이다.

수사 결과 가해자가 운전할 당시 술을 마시고 출발한 것으로 밝혀진다면, 뺑소니 무죄 주장에 있어 매우 불리하다. 교통사고를 제대로 인지하지 못한 책임이 가해자 본인에게 있기 때문이다. 이런 경우에는 평균적인 일반인, 즉 정상적으로 운전하는 사람들 중에 평균적인 운전 실력을 갖추고 있는 사람이 운전했다고 가정하고, 그 사람이 이 사건 교통사고를 일으켰어도 인지하기 힘들었다고 볼 수 있는지 여부를 기준으로 판단한다. 그리고 그 사실을 뒷받침하는 근거로 과학수사연구소 또는 도로교통공단에서 제공하는 마디모 프로그램(교통사고 시뮬레이션)을 활용하는데, 마디모 결과 인지 가능성이 높다고 나오는 순간 유죄는 확정이라고 보면 된다. 만약 마디모에서 충격이 매우 경미하여 인지하는 것이 쉽지 않을 것으로 보인다는 소견이 나오면? 그래도 안심할 수 없다. 최종적으로 이를 받아들일지 말지는 재판장의 재량이기 때문이다.

음주뺑소니 기소 사건에서 뺑소니 무죄 나오면?

피고인이 혈중알코올농도 0.04%로 술 취한 상태서 운전하다가 뺑소니로 기소됐다고 가정해 보자. 그럼 일단 피고인은 음주뺑소니 혐의로 운전면허 5년 취소 처분을 받는다.

그런데 만약 피고인의 뺑소니 혐의에 대해 무죄 판결이 나오면, 피고인은 음주운전죄로만 처벌을 받게 되는데, 음주운전 초범의 경우 대개 벌금형이 선고된다.

그리고 형사처벌 결과 단순 음주운전죄로 확정되면, 행정처분인 운전면허 취소 처분에도 그 영향이 미치게 되고, 운전면허 취소 기간은 기존 5년에서 110일 운전면허 정지로 바뀐다.

음주뺑소니 사건에서 뺑소니 무혐의 받은 사례 1
(피고인이 피해자가 다쳤다는 사실을 몰랐음)

문서확인번호 *

발행번호

전주지방검찰청

우편번호/54889 주소/전라북도 전주시 덕진구 사평로 25 전화/(063)259-4200 전송/
063-259-4555

분류기호 및   2019. 11. 8.
문서번호

수 신 ■■■   발신 전 주 지 방 검 찰

제 목 불기소이유통지

　　　　귀하가 청구한 불기소이유를 아래와 같이 통지합니다.

① 사 건 번 호	전주지방검찰청 2019형제 ■■호	
② 고 소 (발) 인 성 명	해당사항없음	
피의자 [피고소인(방인)]	③ 성 명	■■■
	④ 주민등록번호	■■■-■■■■■■
⑤ 죄 명	가. 특정범죄가중처벌등에관한법률위반(도주차상)	
⑥ 처 분 검 사	■■■	
⑦ 처 분 년 월 일	2019. 10. ■.	
⑧ 처 분 요 지	가-혐의없음(증거불충분)	
⑨ 불 기 소 이 유	별지 참조	
⑩ 비 고	불기소결정서는 별지와 같음 ○ 도로교통법위반(사고후미조치), 도로교통법위반(음주운전)의 점은 같은 날 불구속 기소	

전주지방검찰청

2019. 10. 31.

사건번호   2019년 형제 ██ 호
제   목   불기소결정서
　　　　검사 ███ 는 아래와 같이 불기소 결정을 한다.

Ⅰ. 피의자　　　███

Ⅱ. 죄　명　　　특정범죄가중처벌등에관한법률위반(도주치상)

Ⅲ. 주　문

　　피의자는 증거 불충분하여 혐의 없다.

Ⅳ. 피의사실과 불기소이유

본건 피의사실의 요지는 사법경찰관 작성 의견서 기재 범죄사실과 같다.

○ 본건 당일 피의자가 혈중알콜농도 0.250%의 술에 취한 상태로 승용차를 운전하
　　다가 도로에 주차된 오토바이를 들이받은 사실, 이로 인해 오토바이가 넘어지
　　면서 그 주위에 서 있던 피해자 ███ 의 다리 부분을 충격하여 피해자가 약 2
　　주간의 치료가 필요한 상해를 입은 사실은 인정된다.

○ 피의자는 위 승용차의 운전 중 무엇인가에 부딪힌 사실은 알고도 현장을 이탈
　　하였으나, 피해자가 오토바이 주변에 있는 모습은 보지 못하였으며 오토바이가
　　넘어지면서 그 옆에 있던 피해자에게 상해를 입힌 사실도 알지 못하였다고 주
　　장한다.

○ 특정범죄가중처벌등에관한법률 제5조의3 제1항 소정의 '피해자를 구호하는 등 도로교통법 제50조 제1항의 규정에 의한 조치를 취하지 아니하고 도주한 때'라 함은 사고 운전자가 사고로 인하여 피해자가 사상을 당한 사실을 인식하였음에 도 불구하고 피해자를 구호하는 등 도로교통법 제50조 제1항에 규정된 의무를 이행하기 이전에 사고현장을 이탈하여 사고를 낸 자가 누구인지 확정될 수 없 는 상태를 초래하는 경우를 말하는 것(대법원 2001. 1. 5. 선고 2000도2563 판결 등)인 바, 본건 당시 피고인 승용차의 블랙박스 영상을 보면 본건 사고의 충격 음은 들리나 그 외 사람의 비명소리 등 운전자 입장에서 피해자가 부상을 당했 다고 인식할 수 있는 소리는 들리지 않는 점, 피고인이 1차 도주를 하였다가 다시 현장에 돌아왔을 때도 넘어진 오토바이 주변에 쓰러지거나 도움을 받고 있는 사람의 모습은 발견되지 않는 등 부상자가 발생하였다고 인식할 만한 정 황은 발견되지 않는 점, 본건 사고발생장소가 도로상으로 통상 사람이 서 있는 장소라고 단정할 수 없는 점 등을 고려하면, 피의자의 변소를 뒤집고 피의자가 본건 사고로 인하여 피해자가 사상을 당한 사실을 인식하였음에도 불구하고 도 주한 것이라고 단정하기 어렵고, 달리 피의자의 범의를 인정할 증거가 부족하 다.

○ 증거 불충분하여 혐의 없다.

검사   (인)

범죄사실

가. 특정범죄가중처벌등에관한법률위반(도주치상)

피의자는 ▒▒▒호 ▒▒▒승용차량 운전자이다

2019. 6. ▒. ▒▒▒경 ▒▒▒ ▒▒▒▒▒ ▒▒▒ ▒▒ ▒▒▒ 앞 도로에서 입가에서 술 냄새가 많이 나고 얼굴에 홍조를 띠고 걸음걸이가 비틀거리는등 정상운전이 불가능한 혈중알콜농도 0.250%상태에서 업무로 위 승용차량을 혼자 운전하여 ▒▒ ▒▒에서 ▒▒▒▒ 방향으로 편도1차로 도로를 이용하여 운전하게 되었다

당시 도로우측에 차량을 주차하였다가 출발하는 상황이였으므로 운전자로써는 전방의 상황을 잘 살피고 조향 및 제동장치를 정확하게 사용하여 사고를 사전에 방지하여야 할 업무상 주의의무가 있었다

그럼에도 불구하고 이를 게을리 한 채 막연하게 운전한 과실로 때마침 피의차량 앞에 주차되어 있는 피해자 ▒▒▒▒▒▒ 소유 ▒▒▒▒▒▒호 1.800 시시 골드윙 오토바이 뒷부분을 피의차량 우측 앞 모서리부분으로 들이 받았다.

이로 인하여 피해오토바이가 좌측으로 넘어지면서 오토바이 옆 도로에 서서 대화중이던 보행자 ▒▒▒▒▒▒이 넘어지는 오토바이에 다리부분이 충격되어 전치2주간의 치료를 요하는 "기타 및 상세불명의 무릎부분의 염좌 및 긴장" 등의 상해를 입게 하였다.

이러한 경우 운전자로써는 사고에 따른 현장조치를 취하여야 함에도 이러한 현장조치 없이 그대로 도망하였다.

음주뺑소니 사건에서 뺑소니 무혐의 받은 사례 2
(피해자가 상해를 입었다고 단정할 수 없음)

문서확인번호

발행번호

서울중앙지방검찰청

우편번호/06594 주소/서울특별시 서초구 반포대로 158 전화/1301 전송/02-530-4555

분류기호 및   2020. 7.   .

수 신 귀하   발신 서울중앙지방검찰청

제 목 불기소이유통지

        귀하가 청구한 불기소이유를 아래와 같이 통지합니다.

① 사 건 번 호		인천지방검찰청 부천지청 2020형제 호
② 고 소 (발) 인 성 명		해당사항없음
피의자 [피고소(발)인]	③ 성 명	〇〇〇
	④ 주민등록번호	
⑤ 죄 명		가.특정범죄가중처벌등에관한법률위반(도주치상)
⑥ 처 분 검 사		
⑦ 처 분 년 월 일		2020. 7. .
⑧ 처 분 요 지		가.혐의없음(증거불충분)
⑨ 불 기 소 이 유		별지 참조
⑩ 비 고		

2020-07-17   1 / 1

인천지방검찰청 부천지청

2020. 7. 6.

사건번호   2020년 형제1●●●호
제   목   불기소결정서
　　　　검사 ●●●은 아래와 같이 불기소 결정을 한다.

I. 피의자　　　●●●

II. 죄 명　　　특정범죄가중처벌등에관한법률위반(도주치상)

III. 주 문

피의자는 증거 불충분하여 혐의 없다.

IV. 피의사실과 불기소이유

본건 피의사실의 요지는 사법경찰관 작성 의견서 범죄사실 '가'항 기재와 같다.

○ 피의자가 이 사건 범행 일시경 소나타 승용차를 운전하여 가던 중 피의자의 진
　　행방향 앞 쪽에서 걸어가던 피해자의 왼쪽 아래 다리 부위를 들이 받은 사실,
　　이후 피의자는 피해자로부터 사고에 대한 항의를 받고도 사고 사실을 알렸음에
　　도 피의자는 현장을 이탈한 사실은 인정된다.

○ 특정범죄가중처벌등에관한법률위반(도주차량)죄가 성립하기 위하여는 피해자에
　　게 사상의 결과가 발생하여야 하고, 생명·신체에 대한 단순한 위험에 그치거나
　　형법 제257조 제1항에 규정된 "상해"로 평가될 수 없을 정도의 극히 하찮은 상
　　처로서 굳이 치료할 필요가 없는 것이어서 그로 인하여 건강 상태를 침해하였

2020-07-17　　1 / 2

다고 보기 어려운 경우에는 위 죄가 성립하지 않는다.

○ 그런데 피의자의 차량에 설치된 블랙박스 영상 및 현장 주변 CCTV 영상에 의하면 사고 장소는 사람과 자동차가 함께 다니는 골목길로 피의자가 피해자를 들이 받을 당시 차량의 속도는 빠르지 않았던 점, 피해자는 피의자와 합의한 이후 검찰에서는 진술을 번복한 점, 피해자가 제출한 진단서는 약 1주 간 치료를 요하는 좌측 어깨 관절의 염좌 및 긴장과 좌측 무릎 및 아랫다리의 상세불명 부의 염좌 및 과긴장으로, 위 진단서 상 좌측 어깨 관절의 염좌 및 긴장의 상해는 본건 사고와는 무관한 것으로 보이는 점 등을 모두 종합하면 본건 교통사고로 인하여 피해자가 형법 상 상해를 입었다는 점을 인정할 뚜렷한 증거가 없다.

○ 증거 불충분하여 혐의 없다.

검사   (인)

범죄사실

피의자는 □ㅣㅣㅁㅎㅎ호 ㅁ·ㅓㅓㅣ 승용차량의 운전업무에 종사하는 자이다.

가. 특정범죄가중처벌등에관한법률위반(도주치상)

피의자는 2020. 4. ㅁㅣ. ㅣㅁ'ㅣ경 위 차량을 운전하여 ㅣㅓㅣㅓㅣ ㅣㅁ ㅣㅣㅁㅣㅣ ㅣ 앞 이면도로상을 ㅣㅓㅣ· 방면에서 'ㅣㅁㅣㅁㅣ 방면으로 시속 미상의 속도로 직진 진행하였다.

운전자는 전방 전후좌우의 교통상황을 잘 살피면서 안전하게 운전하여야 할 업무상의 주의의무가 있음에도 불구하고 이를 게을리 한 채 그대로 직진 진행한 과실로,

마침 진행 전방에서 걸어가던 피해자의 좌측 아래 다리부위를 피의차량의 앞 범퍼부분으로 충격하였다.

위와 같은 업무상 과실로 피해자에게 약 1주간의 치료를 요하는 좌측 어깨 관절의 염좌 및 긴장, 좌측 무릎 및 아랫다리의 상세불명 부위의 염좌 및 긴장 등의 상해를 입게 하고도 즉시 정차하여 피해자를 구호는 등의 조치를 취하지 아니하고 그대로 도주하였다.

2020-07-17   1 / 1

음주뺑소니 사건에서 뺑소니 무혐의 받은 사례 3
(가해자에게 도망갈 의사가 없었음)

문서확인번호

발행번호

서울중앙지방검찰청

(전화번호   1301   )

분류기호 및
보존기한   2021. 12. 16.

수   신   변호사 최충만   발신 서울중앙지방검

제   목   불기소이유통지

귀하가 청구한 불기소이유를 아래와 같이 통지합니다.

① 사 건 번 호		서울남부지방검찰청 2021형제 호
② 고 소(발) 인 성 명		해당사항없음
피의자 [피고소인]	③ 성 명	
	④ 주민등록번호	* * -1******
⑤ 죄 명		가. 특정범죄가중처벌등에관한법률위반(도주치상) 나. 도로교통법위반(사고후미조치)
⑥ 처 분 검 사		
⑦ 처 분 년 월 일		2021. 12.
⑧ 처 분 요 지		가, 나 혐의없음(증거불충분)
⑨ 불 기 소 이 유		별지 참조
⑩ 비 고		

2021-12-16   1 / 1

서울남부지방검찰청

2021. 12. 15.

사건번호 2021년 형제 ■■호
제 목 불기소결정서

검사 ■■ ■은 아래와 같이 불기소 결정을 한다.

Ⅰ. 피의자   ■■ ■

Ⅱ. 죄 명 가. 특정범죄가중처벌등에관한법률위반(도주치상)

나. 도로교통법위반(사고후미조치)

Ⅲ. 주 문

피의자는 증거 불충분하여 혐의 없다.

Ⅳ. 피의사실과 불기소이유

1. 2021. 9. ■ ■■■, 승용차를 운전하던 중 피해자 ■■■■. ■■■이 운전하는
K7 승용차를 충격하여, 피해자 ■■■과 위 K7 승용차에 동승하였던 피해자 ■■■
■ ■ ■ ■에게 약 2주간의 치료가 필요한 경추의 염좌 및 긴장 등의 상해를 각
각 입게 하고도, 피해자들을 구호하는 등 필요한 조치를 취하지 아니하고 그대로
도주하여 특정범죄가중처벌등에관한법률위반(도주치상)

○ 피의자의 승용차가 피해자 ■■■ 운전의 승용차를 충격한 사실, 그 과정에서
피해자들이 위와 같은 상해를 입은 사실은 인정된다.

○ 피해자 ■■은, 피의자가 '보험접수를 해주겠다'고 이야기를 하여 휴대전화번

호를 교환하였으나, 보험접수 전에 피의자가 현장을 이탈하였으므로 도주한 것이라고 주장한다.

○ 피의자는 피해자들이 상해를 입었다고 생각하지 못하였고, 피해자들에게 '사고에 대한 모든 책임을 지겠다'고 이야기를 한 후 휴대전화번호를 교환하였으며, 보험사를 착각하여 보험접수가 늦어졌을 뿐이고, 피해자의 동의를 받아 현장을 떠난 것이라며 도주의 고의를 부인한다.

○ 한편, 피해자 ▮▮▮은 피의자가 '보험사에 전화를 하여 접수를 하였고, 잠시 후면 보험사가 올 것이다. 전적으로 자신의 과실이므로 보험처리는 자신이 부담할 것이며, 치료를 잘 받으라'고 정중하게 인사하여, 알겠다고 하였는데, 그 이후에 피의자가 사라졌다고 진술한다.

○ 특정범죄 가중처벌 등에 관한 법률 제5조의3 제1항에서 정한 '피해자를 구호하는 등 도로교통법 제54조 제1항의 규정에 의한 조치를 취하지 아니하고 도주한 때'란, 사고 운전자가 사고로 인하여 피해자가 사상을 당한 사실을 인식하였음에도 피해자를 구호하는 등 도로교통법 제54조 제1항에 규정된 의무를 이행하기 이전에 사고현장을 이탈하여 사고를 낸 자가 누구인지 확정될 수 없는 상태를 초래하는 경우를 의미하며, 사고 운전자가 피해자를 구호하는 등 도로교통법 제54조 제1항에 정한 의무를 이행하기 전에 도주의 범의로써 사고현장을 이탈한 것인지 여부를 판정함에 있어서는 그 사고의 경위와 내용, 피해자의 상해의 부위와 정도, 사고 운전자의 과실 정도, 사고 운전자와 피해자의 나이와 성별, 사고 후의 정황 등을 종합적으로 고려하여야 한다(대법원 2009. 6. 11. 선고 2008도8627 판결, 대법원 2012. 7. 12. 선고 2012도1474 판결 등 참조).

○ 블랙박스 영상 등에 나타난 피해자들의 모습에 비추어, 사고 당시 피의자의 입장에서 피해자들이 상해를 입었다고 인식할 만한 사정이 있다고 보기 어렵고, 당시 피의자의 통화내역 등을 보더라도 피의자가 보험사를 착각하여 보험접수가 늦어진 것으로 보이며, 피해자 ■■■의 진술도 '피해자의 동의를 받고 현장을 떠났다'는 피의자의 주장에 부합하는바, 피의자의 주장을 배척하고 달리 피의자가 도주의 고의로 현장을 이탈하였다고 인정할 만한 증거가 없다.

○ 증거 불충분하여 혐의 없다.

❈ 교통사고처리특례법위반(치상) 부분은 혐의 인정되어 공소제기

2. 제1항 기재 일시, 장소에서, 피해자 ■■이 운전하는 ■■승용차를 충격하여 수리비 2,259,696원이 들도록 위 차량을 손괴하고도, 도로교통법 제54조 제1항에 따른 교통사고 발생 시의 조치를 하지 아니하여 도로교통법위반(사고후미조치)

○ 도로교통법 제54조 제1항의 취지는 도로에서 일어나는 교통상의 위험과 장해를 방지·제거하여 안전하고 원활한 교통을 확보하기 위한 것으로서 피해자의 물적 피해를 회복시켜 주기 위한 것이 아니고, 이 경우 운전자가 취하여야 할 조치는 사고의 내용과 피해의 정도 등 구체적 상황에 따라 적절히 강구되어야 한다(대법원 2002. 10. 22. 선고 2002도4455 판결 등).

○ 본건의 경우 교통상의 위험과 장해가 발생하였는지 문제되는바,

- 사고 당시 블랙박스 영상에 의하면, 본건 사고로 인하여 도로에 비산물 등이 흩어진 사실이 확인되지 아니하고, 본건 사고 이후 불과 1~2분 이내에 피의자의 차량과 피해자의 차량 모두 인도로 이동하여 다른 차량들의 통행에 지장을 초래하지 아니하였으며, 피의자가 현장을 이탈할 당시 피해자가 이를 추격하는

2021-12-16   3 / 4

등의 사정도 없어 새로운 위험이 발생하지도 아니하였는바, 피의자의 행위로 인해 교통상의 위험과 장해가 발생하였다고 인정하기 부족하고, 달리 이를 인정할 증거가 없다.

○ 증거 불충분하여 혐의 없다.

44. 음주운전 법정구속 유형 l 음주운전 재범 및 사고

음주운전을 했다고 해서 무조건 구속되는 것은 아니다. 음주운전 초범 같은 경우 실수할 수 있다고 보아 매우 높은 확률로 벌금형 선에서 끝낸다. 그런데 음주운전을 2번, 3번 반복할 경우 이야기는 달라진다. 음주운전은 다른 범죄보다도 재범률이 높기 때문에 2번부터는 상습적으로 할 가능성이 높다고 보아 처벌을 강화한다.

과거에는 2006년 6월 1일부터 음주운전이 2회 이상 적발될 경우 2년 이상 5년 이하 징역형, 또는 1,000만 원 이상 2,000만 원 이하 벌금형으로 처벌했다. 그런데 헌법재판소가 위 조항에 대해 위헌결정을 내리면서 지금은 과거 적발 횟수와 상관없이 혈중알코올농도에 따라 적용되는 법 조항에서 정하고 있는 형량 범위 내에서 어떤 처벌을 내릴지 재판장이 결정하고 있다. 2회 이상 가중처벌 조항만 적용하지 않을 뿐, 실질적으로 2진 아웃, 3진 아웃 처벌을 적용하고 있는 것이다.

음주운전 사건 같은 경우 비슷한 유형이라 해도 누구는 벌금, 누구는 구속될 정도로 처벌 형량 편차가 크다. 그 이유는 과거 적발 전력, 적발 경위

등에 따라 정상참작 사유가 달라지고, 그 위를 획일적으로 규율하기 어려운 사정이 있기 때문이다. 과거 음주운전은 기본적으로 1차 벌금형, 2차 집행유예, 3차 구속 순으로 처벌이 집행됐는데, 이를 줄여서 벌(금), 집(행유예), 구(속)라고 말한다. 그런데 유형에 따라 위 루트가 깨지는 경우도 많고, 위낙 변수가 많은 관계로 아래 표와 같이 대표적인 유형들로 구속 사례를 정리해 봤다.

음주운전 유형별 구속 사례

2회 적발	피고인은 2021년 3월 1차 음주운전 적발로 재판을 앞두고 있었다. 그런데 2021년 6월 다시 음주운전에 적발됐고, 음주측정거부를 했다. 이에 법원은 피고인이 재판 중 다시 재범한 사실을 이유로 징역 1년 2월을 선고하고 법정구속 하였다.
	피고인은 2022년 2월 1차 음주운전 적발로 경찰조사를 앞두고 있었다. 그런데 그로부터 한 달 후인 2022년 3월 2차 음주운전(농도 0.2% 초과)에 또 적발됐다. 이에 법원은 피고인이 짧은 기간 내에 재범하였다는 이유로 징역 1년을 선고하고 법정구속 하였다.
3회 적발	피고인은 2007년에 1차, 2010년에 2차 음주운전 적발 전력이 있는 자다. 피고인은 2020년 7월 농도 0.13%의 술 취한 상태로 운전하다가 적발됐다. 이에 법원은 피고인이 3회 적발된 사실이 있고, 적발 경위에 있어 다른 사람 때문에 적발됐다는 취지로 진술하는 등 반성의 기미가 보이지 않는다는 이유로 징역 1년을 선고하고 법정구속 하였다.
	피고인은 2011년에 1차 측정거부, 2015년에 2차 음주운전 적발 전력이 있는 자다. 피고인은 2021년 5월 농도 0.11%의 술 취한 상태로 운전하다가 적발됐다. 이에 법원은 피고인이 3회 적발이고, 단속 당시 경찰관을 피해 달아나는 등 적발 경위가 불량하다는 이유로 징역 1년을 선고하고 법정구속 하였다.

절대지식 음주운전 뺑소니의 모든 것

4회 적발	피고인은 2003년에 1차, 2008년에 2차, 2015년에 3차 음주운전 적발 전력이 있는 자다. 피고인은 2022년 1월 농도 0.095%의 술 취한 상태로 운전하다가 적발됐다. 이에 법원은 피고인이 꾸준히 4회에 걸쳐 적발됐다는 사실을 이유로 징역 1년 2월을 선고하고 법정구속 하였다.
	피고인은 2007년에 1차, 2010년에 2차, 2013년에 3차 음주운전 적발 전력이 있는 자다. 피고인은 2021년 10월 농도 0.145%의 술 취한 상태로 운전하다가 적발됐다. 이에 법원은 피고인이 4회차 적발이고, 위험하게 운전하였다는 이유로 징역 1년 6월을 선고하고 법정구속 하였다.
5회 적발	피고인은 2001년 1차, 2002년 2차, 2008년 3차, 2015년 4차 음주운전 적발 전력이 있는 자다. 피고인은 2020년 6월 농도 0.101%의 술 취한 상태로 운전하다가 적발됐다. 이에 법원은 피고인에게 5회차 적발을 이유로 징역 1년 2월을 선고하고 법정구속 하였다.
	피고인은 2008년 1차, 2011년 2차, 2014년 3차, 2017년 4차 음주운전 적발 전력이 있는 자다. 피고인은 2021년 9월 농도 0.065%의 술 취한 상태로 운전하다가 적발됐다. 이에 법원은 5회차 적발을 이유로 징역 1년을 선고하고 법정구속 하였다.

음주운전 교통사고 구속 사례

도주치상	피고인은 2015년 1차 음주운전 적발 전력이 있는 자다. 피고인은 2021년 8월 농도 0.087%의 술 취한 상태로 운전하다가 신호 정차 중인 피해 차량을 추돌하여 피해자에게 전치 3주의 상해를 입게 하고 아무런 구호 조치 없이 현장을 떠난 혐의로 기소됐다. 이에 법원은 피고인이 피해자와 합의를 했지만, 사고 당시 영상을 보면 너무나 위험했다는 이유로 징역 1년을 선고하고 법정구속 하였다.

위험운전치사 (윤창호법)	피고인은 2020년 8월 농도 0.127%의 술에 취한 상태로 운전하다가 횡단보도를 건너가던 피해자를 들이받아 사망케 한 혐의로 기소됐다. 이에 법원은 피고인이 초범이고, 피해자 유족들과 합의한 점을 이유로 징역 1년 6월을 선고하고 법정구속 하였다.
교통사고 처리특례법 위반치상	피고인은 2016년 1차 음주운전 적발 전력이 있는 자. 피고인은 2021년 10월 농도 0.104%의 술 취한 상태로 운전하다가 오토바이를 추돌하여 피해자에게 전치 4주의 상처를 입힌 혐의로 기소됐다. 이에 법원은 피고인이 피해자와 합의를 했지만, 음주운전 재범이고 사고가 났다는 점을 이유로 징역 8월을 선고하고 법정구속 하였다.

위 사례에서 보는 바와 같이 음주운전 사건은 방심하기 어려운 사건이다. 남들은 쉽게 벌금, 집행유예를 받았다고 해도 정작 본인은 구속될 수도 있기 때문이다. 따라서 음주운전은 처음부터 안 하는 것이 중요하고, 만약 실수로 적발됐다면 사전에 대비할 필요가 있다.

45. 음주운전 법정구속 유형 II 예외적 상황

앞서 말한 바와 같이 음주운전은 과거 적발 횟수만으로 구속 여부가 결정되지 않는다. 음주운전 5회차 적발이라 하더라도 마지막 4회차 전력이 과거 10년 전이라면 다시 한번 선처받을 여지가 있고, 음주운전 3회차 적발이지만 마지막 2회차 때 집행유예 처벌을 받았다면 구속될 가능성이 크다. 이런 상황이 발생하는 이유는 형법 조항과 양형 기준, 음주운전 사건의 특성 때문인데, 이를 간략하게 정리하면 아래 표와 같다.

형사처벌 판결 관련 기본 정보

○ 형법에 따르면 집행유예 기간 중에는 다시 집행유예 판결을 할 수 없다. 그럼 법원이 선고할 수 있는 처벌 종류는 벌금과 실형인데, 정말 특별한 사정이 있지 않는 이상 집행유예 처벌보다 약한 벌금형을 선고하기 쉽지 않으므로 대부분 실형이 선고된다.

○ 대법원 음주교통사고 양형 기준표에 따르면 과거 집행유예 처벌을 받은 전력이 있는 사람이 다시 동종 범죄를 저지른 경우, 특별한 사

정이 없으면 구속 실형을 선고할 것을 권고하고 있다.

○ 형법에 따르면 누범 기간 중에 있는 사람이 다시 동종 범죄를 저지른 경우, 판결 선고일 기준 누범기간이 지나도 집행유예를 선고할 수 없다. 그럼 법원이 처벌할 수 있는 형벌 종류는 벌금과 실형인데, 정말 특별한 사정이 있지 않는 이상 벌금형 선고가 쉽지 않으므로 대부분 실형이 선고된다.

○ 법원은 특별한 경우가 아닌 이상, ① 벌금 → ② 집행유예 → ③ 구속 순으로 처벌하는데, 적발 경위에 비추어 경찰관을 폭행한 사실이 있거나 다른 범죄 피해가 수반된 사건이라고 볼만한 사정이 있으면 괘씸죄를 적용하여 벌금 및 집행유예를 건너뛰고 바로 구속 실형을 선고할 수 있다.

위 내용만 보면 구속 원칙이 잘 이해가 되지 않을 수 있다. 조금 더 쉽게 사례로 알아보자.

집행유예 기간 중 적발로 법정구속 된 사례

음주운전 3회	피고인은 2018년에 음주운전 1차 벌금, 2020년 5월에 2차 음주운전 적발로 징역 1년 및 집행유예 3년을 선고받은 자이다. 피고인은 2022년 1월 농도 0.145%의 술 취한 상태로 운전하다가 적발됐다. 이에 법원은 피고인이 집행유예 기간 중 재범을 저질렀다는 이유로 징역 10월을 선고하고 법정구속 하였다.

절대지식 음주운전 뺑소니의 모든 것

집행유예 처벌 전력 있는 사람이 재범으로 법정구속 된 사례

음주운전 3회	피고인은 2016년에 음주운전 1차 벌금, 2020년 4월에 2차 음주운전 적발로 징역 1년 및 집행유예 2년을 선고받은 자이다. 피고인은 2022년 5월 농도 0.102%의 술 취한 상태로 운전하다가 적발됐다. 이에 법원은 피고인이 5년 이내 집행유예 전력이 있음에도 또다시 재범을 저질렀다는 이유로 징역 1년을 선고하고 법정구속 하였다.

누범기간 중 적발로 법정구속 된 사례

음주운전 4회	피고인은 2011년 1차 벌금, 2014년 2차 벌금, 2016년 3월에 3차 음주교통사고로 징역 6월을 선고받고 구속됐다가 같은 해 9월에 만기 출소한 자이다. 피고인은 2019년 3월 농도 0.113%의 술 취한 상태로 운전하다가 적발됐다. 이에 법원은 피고인이 누범기간(출소일로부터 3년) 중 재범을 저질렀다는 이유로 징역 8월을 선고하고 법정구속 하였다.

음주운전 초범임에도 괘씸죄로 구속된 사례

음주운전 초범	피고인은 2022년 4월 농도 0.278%의 술에 취한 상태로 운전을 하다가 대물사고를 낸 혐의로 적발됐다. 이에 법원은 피고인이 만취 상태서 위험하게 운전을 하고 실제로 사고까지 내는 등 죄질이 매우 불량하다고 보아 징역 1년 6월을 선고하고 법정구속 하였다.

위처럼 피고인의 구속 여부는 법원 재판장이 재량으로 전권을 행사하고 있다는 사실을 알 수 있다. 재판장은 아무리 범죄를 많이 저질러도 구속 필요성이 없다고 생각되면 벌금형을, 아무리 초범이어도 구속 필요성이 있다고 생각되면 바로 구속 실형을 선고할 수 있다. 다만, 무엇이든지

정도라는 것이 있기 때문에 법원 내부 기준을 통해 판결 재량 남용을 통제하고 있다. 그러나 우리 헌법은 각 법관에게 양심에 따라 판결할 권리를 보장하고 있다. 이러한 이유로 내가 재범이라는 사실로 절망할 필요도, 초범이라는 사실로 방심할 필요도 없다. 오로지 내가 이 사건에서 최선을 다하여 선처를 구했는지 여부만 중요할 뿐이다.

46. 음주운전 범죄 양형 기준표

음주운전은 양형 기준표가 없다. 다른 사건과 달리 음주운전은 피해자가 없는 경우도 많고, 적발 경위에 있어 참작할 사유들이 너무 많기 때문이다. 따라서 음주운전 사건 처벌 형량을 결정함에 있어 법원 재판장들에게 그 판단 재량을 부여하는데, 그렇다고 해서 법관이 아무런 기준 없이 마음대로 처벌하는 것은 아니다. 각 법관들은 자신만의 고유 기준을 가지고 있는데, 그 기준이 무엇을 참고했는지 알면 대략적인 양형 기준을 유추할 수 있다.

우리 대법원 양형 기준표를 보면 음주운전과 관련된 범죄를 추려낼 수 있는데, 바로 교통범죄(사고) 양형 기준이다. 교통범죄 양형 기준은 교통사고를 전제로 만들어진 것은 사실이나, 음주운전이 교통범죄 영역에 포함되고, 사고 관련 양형 요인만 제외하면 그대로 음주운전에 적용할 기준들이 많다. 음주운전과 교통사고는 떼려야 뗄 수 없는 관계이기 때문이다. 그래서 수많은 판사와 검사가 위 교통범죄 양형 기준을 토대로 자신만의 음주운전 처벌 기준을 만들고, 이를 결과에 반영하고 있는 것이다.

그리하여 위와 같은 사정을 고려하여 음주운전 양형 기준(집행유예)을 정리한 결과는 아래 표와 같다.

교통범죄 양형 기준

Ⅱ. 집행유예 기준

구분	부정적	긍정적
주요 참작 사유	● 사망·중상해가 발생한 경우 또는 도주로 인하여 생명에 대한 현저한 위험이 초래된 경우 ● 교통사고 후 유기 도주인 경우 ● 교통사고처리 특례법 제3조 제2항 단서 중 위법성이 중한 경우 또는 난폭운전의 경우 ● 동종 전과(5년 이내의, 금고형의 집행유예 이상 또는 3회 이상 벌금)	● 피해자에게도 교통사고 발생 또는 피해 확대에 상당한 과실이 있는 경우 ● 경미한 상해가 발생한 경우 ● 자전거를 운행하다가 일으킨 사고(일반 교통사고에 한정) ● 처벌불원 ● 형사처벌 전력 없음
일반 참작 사유	● 2회 이상 금고형의 집행유예 이상 전과 ● 그 밖의 교통사고처리 특례법 제3조 제2항 단서에 해당하는 경우 ● 범행 후 증거은폐 또는 은폐 시도 ● 사회적 유대관계 결여 ● 약물중독, 알코올중독 ● 피해 회복 노력 없음 ● 진지한 반성 없음	● 사회적 유대관계 분명 ● 자수(교통사고 후 도주 범죄) ● 진지한 반성 ● 금고형의 집행유예 이상 전과 없음 ● 피고인이 고령 ● 피고인의 건강상태가 매우 좋지 않음 ● 피고인의 구금이 부양가족에게 과도한 곤경을 수반 ● 자동차종합보험 가입 ● 상당 금액 공탁

음주운전 정상참작 기준

1	교통사고 수습을 위해 최선을 다하였는가?
2	적발 경위에 있어 부득이한 사유가 있는가?
3	수사 및 재판 진행 과정에서 문제는 없었는가?
4	부양하는 가족들이 있는가?

절대지식 음주운전 뺑소니의 모든 것

5	정상적인 사회생활을 뒷받침하는 직업이 있는가?
6	신분상 자격을 유지할 사유가 있는가?
7	본인 또는 가족들 중 고령 또는 중대한 질병으로 힘든 자가 있는가?
8	진지한 반성을 하고 있는가?
9	사회적 유대관계에 있는 지인들이 선처를 탄원하고 있는가?
10	사회공헌 활동을 하고 있는가?
11	본인 또는 가족의 명예를 위해 성취한 것이 있는가?
12	향후 재범 방지를 위한 최선의 노력을 다하였는가?
13	과거 동종 범죄 전력이 많은가?

위 표를 보면 부정적 요인과 긍정적 요인들이 있다. 여기서 법관은 음주운전 사건을 두고 부정과 긍정 요인을 비교 검토한다. 부정적 요인이 긍정적 요인보다 크다고 생각하면 구속 실형을 선고하고, 긍정적 요인이 부정적 요인과 같거나 더 크다고 생각하면 집행유예를 선고하는 것이다. 이를 우리는 비교형량이라고 부른다. 그래서 피고인 입장에서는 재판을 받을 때, 긍정적 요인을 최대한 준비해서 부각시키고, 부정적 요인은 최대한 축소할 필요가 있는데, 이러한 일련의 노력들을 우리는 변론(=변호) 활동이라고 하는 것이다.

47. 음주운전 형사처벌 정상참작 자료들

우리는 앞에서 음주운전 사건 양형 기준(=정상참작 사유)을 확인했다. 기준을 알았으니, 이제는 실전이다. 양형 기준에 맞춰 준비를 해야 한다. 검사와 재판장은 근거 없는 주장은 믿지 않는다. 아무리 반성한다고 100번 말해도 소용없다는 것이다. 그래서 피고인은 근거자료(또는 서류)를 준비할 필요가 있는데, 우리는 이것을 정상참작 서류라고 부른다. 정상참작 서류는 여러 가지 유형이 있는데, 첫째 교통범죄 양형 기준표상 정상참작 서류, 둘째 적발 경위 정상참작 서류, 셋째 음주운전 특성상 재범방지 서류 등이 있다.

지금부터는 말로 설명하는 것보다 쉽게 이해되는 표로 설명하겠다.

양형 기준표상 정상참작 자료(기본)

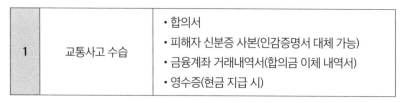

1	교통사고 수습	• 합의서 • 피해자 신분증 사본(인감증명서 대체 가능) • 금융계좌 거래내역서(합의금 이체 내역서) • 영수증(현금 지급 시)

절대지식 음주운전 뺑소니의 모든 것

2	과거 처벌 전력	• 경찰 또는 검찰 수사 자료(범죄경력조회서)
3	사회적 유대관계 분명	• 탄원서 • 탄원인 신분증 사본 • 동호회 활동 사진
4	진지한 반성	• 반성문
5	건강 상태	• 진단서, 입원확인서, 수술확인서, 의무기록사본 등 • 건강보험요양급여내역 • 장애인증명서, 복지카드 등 • 간병 사진
6	부양가족	• 가족관계증명서(상세) • 혼인관계증명서(상세) • 주민등록등본 • 건강보험자격확인서 • 금융계좌거래내역서(생활비 이체 내역)

추가 정상참작 자료(적발 경위 등 기타)

1	적발 경위 관련	• 블랙박스 영상, 인근 CCTV 영상 • 현장 목격자 진술 • 통신사 통화 목록 조회결과(대리운전), 대리운전 캡처 사진(통화 목록 또는 문자)
2	수사 및 재판 진행 관련	• 경찰 및 검찰 피의자 신문조서 • 법정 공판기록, 피고인 신문조서 • 녹취록
3	생계유지수단(직업)	• 재직증명서 • 근로소득원천징수영수증 • 소득금액증명원 • 부채증명원 등

4	신분상 자격 유지	• 기본증명서(상세), 외국인국내거소신고증, 외국인등록증, 외국국적동포국내거소신고원부, 외국인등록사실증명원, 외국인여권
5	사회공헌활동	• 국가유공자확인서 • 헌혈확인증명서 • 기부금영수증 • 자원봉사활동확인서(봉사활동 사진) • 표창장 • 의용소방대원증 • 언론보도내역 등
6	개인 성취	• 학위수여증명서(박사 또는 석사), 기사 자격증, 국가장학증명서, 우수표창 인증서 등

위 표에 나와 있는 서류들은 음주운전 사건에서 기본적으로 준비해야 하는 서류들이다. 본인이 준비할 수 없는 것은 어쩔 수 없지만, 준비 가능하다면 시간과 노력을 들이어서라도 준비하는 것이 좋다. 그런데 이 중 재범 방지 정상참작 자료는 어느 정도 시간을 필요로 한다. 그래서 재판 준비 기간 중에 계획된 스케줄에 따라 성실히 이행하는 것이 필요한데, 어떻게 근거자료를 준비하는지는 다음 챕터에서 소개하도록 하겠다.

48. 음주운전 재범방지 노력

음주운전 사건은 재범방지 노력 여부가 처벌 결과를 좌우할 정도로 그 영향력이 크다. 재판장이 음주운전 피고인을 구속시키는 이유가 바로 재범 가능성이기 때문이다. 따라서 피고인은 재판장에게 다시는 재범을 저지르지 않을 것이라는 확신을 심어 줄 필요가 있는데, 향후 미래에 대한 다짐을 어떻게 입증할 방법이 없는 것이 사실이다.

그래서 피고인은 간접적이라도 재범방지에 대한 기대감을 현출 할 필요가 있는데, 이를 뒷받침하는 근거로는 크게 3가지가 있다. 바로 금주와 차량매각, 그리고 실제로 음주운전과 거리가 먼 삶을 살았다는 소명자료다. 차량매각은 즉시 자동차를 처분하기만 하면 되는 문제기 때문에 특별히 어려운 부분이 없다. 그런데 금주와 음주운전과 동떨어진 성실한 삶(?), 이 2가지는 소명하기가 참 쉽지 않다. 따라서 현실적으로 위 재범방지 노력들을 어떤 방법으로 재판에서 소명하는지 다음의 표로 정리하였으니, 이를 참고하여 성실히 준비하기 바란다.

차량처분 근거자료

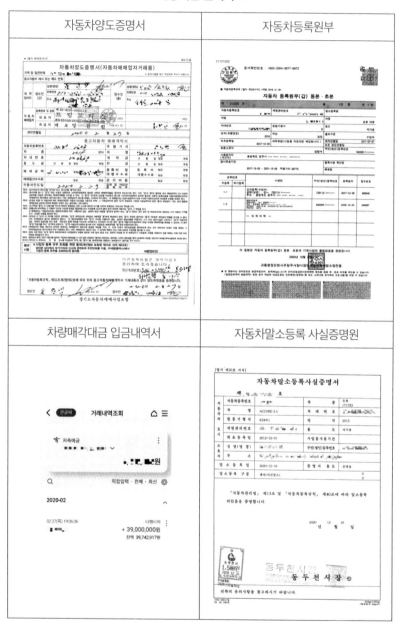

자동차양도증명서	자동차등록원부
차량매각대금 입금내역서	자동차말소등록 사실증명원

절대지식 음주운전 뺑소니의 모든 것

금주사실 소명자료

중독관리센터 상담확인증	중독관리센터 다이어리
중독관리센터 소감문	정신건강의학과 소견서

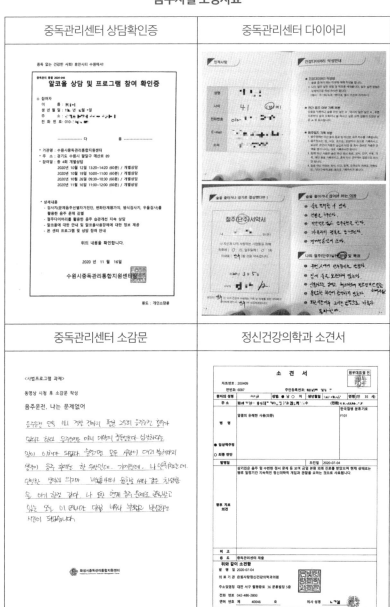

재범방지 실천자료

절대지식 음주운전 뺑소니의 모든 것

49. 양형조사와 부양가족

　음주운전 사건은 공소사실을 부인하지 않으면 공판 절차 한 번으로 재판이 끝난다. 특별히 추가로 조사할 사항이 없는 정형화된 사건이기 때문이다. 그래서 피고인은 법원에 공판 절차 1회, 선고기일 1회 등 총 2회 출석으로 사건이 종결되는데, 예외적으로 추가 조사가 필요할 때가 있다. 바로 피고인에 대한 양형조사다. 양형조사는 법원이 조사관을 선임하여 피고인의 정상참작 사항을 조사하도록 명령하는 것을 말하는데, 양형조사관은 피고인이 법정구속 될 경우 그 부양가족들이 실제로 생계곤란을 겪는지 여부를 확인하는 절차를 거친다.

　양형조사는 기본적으로 피고인과 그 가족들을 조사한다. 그리고 조사관이 법원에서 피고인을 면담하는 방식으로 진행한다. 조사관은 면담을 진행하기 전에 미리 피고인에게 전화해서 정상참작이 될 만한 사안들을 물어보고, 이를 뒷받침하는 근거자료와 함께 면담에 참석하라고 요구하는데, 반대로 면담을 먼저 진행하고 추후 면담내용을 뒷받침하는 근거자료 제출을 요구하기도 한다. 조사관과 면담을 마치고, 근거자료까지 제출하고 나면 양형조사가 끝난다. 그럼 양형조사관이 조사한 사실을 보고서로 작성하여 법원 재판부에 제출한다. 그럼 재판장이 그 보고서를 확인하고 정상참작에 반영 여부를 결정하는 것이다.

양형조사는 하고 싶다고 해서 다 받아주는 것이 아니다. 재판장이 생각할 때 양형조사 할 특별한 사유가 있다고 생각되는 경우에 한하여 허가한다. 간혹 법정에서 공판을 지연시킬 목적으로 구체적인 이유도 없이 다짜고짜 양형조사를 요청하는 경우가 있는데, 그럼 검토 없이 바로 기각된다. 공판기일 전에 미리 공판 절차에 관한 의견서(양형조사 신청 취지 및 원인을 기재한 서류)를 제출해야 재판장이 미리 검토할 시간이 있고, 그 허가 여부를 공판기일 때 밝힐 수 있기 때문이다.

그리고 양형조사는 부양가족이 있다는 이유로 무조건 다 받아주는 것은 아니다. 피고인이 구속되어도 부양가족들이 생계를 유지하는 데 큰 어려움이 없다면 실익이 없기 때문이다. 따라서 피고인은 자신이 구속되면 왜 부양가족들에게 생계곤란 사유가 생기는지 적극 소명해야 한다. 그렇지 않으면 정상참작에 유리한 양형조사를 받지도 못하고 재판이 끝날 수 있다.

공판 절차 진행에 관한 의견서

사 건 명 2022고단1234 도로교통법위반(음주측정거부)등
피 고 인 홍길동

위 사건에 관하여 피고인의 변호인은 다음과 같이 공판 절차 진행에 관한
의견을 개진합니다.

다 음

1. 피고인의 가족들 질병 및 생계 관련 법원 양형조사 신청

가. 피고인은 처와 어린 자녀들을 부양하고 있는 가장입니다. 만약 피고
인이 구속되면, 가족들이 극심한 생계곤란에 빠질 가능성이 매우 높
습니다.

나. 피고인의 처는 최근 뇌졸중 후유증으로 정상적인 거동이 불가능하고,
지속적인 치료를 필요로 하는 등 피고인의 간병을 필요로 하고 있습
니다. 만약 피고인이 구속되면, 피고인을 대신하여 처를 간병할 사람
이 없고, 적절한 치료를 받지 못해 생명이 위태로울 수 있습니다.

다. 대법원 양형 기준에 따르면 피고인의 구속으로 남은 가족들의 생계
가 현저히 곤란해질 가능성에 대해 정상참작을 권고하고 있는바, 실
제로 피고인의 가족들이 생계 곤란에 직면해 있다는 사실을 입증할
수 있도록 **법원 양형조사관을 통한 양형조사를 허가**하여 주시기 바
랍니다.

2. 피고인 신문 신청

이 사건 기록에 따르면 피고인의 가족들은 전적으로 피고인에게 생계를 의탁하고 있습니다. 피고인이 지금까지 어떻게 가족들 생계를 부양해 왔고, 향후 어떤 방식으로 가족들을 부양할 것인지에 대한 구체적 계획을 확인하기 위한 피고인 신문을 신청합니다.

2022. 10.

피고인의 변호인

변호사 최충만

서울중앙지방법원 형사1단독 귀중

50. 참고서면(법원 제출)

형사소송은 공판기일 변론이 종결하면 재판이 끝난다. 재판장은 변론 종결 시까지 제출된 증거 및 양형자료를 바탕으로 피고인의 유·무죄 및 정상참작 반영 여부를 결정한다. 그리고 이를 판결문으로 작성하여 선고 기일 때 피고인에 대한 처벌을 최종 판결한다. 그래서 피고인은 자신에게 유리한 증거가 있다면 반드시 공판기일 변론 종결 전까지 법원에 제출해야 한다. 그렇지 않으면 아무리 유력한 증거라 하더라도 증거적 효력을 인정받을 수 없다.

하지만 증거와 달리 제출시기 제한이 없는 자료들이 있는데, 바로 양형 자료다. 형사소송법에 공소사실 인부와 관련 증거는 반드시 공판기일 때 현출되어 증거조사를 해야 한다고 규정하고 있지만, 공소사실 인부와 관련 없는 양형자료는 제출시기에 아무런 제약을 두고 있지 않기 때문이다. 따라서 피고인은 공판이 끝나고 선고기일만 지정된 상황이라 하더라도 자신에게 유리한 정상참작 자료를 언제든지 제출할 수 있다. 이것에 대해 우리는 '참고자료'라고 부르고, 이에 대한 의견서를 '참고서면'이라고 한다.

참고서면은 반드시 제출해야 하는 서류가 아니다. 대부분 사건에서 참고서면은 극히 예외적인 경우에 한하여 제출한다. 이미 재판이 끝난 마당에 참고서면으로 결과가 바뀔 가능성은 별로 높지 않기 때문이다. 하지만 음주운전 사건에서 참고서면은 제출할 필요가 있는 서류로 분류된다. 실형만은 꼭 피해야 할 형사사건 특성상 피고인 입장에서는 자신에게 유리한 서류를 단 1장이라도 더 제출할 실익이 있기 때문이다.

그럼 피고인은 언제까지 자신에게 유리한 참고서면을 제출해야 할까? 정답은 판결 선고기일 1주일 전까지다. 일반적으로 재판장은 선고 열흘 전부터 3일 전까지 판결문을 작성한다. 판결문 작성이 완료되면 정말 특별한 사정이 있지 않는 이상 변경하지 않는다. 판결문을 변경하려면 검토할 시간을 필요로 하는데, 선고가 며칠 남지 않은 상황에서 시간 내기가 여간 부담스러운 것이 아니기 때문이다. 그런데 1주일 전까지 참고서면이 제출되면, 바쁜 와중에도 검토할 시간이 확보된다. 재판 스케줄이 1주일을 기준으로 돌아가는데, 그 스케줄이 확정되기 전에 참고서면을 제출하면 재판장이 검토할 시간을 스케줄에 반영하기 때문이다. 따라서 정상참작에 반영되기를 바라는 서류가 있다면 반드시 꼭 선고기일 1주일 전까지 참고서면을 제출해야 한다.

참 고 서 면

사 건 명 2022고단0000 도로교통법위반(음주운전)

             2022고단1111(병합) 도로교통법위반(음주운전)등

피 고 인 홍길동

위 사건에 관하여 피고인의 변호인은 다음과 같이 참고서면을 제출하오니 그 정상을 적극 참작하여 주시기 바랍니다.

다 음

1. 이 사건 발생 경위 관련

  가. 2022고단0000 도로교통법위반(음주운전) 적발 경위 관련

    피고인은 2022. 7. 1. 22:00경 서울 서초구 교대역 앞 사거리에서 남부터미널 방향으로 이동하던 중…. (중략)

  나. 2022고단1111 도로교통법위반(음주운전)등 적발 경위 관련

    피고인은 2020. 10. 5. 09:40경 서울 서초구 방배동 자택 앞 주차장에서 사당역 방향으로 이동하던 중…. (중략)

2. 이 사건 피고인의 정상참작 사유에 대하여

  가. 피고인은 배우자와 어린 자녀들을 부양하고 있는 가장입니다.

  나. 피고인은 재범방지를 위해 차량을 매각하고, 금주 치료 상담을 완료하였습니다. 그리고 실제로 대중교통을 이용하며 자신의 다짐을 실

천했습니다.

다. 피고인은 공판 종결 이후에도 매일매일 반성문을 작성했습니다.

라. 피고인과 사회적 유대관계 있는 지인들이 피고인을 위해 간절히 선처를 탄원하고 있습니다.

마. **기타정상 - 가족질병, 자원봉사, 사회적 헌신 등**

바. **피고인의 과거 전력 관련 - 법리적·사실적 판단 필요**

3. 결론

피고인은 다시는 절대로 음주운전을 하지 않을 것을 굳게 다짐하고 있습니다. 피고인은 예상치 못한 가족상으로 마음을 잡지 못하고 이 사건 잘못을 연달아 저질렀습니다. 자신의 행동에 대해 깊이 후회하고 있는바, 피고인이 장례를 잘 마무리하고 남은 가족들을 성실히 부양할 수 있도록 이번에 한하여 **마지막 선처**를 베풀어 주시길 간곡히 부탁드립니다.

참 고 자 료

1. 건강보험요양급여내역	1통
2. 자동차등록원부	1통
3. 자동차 양도증명서	1통
4. 자동차매매대금 거래내역	1통
5. 지방세세목별과세증명서	1통
6. 알코올 상담 및 프로그램 참여확인증	1통
7. 진단서	2통

8. 대중교통 이용내역   1통

9. 반성문   20통

10. 탄원서   5통

11. 사망진단서   1통

12. 장례 사진   1통

13. 자원봉사활동 확인서   1통

14. 기부금 영수증   1통

2022. 11.

피고인의 변호인

변호사 최충만

서울중앙지방법원 형사1단독 귀중

51. 음주운전 집행유예 보안처분 (보호관찰, 수강명령, 사회봉사)

드디어 대망의 판결 선고기일이다. 판결 선고 결과에 따라 구속 될 수도, 집행유예나 벌금으로 풀려날 수도 있다. 선고기일에는 교도관들이 법정에 출석한다. 실형이 선고된 피고인을 감옥으로 데려가기 위해서다. 선고 결과에 따라 피고인들의 희비가 엇갈린다. 오늘도 구속된 피고인은 말이 없다.

피고인은 반드시 선고기일 때 법정에 출석해야 한다. 법원은 피고인에게 선고기일 통지서를 보내주지 않는다. 선고기일을 잊으면 피고인 본인이 법원 사이트에 접속해서 자신의 선고기일을 확인해야 한다. 피고인이 불출석하면 1번은 선고기일을 변경해 주지만, 2번 이상 빠지면 소재탐지 및 구속영장 발부 또는 패씸죄 적용으로 실형이 선고될 수 있다.

음주운전 사건에서 판결 선고 형량은 집행유예가 다수를 차지한다. 벌금은 검찰이 약식명령으로 끝내는 경우가 많고, 처음 재판 받는 사람은 구속 사유가 있지 않는 이상 대부분 집행유예로 끝내기 때문이다. 대신 법원은 집행유예를 선고받은 피고인에게 별도로 보안처분을 명할 수 있는데, 바로 보호관찰처분, 준법수강, 사회봉사 등이다. 피고인은 집행유예 판결이 확정된 날로부터 10일 이내 관할 보호관찰소에 이를 신고해야 하는데, 신고를 마치면 담당 공무원이 배정되어 위 보안처분에 대한 안내 및 이행 등을 집행한다.

21-10-27;10:25 ;   # 1/ 4

창원지방법원 진주지원

판   결

등본입니다.

2021. 10. 23.

법원주사

사 건	2020고단 : 도로교통법위반(음주측정거부), 도로교통법위반(무
	면허운전)
피 고 인	(-0000000), 회사원
	주거
	등록기준지
검 사	(기소), (공판)
변 호 인	변호사 최총만
판 결 선 고	2021. 10. 21.

주   문

피고인을 징역 2년에 처한다.

이 판결 확정일부터 4년간 위 형의 집행을 유예한다.

피고인에 대하여 2년간 보호관찰을 받을 것과 120시간의 사회봉사 및 40시간의 준법

운전강의 수강을 명한다.

이   유

범 죄 사 실

보호관찰처분은 말 그대로 보호관찰 기간 동안 피고인이 준법생활을 하고 있는지 확인하는 처분을 말한다. 보호관찰관은 일정한 기간마다 피고인의 동태를 확인하는데, 피고인이 보호관찰명령에 따르지 않으면, 이를 검찰에 보고할 수 있고, 검사는 피고인이 법원의 보호관찰명령을 위반하고 있다는 생각이 들면 집행유예 취소 청구를 할 수 있다. 만약 법원이 집행유예 취소청구를 인용하면 바로 징역형 선고 효력이 적용되고, 피고인은 구속영장 발부와 동시에 감옥에 갇히게 된다.

준법수강명령도 특별한 것이 아니다. 말 그대로 준법교육을 수강하라는 명령인데, 보호관찰소에서 음주운전 근절 교육, 음주운전의 폐해 등을 주제로 강의를 열면, 그 강의를 수강해야 한다. 의자에 앉아서 교육만 들으면 되므로 큰 어려움은 없다.

그런데 사회봉사는 조금 다르다. 봉사활동을 해야 하므로 노동이 들어간다. 주로 보육원이나 양로원 등을 방문하여 청소를 하는데, 음주운전 방지 캠페인 활동에 투입되는 경우도 있다. 사회봉사 명령은 길게는 240시간도 선고되는 경우가 있는데, 이렇게 되면 30일 휴가가 사라진다고 보면 된다. 물론 감옥에 갇히는 것보다는 100배, 1,000배 좋지만 말이다.

집행유예 보안처분 받은 피고인의 이행 후기

2) 사회봉사, 수강명령 후기

판결을 선고받았다. 다행히 집행유예였지만 사회봉사와 준법교육 명령까지 함께 받아 집에서 가까운 보호관찰소에 신고했다. 그랬더니 며칠 후에 몇 시까지 보호관찰소로 오라는 문자를 받았다. 그 날 방문하니 담당 공무원이 안내해줬다. 상담하면서 앞으로 어떻게 진행될 것이라는 설명을 들었다. 준법강의를 먼저 듣고, 그 다음 사회봉사를 하라고 했다. 담당 공무원이 스케줄을 짠 다음 할 수 있냐고 물어 괜찮다고 했다.

그 후 인천 계양구 쪽에 있는 보호관찰소 교육강의장에서 준법교육을 받았다. 의사도 오고, 음주전문 강사도 왔다. 그렇게 매일 아침 강의장으로 출석했다. 얼굴 안면 인식으로 출석을 체크 했다.

교육이 끝나자 사회봉사를 하러 갔다. 노인복지센터에서 사회봉사할 것을 지시받았다. 사회봉사 할 수 있는 선택지를 따로 주지 않고 임의로 배정해주는 것이라고 했다. 노인복지센터에서 매일 아침부터 저녁 6시까지 청소했다. 청소밖에 할 일이 없었다. 물건 옮길 것 있으면 옮기고. 사회봉사 명령 받은 사람 셋이서 같이 했다. 결국 노인복지센터에서 사회봉사 시간을 다 채웠다. 판결 확정되고 몇 개월 만에 다 끝났다. 최근에는 음주 3회 교육도 받았다. 드디어 결격 기간도 끝났고 운전면허만 다시 따면 된다. 다시는 이런 일 없도록 조심 또 조심할 것이다.

음주운전 각 유형별 집행유예 선고받은 사례

2회 적발	피고인은 2015년 1차 음주운전 전력이 있는 자다. 피고인은 2021년 9월 농도 0.174%의 술 취한 상태서 운전한 혐의로 형사재판에 회부됐다. 검사는 피고인에게 징역 2년 6월을 구형했으나, 법원은 피고인이 비록 2진 아웃이고 대물사고까지 낸 사실이 있으나, 사고 수습을 원만히 처리하고 재범방지를 위한 노력을 다했다는 이유로 징역 1년 및 집행유예 2년을 선고하였다.
	피고인은 2019년 1차 음주운전 전력이 있는 자다. 피고인은 2021년 1월 농도 0.106%의 술 취한 상태서 운전한 혐의로 형사재판에 회부됐다. 검사는 피고인에게 징역 2년을 구형했으나, 법원은 피고인이 비록 2년 이내 2회 이상 재범한 사실이 있으나, 부양하는 가족이 많고 재범방지를 위한 노력을 다했다는 이유로 징역 1년 및 집행유예 2년을 선고하였다.

절대지식 음주운전 뺑소니의 모든 것

3회 적발	피고인은 2014년 1차, 2017년 2차 음주운전 전력이 있는 자다. 피고인은 2021년 3월 농도 0.083%의 술 취한 상태서 운전한 혐의로 형사재판에 회부됐다. 검사는 피고인에게 징역 2년을 구형했으나, 법원은 피고인의 농도가 비교적 낮고, 운전 거리가 짧으며, 부양하는 어린 자녀들이 있다는 이유로 징역 1년 및 집행유예 2년을 선고하였다.
	피고인은 2015년 1차 음주운전 전력이 있는 자다. 피고인은 2019년 10월 농도 0.121%의, 2020년 1월 농도 0.099%의 술 취한 상태서 2차, 3차 연달아 운전한 혐의로 형사재판에 회부됐다. 검사는 피고인에게 징역 3년을 구형했으나, 법원은 피고인의 나이가 어리고, 재범 방지를 위한 노력을 다하였으며, 관리감독 지위에 있는 자들이 선처를 탄원하고 있다는 이유로 징역 2년 및 집행유예 3년을 선고하였다.
4회 적발	피고인은 2008년 1차, 2010년 2차, 2013년 3차 집행유예 처벌 등 음주운전 전력이 있는 자다. 피고인은 2020년 4월 농도 0.108%의 술 취한 상태서 운전한 혐의로 형사재판에 회부됐다. 검사는 피고인에게 징역 3년을 구형했으나, 법원은 피고인이 집행유예 전력이 있는 것은 사실이나 관련 모든 정상참작 조건을 충족했다는 이유로 징역 2년 및 집행유예 3년을 선고하였다.
	피고인은 2011년 1차, 2013년 2차, 2017년 3차 집행유예 처벌 등 음주운전 전력이 있는 자다. 피고인은 2021년 2월 농도 0.125%의 술 취한 상태서 운전한 혐의로 형사재판에 회부됐다. 검사는 피고인에게 징역 2년 6월을 구형했으나, 법원은 피고인이 집행유예 전력이 있는 것은 사실이나 관련 모든 정상참작 조건을 충족했다는 이유로 징역 1년 6월 및 집행유예 3년을 선고하였다.
5회 적발	피고인은 2007년 1차, 2010년 2차, 2015년 3차, 2018년 4차 집행유예 처벌 등 음주운전 전력이 있는 자다. 피고인은 2021년 6월 술 취한 상태서 운전하다가 경찰의 음주 측정 요구를 거부한 혐의로 형사재판에 회부됐다. 검사는 피고인에게 징역 3년 6월을 구형했으나, 법원은 피고인이 집행유예 전력이 있는 것은 사실이나 장애가 있는 가족을 돌보는 유일한 가족이고, 나머지 기타 정상참작 조건을 충족했다는 이유로 징역 3년 및 집행유예 3년을 선고하였다.

5회 적발	피고인은 2013년 1차, 2015년 2차, 2017년 3차 집행유예 처벌 등 음주운전 전력이 있는 자다. 피고인은 2020년 3월 농도 0.124%의 술 취한 상태서 운전한 혐의로 형사재판을 받던 중 2020년 6월 술 취한 상태서 운전하다가 경찰의 음주 측정 요구를 거부한 사건까지 추가로 기소됐다. 검사는 피고인에게 징역 4년을 구형했으나, 법원은 피고인이 과거 집행유예 전력 및 재판 중 재범을 저지른 것은 사실이나 회사의 대표로 생계를 책임지고 있는 직원들이 30명에 이르고, 나머지 기타 정상참작 조건을 충족했다는 이유로 징역 3년 및 집행유예 4년을 선고하였다.

음주운전 교통사고 각 유형별 집행유예 선고받은 사례

도주치상	피고인은 2014년 1차, 2017년 2차 음주운전 전력이 있는 자다. 피고인은 2020년 6월 농도 0.156%의 술 취한 상태서 운전하다가 컨테이너 사무실을 충격하여 피해자에게 전치 3주의 상해를 입혔음에도 불구하고 아무런 구호 조치 없이 도주한 혐의로 형사재판에 회부됐다. 검사는 피고인에게 징역 2년 6월을 구형했으나, 법원은 피고인이 피해자와 합의하고, 나머지 기타 정상참작 조건을 충족했다는 이유로 징역 2년 및 집행유예 3년을 선고하였다.
위험운전치사 (윤창호법)	피고인은 2020년 9월 농도 0.122%의 술 취한 상태서 운전하다가 도로를 걸어가던 피해자를 충격하여 사망케 한 혐의로 형사재판에 회부됐다. 검사는 피고인에게 징역 5년을 구형했으나, 1심 법원은 피고인이 피해자와 합의하였다는 이유로 징역 3년을 선고하고 법정구속하였다. 이에 항소심 법원은 피해자 유족들이 재차 탄원을 선처한 점을 이유로 피고인에게 징역 1년 6월 및 집행유예 3년을 선고하였다.
교통사고 처리특례법 위반치상	피고인은 2010년 1차, 2012년 2차, 2015년 3차, 2017년 4차 집행유예 처벌 등 음주운전 전력이 있는 자다. 피고인은 2022년 1월 농도 0.045%의 술 취한 상태서 운전하다가 정차한 차량을 충격하여 피해자에게 전치 2주의 상해를 입힌 혐의로 형사재판에 회부됐다. 검사는 피고인에게 징역 2년을 구형했으나, 법원은 피고인이 피해자와 합의하고, 관련 모든 정상참작 조건을 충족했다는 이유로 징역 1년 6월 및 집행유예 3년을 선고하였다.

52. 음주운전 벌금형

   음주운전으로 기소된 사람은 3가지 형벌 중 한 가지로 처벌받는다. 징역형(구속), 집행유예(조건부불구속), 벌금형(일정 금액 납부)이다. 이 중 벌금형은 가장 낮은 처벌로 분류되는데, 사람의 신체의 자유를 제한하지 않고, 재산상의 불이익만 부과하기 때문이다. 그래서 벌금형은 주로 음주운전 초범에 한하여 선고된다. 2회 이상 적발자부터는 책임이 크다고 보아 정말 특별한 사정이 있지 않는 이상 벌금보다 큰 집행유예 또는 징역형이 선고될 가능성이 높다.

   벌금형으로 처벌하는 방법은 총 2가지가 있다. 약식명령과 법원판결이다. 약식명령은 검사가 사건이 경미하고 벌금형으로 끝낼 필요가 있다고 생각할 때, 법원에 벌금형을 청구하여 법원이 피고인에게 벌금형 명령을 내리는 것을 말한다. 그리고 반대로 법원 벌금형 판결은 검사가 사건이 무겁고 징역형(구속) 또는 집행유예(조건부 불구속)로 처벌할 필요가 있다고 생각할 때, 법원에 징역형 실형을 구형하였음에도, 법원이 이를 받아들이지 않고 벌금형을 선고한 것을 말한다. 쉽게 말하면 약식명령은 검사나 법원이 가볍게 생각하여 벌금형을, 벌금형 판결은 검사나 법원이 무겁게 생각하였으나, 특별한 사정이 인정되어 벌금형을 처벌한 것이라고 생각하면 된다.

　따라서 음주운전 2회 이상 적발된 사람들은 본인이 꼭 벌금형을 받아야 할 이유가 있다면, 경찰조사 단계부터 준비할 필요가 있는데, 검사나 법원이 2회 이상부터 사안을 무겁게 보기 때문이다. 그래서 피의자는 경찰조사 단계부터 본인에게 유리한 내용을 진술하고, 적발 경위에 있어 적극 해명할 필요가 있다. 증거기록은 수사가 끝나면 더 이상 수정이 불가능하다. 따라서 수사단계에 있을 때 미리 불리한 사실을 정정하는 것이 당연히 피의자에게 좋다. 그러려면 자신이 얼마나 불리한 상황에 있는지 객관적으로 파악할 필요가 있는데, 일반인이 이를 알기가 쉽지 않다. 그래서 알려 준다. 음주운전 2회 이상 적발? 열심히 준비하면 충분히 벌금형 받을 수 있다. 3회 이상 적발? 정말 간절한 이유가 있으면 받을 수 있다. 4회 이상 적발? 포기하는 것이 낫다. 구속 피하는 데 집중하자. 5회 이상 적발? 구속만 피해도 다행이다.

　법원이 고려하는 벌금형 인정 사유는 여러 가지가 있다. 주로 금고형 이상(집행유예 포함)의 처벌을 받을 경우 퇴직, 해고 등 신분상, 직업상 불이익을 당하는 경우에 벌금 가능성 여부를 검토한다. 하지만 이것도 정말 예외적이고, 특별한 경우에 한하여 인정되는 것이지, 해고 조항이 있다고 해서 무조건 다 인정해 주는 것은 아니다.

벌금형이 꼭 필요한 사유

공무원	법령에 따라 금고형(집행유예 포함) 이상 당연퇴직
교사	교육공무원법 또는 사립학교법에 따라 금고형(집행유예 포함) 이상 당연퇴직
공기업, 금융기관	회사규칙에 따라 금고형(집행유예 포함) 이상 해고
회사원	회사규칙에 따라 금고형(집행유예 포함) 이상 해고
전문직 또는 수험생	관련 법령에 따라 자격제한 또는 응시제한
해외출장 및 유학비자 발급	금고형(집행유예 포함) 이상 범죄자에 대한 해외 각국 비자 발급 거부
국가 또는 지자체 거래 등	금고형(집행유예 포함) 이상 범죄자에 대한 국가 또는 지방자치단체 입찰·계약 제한 등

그럼 어떻게 해야 음주운전 2회 이상 적발자라 하더라도 벌금형 선처를 받을 수 있을까? 첫째, 자신이 벌금형 필요 사유에 해당되는지 확인해야 한다. 검찰과 법원은 꼭 벌금형을 받아야 하는 이유를 확인하는데, 만약 특별한 사유가 없다면 인정되지 않을 가능성이 높다. 둘째, 벌금형을 받지 못하면 어떤 불이익을 받는지 입증해야 한다. 간혹 자신이 벌금형을 못 받으면 회사에서 해고된다고 인사규칙만 자료로 제출하는 경우가 있는데, 이를 곧이곧대로 믿는 검사와 판사는 존재하지 않는다. 인사규칙에 규정된 조항이 피고인에게 어떻게 구체적으로 영향을 미치는지, 어떤 절차를 통해 해고 또는 퇴직을 당하는지, 실제로 그 조항으로 해고당한 사례가 있는지, 해고를 당하게 되면 피고인이 입는 경제적 손해가 어느 정도인지 등 세부적이고 실질적인 불이익을 적극 입증·소명하는 것이 필요하다.

음주운전 각 유형별 벌금형 받은 사례

2회 적발	피고인은 2016년 1차 음주운전 전력이 있는 자다. 피고인은 2022년 4월 농도 0.121%의 술 취한 상태서 운전한 혐의로 형사재판에 회부되었다. 검사는 피고인에게 징역 1년 2월을 구형했으나, 법원은 피고인이 대기업 인사규칙상 형사처벌 불이익이 있다는 이유로 벌금 800만 원을 선고하였다.
	피고인은 2018년 1차 음주운전 전력이 있는 자다. 피고인은 2021년 11월 농도 0.141%의 술 취한 상태서 운전한 혐의로 형사재판에 회부되었다. 검사는 피고인에게 징역 1년을 구형했으나, 법원은 피고인이 준비하고 있는 전문직 자격시험법상 형사처벌 불이익이 있다는 이유로 벌금 1,000만 원을 선고하였다.
	피고인은 2019년 1차 음주운전 전력이 있는 자다. 피고인은 2022년 7월 농도 0.065%의 술 취한 상태서 운전한 혐의로 형사재판에 회부되었다. 검사는 피고인에게 징역 8월을 구형했으나, 법원은 피고인이 금융기관 인사규칙상 형사처벌 불이익이 있다는 이유로 벌금 500만 원을 선고하였다.
3회 적발	피고인은 2011년 1차, 2017년 2차 음주운전 전력이 있는 자다. 피고인은 2022년 5월 술 취한 상태서 운전하다가 경찰의 음주 측정 요구를 거부한 혐의로 형사재판에 회부되었다. 검사는 피고인에게 징역 1년 6월을 구형했으나, 법원은 피고인이 혼자 어린 자녀들을 돌보고 있고, 공기업 재직 신분인 점을 고려하여 벌금 1,000만 원을 선고하였다.
	피고인은 2009년 1차, 2015년 2차 음주운전 전력이 있는 자다. 피고인은 2021년 10월 농도 0.198%의 술 취한 상태서 운전한 혐의로 형사재판에 회부되었다. 검사는 피고인에게 징역 1년 4월을 구형했으나, 법원은 피고인이 재범 방지 노력을 다하고, 회사 노조 노동규약에 따라 형사처벌 불이익이 있다는 이유로 벌금 1,000만 원을 선고하였다.
	피고인은 2013년 1차, 2018년 2차 음주운전 전력이 있는 자다. 피고인은 2022년 3월 농도 0.092%의 술 취한 상태서 운전한 혐의로 형사재판에 회부되었다. 검사는 피고인에게 징역 1년을 구형했으나, 법원은 피고인의 운전 거리가 짧고, 해외 주재원 파견에 불이익이 있다는 이유로 벌금 1,000만 원을 선고하였다.

절대지식 음주운전 뺑소니의 모든 것

4회 적발	피고인은 2009년 1차, 2012년 2차, 2018년 3차 음주운전 전력이 있는 자다. 피고인은 2021년 5월 농도 0.103%의 술 취한 상태서 운전한 혐의로 형사재판에 회부되었다. 검사는 피고인에게 징역 1년 6월을 구형했으나, 법원은 피고인이 공무원 4급 서기관으로 재직하고 있고, 지역사회 발전에 크게 이바지한 점, 재범 방지를 위한 모든 노력을 다한 점 등을 이유로 벌금 1,500만 원을 선고하였다.
	피고인은 2010년 1차, 2014년 2차, 2019년 3차 음주운전 전력이 있는 자다. 피고인은 2021년 10월 농도 0.074%의 술 취한 상태서 운전한 혐의로 형사재판에 회부되었다. 검사는 피고인에게 징역 1년을 구형했으나, 법원은 피고인이 적발 장소까지 대리기사를 이용하여 도착한 점, 운전 거리가 짧고 홀로 어린 자녀들을 부양하고 있는 점 등을 이유로 벌금 500만 원을 선고하였다.

음주운전 교통사고 각 유형별 벌금형 받은 사례

도주치상	피고인은 2015년 1차 음주운전 전력이 있는 자다. 피고인은 2021년 9월 농도 0.112%의 술 취한 상태서 운전하다가 정차 중인 피해 차량을 충격하고, 피해자로 하여금 전치 2주의 상해를 입혔음에도 불구하고 아무런 구호 조치 없이 도주한 혐의로 형사재판에 회부되었다. 검사는 피고인에게 징역 2년을 구형했으나, 법원은 피고인이 피해자와 합의하고, 이제 막 회사에 입사한 사회 초년생으로 직장 인사규칙상 형사처벌 불이익이 있다는 이유로 벌금 1,500만 원을 선고하였다.
	피고인은 2017년 1차 음주운전 전력이 있는 자다. 피고인은 2022년 2월 농도 0.062%의 술 취한 상태서 운전하다가 골목길을 걸어가던 피해자를 충격하여 전치 4주의 상해를 입혔음에도 불구하고 아무런 구호 조치 없이 도주한 혐의로 형사재판에 회부되었다. 검사는 피고인에게 징역 1년 6월을 구형했으나, 법원은 피고인이 피해자와 합의하고, 사고 당시 속도가 빠르지 않았으며, 조금만 더 주의를 기울였다면 충분히 인지할 수 있었음에도 그러지 못한 정황이 인정된다며 벌금 1,000만 원을 선고하였다.

위험운전 치사상 (윤창호법)	피고인은 2020년 3월 농도 0.144%의 술 취한 상태서 운전하다가 가드레일을 들이받는 사고를 내어 동승자에게 전치 6개월의 상해를 입힌 혐의로 형사재판에 회부되었다. 검사는 피고인에게 징역 5년을 구형했으나, 법원은 피고인이 피해자와 합의하고, 사고 수습을 위해 최선의 노력을 다하였다는 이유로 벌금 3,000만 원을 선고하였다.
	피고인은 2016년 1차 음주운전 전력이 있는 자다. 피고인은 2021년 10월 농도 0.128%의 술 취한 상태서 운전하다가 신호 정차 중인 차량을 충격하고, 피해자들에게 각 전치 2주의 상해를 입힌 혐의로 기소됐다. 검사는 피고인에게 징역 1년 6월을 구형했으나, 법원은 피고인이 피해자들과 합의하고, IT기업 임원으로 회사 인사규칙상 형사처벌 불이익이 있다는 이유로 벌금 1,000만 원을 선고하였다.
교통사고 처리특례법 위반치사상	피고인은 2013년 1차 음주운전 전력이 있는 자다. 피고인은 2020년 9월 농도 0.094%의 술 취한 상태서 운전하다가 신호 정차 중인 차량을 충격하고, 피해자에게 전치 3주의 상해를 입힌 혐의로 기소됐다. 검사는 피고인에게 징역 2년을 구형했으나, 법원은 피고인이 피해자와 합의하고, 법률상 형사처벌 불이익이 있다는 이유로 벌금 1,200만 원을 선고하였다.
	피고인은 2018년 1차 음주운전 전력이 있는 자다. 피고인은 2021년 5월 농도 0.088%의 술 취한 상태서 운전하다가 주행 중인 차량을 충격하고, 피해자에게 전치 2주의 상해를 입힌 혐의로 기소됐다. 검사는 피고인에게 징역 2년을 구형했으나, 법원은 피고인이 피해자와 합의하고, 이직이 예정된 회사 인사규칙상 형사처벌 불이익이 있다는 이유로 벌금 1,000만 원을 선고하였다.

53. 윤창호법(음주운전 2진 아웃) 위헌과 재심청구

헌법재판소는 2021년 11월 및 2022년 5월, 8월 등 총 3차례에 걸쳐 음주운전 및 음주측정거부 2진 아웃 가중처벌 조항인 도로교통법 제148조의2 제1항에 대해 전부 위헌결정을 내렸다. 위 처벌 조항이 2006년 6월 1일부터 지금까지 음주운전 2회 이상 적발된 사람을 전부 가중처벌 하고 있는데, 이는 책임보다 형벌이 너무 과도하다는 것이 위헌 취지였다. 즉 10년 동안 2회 이상 적발자 등 일정한 기간을 정하거나, 이전 적발에서 어떤 처벌을 받았는지 여부에 따라 가중처벌 여부를 달리할 필요가 있는데, 밑도 끝도 없이 그냥 2회 이상 적발되기만 하면 가중처벌 하고 있으니 이는 우리 헌법상 비례원칙에 위배된다는 것이다.

위헌결정 난 도로교통법 제148조의2 제1항 가중처벌 조항

제148조의2(벌칙) ① 제44조 제1항 또는 제2항을 2회 이상 위반한 사람(자동차 등 또는 노면전차를 운전한 사람으로 한정한다. 다만, 개인형 이동장치를 운전하는 경우는 제외한다. 이하 이 조에서 같다)은 2년 이상 5년 이하의 징역이나 1천만 원 이상 2천만 원 이하의 벌금에 처한다.

그래서 과거 음주운전(음주측정거부) 2진 아웃 처벌 조항은 적용되지 않는다. 위헌결정 기간 내 적발된 음주운전 범죄는 과거 전력이 몇 회든 가리지 않고, 혈중알코올농도에 따라 처벌하거나 단순 음주측정거부 혐의로만 처벌하는 조항이 적용되고 있다.

재심 청구 시 적용되는 음주운전 처벌 조항

제148조의2(벌칙)

② 술에 취한 상태에 있다고 인정할 만한 상당한 이유가 있는 사람으로서 제44조 제2항에 따른 경찰공무원의 측정에 응하지 아니하는 사람(자동차 등 또는 노면전차를 운전하는 사람으로 한정한다)은 1년 이상 5년 이하의 징역이나 500만 원 이상 2천만 원 이하의 벌금에 처한다.

③ 제44조 제1항을 위반하여 술에 취한 상태에서 자동차 등 또는 노면전차를 운전한 사람은 다음 각호의 구분에 따라 처벌한다.

1. 혈중알코올농도가 0.2퍼센트 이상인 사람은 2년 이상 5년 이하의 징역이나 1천만 원 이상 2천만 원 이하의 벌금

2. 혈중알코올농도가 0.08퍼센트 이상 0.2퍼센트 미만인 사람은 1년 이상 2년 이하의 징역이나 500만 원 이상 1천만 원 이하의 벌금

3. 혈중알코올농도가 0.03퍼센트 이상 0.08퍼센트 미만인 사람은 1년 이하의 징역이나 500만 원 이하의 벌금

위와 같은 이유로 위헌기간 중 재범으로 적발된 사람도 음주운전 초범처럼 처벌받는 것으로 바뀌었다. 과거 음주운전 전력 2회가 있다 하더라

도 이번에 적발된 혈중알코올농도가 0.056%라면 도로교통법 제148조의2 제3항 제3호(1년 이하 징역 또는 500만 원 이하 벌금)로 처벌받는다.

그런데 많은 사람들이 간과하는 것이 하나 있는데, 바로 실제 가중처벌이다. 이게 무슨 말이냐면 검찰과 법원의 입장을 한마디로 정리하면 알수 있다. "음주운전 2진 아웃 처벌 조항만 적용하지 않는다고 말했지, 2진 아웃처럼 처벌하지 않겠다고 말한 적 없다." 그렇다. 검찰과 법원은 2진 아웃 조항만 적용하지 않을 뿐, 과거 전력이 있는 사람에게는 여전히 과거 2진, 3진 아웃 처벌을 적용하는 것처럼 엄중히 처벌하고 있는 것이다. 즉, 10명의 음주운전자가 있다면 벌금, 집행유예, 구속시키는 비율은 위헌결정 이전과 똑같다는 말이다. 처벌 형량만 징역 1년에서 징역 8월, 10월로 조금 줄어들었을 뿐, 2진 아웃 이상부터는 구속될 가능성이 여전히 높다.

한편 윤창호법 2진 아웃에 대한 위헌결정으로 과거에 해당 조항으로 처벌받은 사람은 재심청구 기회가 열렸다. 개정일로 소급하여 위헌인 법률로 처벌받았기 때문이다.

그런데 문제는 재심청구 실익이 있는지 여부이다. 앞서 말한 것처럼 2진 아웃 처벌 조항만 적용하지 않을 뿐이지, 2진 아웃처럼 처벌하지 않는 것은 아니라고 말했다. 즉, 검찰과 법원은 일반 처벌 조항으로 최대한의 형벌을 유지하려는 경향이 있기 때문에, 과거 자신이 받은 처벌이 일반 처벌 형량 범위 내에 있는 것이라면 그대로 처벌이 유지될 가능성이 높으므로 재심청구 실익이 없을 수 있다는 말이다. 그리고 실제로 검찰과 법원은 재심을 청구해도 특별한 이유가 없다면, 기존 원판결을 유지하려는 기조가 지난 1년 가까이 확인됐다. 그래서 자신이 윤창호법 2진 아웃으로 처벌받은 전력이 있다면 재심 청구 실익이 있는지 여부를 꼼꼼히 확인할 필요가 있다.

참고로 위헌결정 난 도로교통법 제148조의2 제1항은 개정을 거쳐 2023년 4월 4일부터 새로 시행된다. 주요 개정 내용을 살펴보면 헌법재판소의 위헌결정 취지를 최대한 반영하고 있는데, 간단히 요약하면 음주운전 또는 음주측정거부로 2회 이상 법을 위반하고, 10년 이내 위 범죄로 처벌받은 판결이 확정된 사람은 최대 6년 징역 또는 최대 3,000만 원 벌금형에 처해질 수 있다.

재심 청구 실익표

◉ 윤창호법 2진아웃 재심청구 실익표

마지막 적발 유형	처벌종류	기존 처벌형량	재심 처벌형량	실익(차액)
혈중알코올농도 0.03 ~ 0.079%	벌금	1,000 ~ 2,000만원	300 ~ 500만원	500 ~ 1,700만원 환불
	실형	징역 1년 초과	징역 10월 ~ 1년	감형 100%
혈중알코올농도 0.08 ~ 0.199%	벌금	1,000 ~ 2,000만원	700 ~ 1,000만원	0 ~ 1,300만원 환불
혈중알코올농도 0.2% 이상 또는 음주측정거부		재심 청구 실익 낮음		

절대지식 음주운전 뺑소니의 모든 것

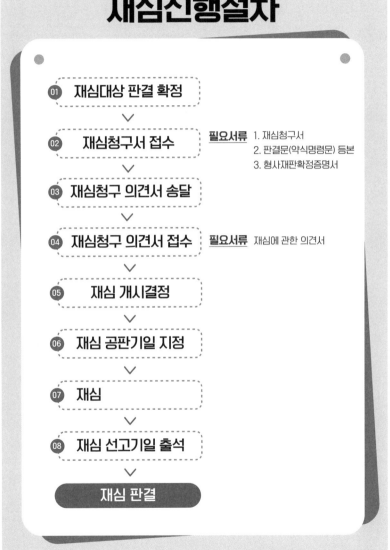

재심진행절차

01 **재심대상 판결 확정**

∨

02 **재심청구서 접수**

∨

필요서류 1. 재심청구서
2. 판결문(약식명령문) 등본
3. 형사재판확정증명서

03 **재심청구 의견서 송달**

∨

04 **재심청구 의견서 접수**

필요서류 재심에 관한 의견서

∨

05 **재심 개시결정**

∨

06 **재심 공판기일 지정**

∨

07 **재심**

∨

08 **재심 선고기일 출석**

∨

재심 판결

재 심 청 구

피　고　인　홍 길 동 (840101-1234567)

　　　　　　　서울 서초구 서초중앙로 120

　　　　　　　등록기준지 서울 종로구 창신동

재 심 청구인　피고인의 변호인 최충만

　　　　　　　서울 서초구 서초중앙로 166(서초동, 서원빌딩) 302호

　　　　　　　Tel. 02-6949-4004, Fax. 02-6949-4011

변　호　인　변호사 최충만

재심대상판결　서울중앙지방법원 2021고약1234결정

원판결의 표시 및 청구취지

재심대상판결(서울중앙지방법원 2021고약1234결정)에 대하여 재심을 개시한다.

라는 결정을 구합니다.

재심청구 이유

1. 재심대상판결의 확정

　기. 피고인은 2021. 5. 8. 22:00경 시울 시초구 교대역 앞 도로에서부터 같은 구 서초역까지 약 300m 구간에서 혈중알코올농도 0.073%의 술 취한 상태로 46버1234호 G80 승용차를 운전한 혐의로 적발됐습니다.

나. 그리하여 피고인은 2021. 7. 30. 서울중앙지방법원 2021고약1234 도로교통법위반(음주운전) 사건에서 구 도로교통법(2020. 6. 9. 법률 제17371호로 일부 개정된 것) 제148조의2 제1항, 제44조 제1항(이하 '이 사건 적용 법률'이라 합니다)에 따라 벌금 1,000만 원을 발령받았고, 위 약식명령은 2021. 8. 19. 확정됐습니다(**첨부자료 1. 약식명령문 및 2. 형사재판확정증명원 참조**).

2. 헌법재판소의 위헌결정

가. 헌법재판소는 2022. 5. 26. 선고 2021헌가30, 31, 2022헌가9(병합) 결정에서 구 도로교통법(2020. 6. 9. 법률 제17371호로 개정된 것) 제148조의2 제1항 중 '제44조 제1항 또는 제2항을 1회 이상 위반한 사람으로서 다시 같은 조 제1항을 위반한 사람'에 관한 부분은 헌법에 위반된다고 결정했습니다(**첨부자료 위헌결정요지 참조**).

나. 그리고 재심대상판결은 헌법재판소가 위헌으로 결정한 구 도로교통법(2020. 6. 9. 법률 제17371호로 개정된 것) 제148조의2 제1항 중 '제44조 제1항을 1회 이상 위반한 사람으로서 다시 같은 조 제1항을 위반한 사람'에 관한 부분을 근거로 내려졌습니다.

다. 따라서 위 재심대상판결은 헌법재판소법 제47조 제3항 본문 및 제4항에서 정한 재심사유가 있습니다.

3. 결론

그러므로 이 사건 재심청구는 이유 있으므로, 헌법재판소법 제47조 제5항, 형사소송법 제435조 제1항에 따라 재심대상판결에 대해 재심을 개시한다는 개시결정을 내려주시기 바랍니다.

첨 부 자 료

1. 약식명령문   1통
2. 형사재판확정증명서   1통
3. 위헌결정요지   1통

2022. 10.

위 피고인의 변호인

변호사 최 충 만

서울중앙지방법원 귀중

재심 청구서에 첨부되는 서류

재심대상판결문 (판결문 또는 약식명령문)	형사재판 확정증명서

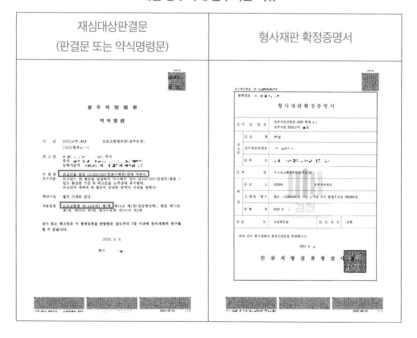

절대지식 음주운전 뺑소니의 모든 것

서울중앙지방법원
의 견 요 청 서

사 건 2022재고단11 도로교통법위반(음주운전)
(2021고단1234, 귀청 2021형제1234)

피 고 인 홍 길 동

청 구 인 홍 길 동

이 법원 2021고단1234 도로교통법위반(음주운전) 사건에 관하여 2021. 7. 30. 선고한 확정판결에 대하여 위 청구인으로부터 별지와 같이 재심의 청구가 있으므로 의견을 묻습니다.

2022. 10. 5.

판사 포청천

의 견 서

서울중앙지방법원 형사1단독 귀하

위 재심 청구는 인용하여 재심 개시 결정 함이 상당하다고 생각합니다.

이 유 : 헌법재판소가 위 확정판결의 처벌 근거인 도로교통법 제148조의제1항에 대해 헌법에 위반된다고 결정했기 때문입니다.

2022. 10. 13.

청구인 홍 길 동 (인)

- 1 -

재심 개시 결정문

서 울 북 부 지 방 법 원

결   정

등 본 입 니 다
2022. 3. 21.
서울북부지방법원
법원주사보

사   건 　2021재고약▦ 도로교통법위반(음주운전)

피 고 인 　▦▦▦ (▦▦.▦▦.-1052819), 기타사업

　　　　　주거 　▦▦▦▦▦▦, ▦▦ ▦▦▦ ▦▦▦ ▦▦▦

　　　　　등록기준지 　▦▦ ▦▦▦ ▦▦ ▦▦▦

재 심 청 구 인 　피고인의 변호인 최충만, 서영원

변 호 인 　변호사 최충만, 서영원(사선변호인)

재심대상판결 　서울북부지방법원 자 2021고약▦▦ 결정

주   문

재심대상판결에 대하여 재심을 개시한다.

이   유

1. 재심대상판결의 확정

　기록에 의하면, 피고인은 2021. 8. ▦. 서울북부지방법원 2020고약▦▦ 도로교통법위반
(음주운전) 사건에서 구 도로교통법(2020. 6. 9. 법률 제17371호로 일부개정되기 전의
것) 제148조의2 제1항, 제44조 제1항(이하 '이 사건 적용 법률'이라 한다)을 적용받아
벌금 1,000만원을 발령받았고, 위 약식명령은 2021. 8. 18. 확정되었다.

2. 헌법재판소의 위헌결정

　재심대상판결은 헌법재판소 2021. 11. 25. 선고 2019헌바446, 2020헌가17(병합), 2021
헌바77(병합) 결정에 따라 위헌으로 결정된 구 도로교통법(2018. 12. 24. 법률 제16037

재심 판결문

청 주 지 방 법 원

판   결

사 건	2022고단■ ■ 도로교통법위반(음주운전)
피 고 인	■ ■ (■■ ■-0000000), ■■■■
	주거 ■ ■■■■ ■ ■■■■ ■ ■■■■
	등록기준지 ■ ■ ■ ■ ■ ■ ■
검 사	■■■(기소), ■ ■(공판)
변 호 인	변호사 ■ ■
재심대상약식명령	청주지방법원 2020. 4. ■.자 2020고약■■ 약식명령
판 결 선 고	2022. 9. 6.

주   문

피고인을 벌금 500만 원에 처한다.

피고인이 위 벌금을 납입하지 아니하는 경우 10만 원을 1일로 환산한 기간 피고인을 노역장에 유치한다.

위 벌금에 상당한 금액의 가납을 명한다.

이   유

범 죄 사 실

피고인은 2020. 2. ■ ■ 경 ■ ■ ■ ■ ■ 에 있는 상호불상의 음식점 앞

제3장

·······························

해방

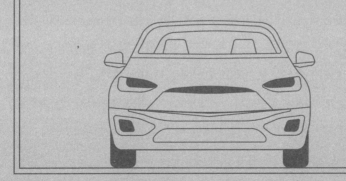

54. 무조건 구속처벌 하면 음주운전 안 할까?

사람들은 말한다. 음주운전 처벌이 약해서 음주운전 하는 것이라고. 과연 그럴까? 여기 사례를 보자. 필자가 실제로 접한 사례다.

운전자 A씨는 오늘도 대리를 불러 귀가할 생각으로 술자리에 참석했다. 밤 11시에 술자리가 끝나고, 카카오앱으로 대리기사를 호출했다. 그리고 10분을 기다렸는데, 잡히지 않고 취소됐다. '금액이 너무 낮았나?' 금액을 올려서 다시 호출했다. 이번에도 10분이 지나 취소됐다. 그래서 이번에는 맘먹고 대리비 2만 원을 더 올려서 다시 호출했다. 그런데도 20분이 지나 취소됐다. 약 1시간을 대리기사 잡으려고 실랑이한 A씨. '내일 꼭 차를 써야 하는데… 어떡하지? 술 마셨으니까 운전하면 안 되는데, 더구나 나는 과거에도 몇 번 음주운전 걸린 적 있잖아. 대리는 안 잡히고 정말 미치겠네.' A씨는 대리를 포기하고 이번에는 택시를 잡기로 했다. 카카오택시를 누르고 택시를 호출했다. 안 잡힌다. 금액을 올려봤다. 강남역에서 택시 잡기란? 역시나 안 잡힌다. 5만 원을 올렸는데도 안 잡힌다. '에잇! 진짜 나보고 어쩌라고! 집까지 약 2㎞ 정도인데, 이것은 어쩔 수 없어.

나도 할 만큼 했다고.' 그리고 A씨는 경찰에 단속된다. 법원에서 징역 1년을 선고받고 교도소로 직행한다. "나는 왜 이렇게 운이 없을까!"라는 말을 남기고.

위 사례를 보면 알 수 있듯이 음주운전에 대한 운전자의 인식은 처참하다. '재수 없어 음주운전 걸린 것이라고.' 안타깝게도 우리나라 대다수 음주운전자는 음주운전에 대해 실수다, 재수 없어 걸렸다고 인식하는 것이 현실이다. 왜? 기본적으로 음주운전은 과실범으로 분류되기 때문이다. 처음부터 음주운전 할 생각으로 술 마시는 사람은 거의 없다. 술 마시고 집에 가려고 보니 대리가 안 와서, 대리가 못 찾아서 등 다른 사유로 운전하는 경우가 대부분이다. 그러다 보니 음주운전 범죄 특성상 처벌 형량을 올린다고 해서 과실율이 뚝 떨어진다는 보장이 없고, 처벌 형량 강화만이 능사는 아니라는 것이다.

그래서 정부와 국회, 사법부는 여러 가지 방법을 논의하고 있는데, 정부는 자율주행 및 강제시동잠금장치 도입을, 국회는 처벌 형량 및 면허처분 강화를, 사법부는 음주운전 방지 교육프로그램 개발 및 보안처분(보호관찰, 수강명령, 사회봉사 등) 강화를 검토하고 있다. 하지만 그 누구도 명확한 해답을 내놓지는 못하고 있다. 음주운전은 운전자 개인 스스로가 방지하지 않는 이상 이를 완벽히 막을 방법이 현재로선 없기 때문이다. 따라서 음주운전 범죄 방지를 위한 복합적인 대책과 지혜가 필요한 것 같다.

55. 자율주행이 상용화되면 음주운전이 없어질까?

우리나라 정부는 2027년까지 레벨 4 자동차 자율주행 상용화를 목표로 하고 있다. 레벨 4 자율주행이 현실화되면 작동구간 내에서 운전자가 불필요한 사실상 완전 자동화가 이루어지는데, 이때부터 음주운전 범죄는 역사 속으로 사라질 것으로 기대하고 있다. 술에 취한 사람이 운전하지 않아도 집까지 안전하게 이동할 수 있기 때문이다.

그런데 고도의 자율주행이 상용화된다 하더라도 음주운전 범죄는 사라지지 않는다는 반론도 만만치 않다. 아무리 자율주행 시스템이 완벽해도 컴퓨터 프로그램 특성상 오류 가능성까지는 완전히 배제할 수 없고, 시스템이 오류 날 가능성에 대비하여 운전면허가 있는 사람이 반드시 운전석에 탑승할 필요가 있다는 것이다.

사실 자율주행은 항공 산업이 가장 앞서가고 있는데, 비행기는 이착륙을 제외하고 완전 자동화 시스템이 완성된 상태다(심지어 이착륙도 자동화로 가능하다고 한다.). 그런데도 항공안전법은 기장과 부기장이 음주비

행 하면 강력 처벌한다는 조항을 두고 있는데, 그 이유는 뭐 보지 않아도 알 수 있다. 항공기에 위난이 발생할 가능성을 대비하고, 탑승객 구조 및 안전을 담보할 책임이 있기 때문이다.

따라서 자동차도 자율주행이 상용화된다 하더라도 위 항공기 사례처럼 음주운전은 계속 금지할 가능성이 높다. 자동차도 빠른 속도로 도로를 주행한다는 점에서 사고가 날 가능성이 있고, 이에 대비할 필요가 있기 때문이다. 교통사고 났을 때 만취한 사람이 정상적인 구조의무를 다할 것이라고 기대할 수 없지 않는가. 이러나저러나 위험한 물건인 자동차를 제어하고 책임지는 것은 결국 사람밖에 없으니 말이다.

56. 음주운전과 강제시동잠금장치

음주운전을 하지 못하게 강제로 시동을 걸지 못하도록 하면 어떨까? 한 번쯤은 생각해 봤을 문제다. 국민권익위원회는 음주운전자 차량 시동 잠금장치 설치를 시범 운영 중이다. 외국 사례에 따르면 강제시동잠금장치는 90% 이상 음주운전 재범률을 낮췄다고 한다. 우리나라 음주운전 재범률이 44.5%에 달하는 현실을 보면 매우 효과적인 정책으로 보인다.

그러나 일부에서는 강제시동잠금장치를 강제하기까지 넘어야 할 산이 많다는 지적이 있다. 강제시동잠금장치란 음주운전 적발 전력이 있는 사람이 자동차를 취득할 경우 차량 시동을 걸기 전 혈중알코올농도를 호흡 측정 한 결과 일정 기준치 미만인 경우에만 시동이 걸리도록 하는 기계적 장치인데, 타인이 대신 호흡을 불어넣거나 기계측정값을 임의로 조금만 변경하면 쉽게 뚫린다는 것이다. 그리고 이를 강제하기 위한 헌법 및 법률적인 문제도 해결해야 한다는 것을 보면 말처럼 쉽지 않아 보이는 것도 사실이다.

절대지식 음주운전 뺑소니의 모든 것

하지만 이와 같은 단점에도 무조건 시행하는 것이 낫다는 목소리가 크다. 이런저런 이유로 아무것도 하지 않는다면 결국 음주운전을 방치하는 것과 다를 바 없다는 것이다. 맞는 말이다. 단 1건이라도 음주운전을 줄일 수 있다면 강제시동잠금장치가 아니라 강제차량개폐시스템이라도 도입해야 한다. 그동안 음주사고로 얼마나 무고한 생명이 꺼져 갔는가.

그리고 차량 인공지능 발달로 비정상적인 운전 행태가 발견되면 경보음이 울리거나 도로 가장자리로 차량을 안전하게 세우는 기술도 연구 중이라고 한다. 강제시동잠금장치는 임의로 피해가도 운전하는 것까지는 어떻게 바꿀 수 없으니, 그 약점을 크게 보완할 것으로 생각한다. 이제는 뭐라도 해야 할 때이다. 그리고 현실적으로 가장 실효성 있는 정책인 것만은 틀림없다.

57. 음주운전은 운전자 본인뿐만 아니라 가족들까지 죽이는 범죄

음주운전은 범죄다. 도로교통법과 특정범죄가중법은 음주운전을 처벌하고 있다. 운전자가 혈중알코올농도 0.03% 이상 술 취한 상태서 운전하거나 교통사고를 내면 큰 처벌을 받는다.

음주운전 같은 경우 혈중알코올농도 0.03~0.079%는 1년 이하 징역 또는 500만 원 이하 벌금을, 농도 0.08~0.199%는 1년 이상 2년 이하 징역 또는 500만 원 이상 1,000만 원 이하 벌금을, 농도 0.2% 이상은 2년 이상 5년 이하 징역 또는 1,000만 원 이상 2,000만 원 이하 벌금을, 경찰의 음주측정 요구를 거부하면 1년 이상 5년 이하 징역 또는 500만 원 이상 2,000만 원 이하 벌금형에 처해진다. 만약 과거 10년 이내 음주운전으로 처벌받은 전력이 있으면, 최대 6년까지 징역형 처벌을 받을 수 있다.

그리고 혈중알코올농도 0.12% 이상(실무적으로 적용하는 평균 수치) 술 취한 상태서 교통사고를 내어 사람에게 피해를 주면 특가법상 위험운전치사상죄가 적용되는데, 다쳤을 때는 1년 이상 15년 이하 징역 또는

1,000만 원 이상 3,000만 원 이하 벌금을, 사망한 때에는 무기징역 또는 3년 이상 징역에 처해진다.

이처럼 음주운전은 혈중알코올농도, 적발 횟수, 적발 경위, 사고 여부 및 피해 정도에 따라 처벌 형량이 다르다. 하지만 처벌 조항이 추구하는 공통 목표가 있으니 바로 교통사고 방지다. 음주운전으로 사고가 나면 피해자는 큰 피해를 입는다. 음주운전 가해자는 피해 정도에 따라 처벌을 받는데, 피해자가 사망하면 아무리 피해자 유족들과 합의를 해도 실형을 피할 수 없다. 설사 형량을 다 채우고 출소해도 음주운전 살인자라는 누범 낙인이 3년 동안 따라다닌다.

피해자 유족들은 이루 말할 수 없는 고통을 받는다. 이미 세상을 떠난 가족은 영영 돌아오지 않는다. 평생 그 상처를 안고 살아간다. 시간이 흘러도 그 흔적은 지워지지 않는다. 화목했던 삶은 산산조각 나고, 고통의 상흔은 영원히 유족들을 괴롭힌다.

피해자를 사망케 했다는 죄책감으로 스스로 세상을 하직한 가해자 소식을 접할 때마다 음주운전 비극을 떠올린다. 피해자만 죽이는 것이 아니라 본인도 죽이는 범죄라는 것을 왜 몰랐을까. 그리고 가족을 잃은 슬픔에 다른 가족이 그 뒤를 따라가는 악순환을 보면서 더더욱 분노가 치민다. 이제는 달라져야 한다. 그리고 알아야 한다. 음주운전은 나와 가족을 죽이는 범죄라는 것을.

전체 형사사건 절차

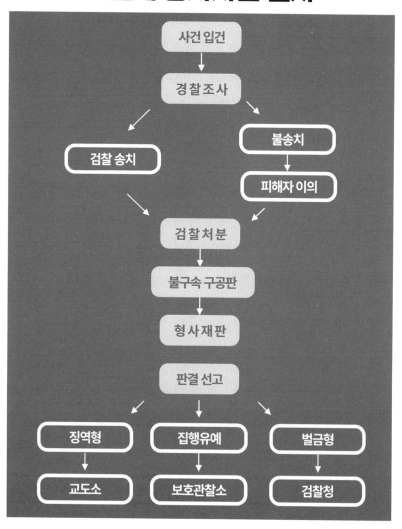

민사 분야는 사인(私人)과 사인의 관계로서 원칙적으로 제소를 하지 않는 이상 국가는 사적 자치 원칙에 따라 관여하진 않는다.그러나 제소가 되면 그때는 민사소송 절차에 돌입하게 되므로 법원이 개입을 하게 된다.

민사 분야는 결국 '돈'에 대한 문제다.

이 장에서는 음주운전 등으로 피해가 발생한 경우 이를 금전적으로 어떻게 처리할지에 대해 기술하고자 한다.

- 이호 손해사정사 -

PART 2

민사

01. 민사상 손해배상의 기본구조

음주운전 교통사고의 책임은 크게 형사책임과 행정책임, 그리고 민사상 손해배상책임으로 나뉜다. 형사와 행정책임은 앞서 살펴봤으므로 이번 장부터는 민사상 손해배상 책임에 대해 서술한다.

기본적으로 교통사고 손해배상 구조는 크게 대물과 대인 책임으로 구성되어 있다.

대물 책임은 사고 난 자동차를 고치는 데 필요한 비용(수리비)을 말하는데, 사고를 원인으로 한 중고차 시세 가격 하락 비용(감가상각비), 사고 자동차를 수리하는 동안 다른 자동차를 빌려 타는 비용(렌트비)까지 포함하고 있다.

대인 책임은 사람이 다친 부분을 치료받는 비용(치료비)뿐만 아니라, 병원에 입원한 기간 동안 들어가는 비용(입원비), 향후 지속적인 치료를 필요로 할 경우 그 예상 비용(향후 치료비), 교통사고로 노동능력 상실 등

절대지식 음주운전 뺑소니의 모든 것

영구 장애를 입은 경우 그 손해 비용(후유장해비), 치료를 받는 동안 일을 하지 못함으로써 얻지 못한 소득(일실수익), 사람이 거동하거나 움직이는 데 간병인의 도움을 필요로 하는 비용(개호비), 교통사고로 사람이 사망할 경우 그 장례를 치르는 비용(장례비) 등 사고가 없었다면 발생하지 않았을 사람 신체에 대한 손해를 의미한다.

따라서 교통사고가 발생하면 사고 경중에 따라 위에서 열거한 대물 및 대인 책임을 지게 되는데, 피해자에게 끼친 정신적 및 육체적, 그리고 직·간접손해에 대해 민법 제750조(불법행위책임) 및 자동차손해배상보장법 제3조(자동차손해배상책임)에 따른 민사상 책임을 부담하는 것이라고 생각하면 된다.

위 책임을 담보하기 위해 자동차손해배상보장법 제5조는 손해배상을 위한 보험 가입을 의무화하고 있으며, 바로 이 보험이 우리가 1년에 한 번씩 의무적으로 가입하는 자동차 종합보험이다. 가입하지 않으면 자동차 손해배상보장법 위반으로 과태료 부과처분을 받고, 만약 미가입 차량을 도로에서 운행하면 형사처벌까지 받게 되는 것이다.

조금 더 구체적으로 자동차 종합보험 구조를 보면 다음과 같이 이루어져 있다.

1) 대인배상 Ⅰ, Ⅱ
보험에 가입한 자동차의 교통사고로 타인의 생명 또는 신체를 해칠 경우, 보험가입자는 법률상의 손해배상 책임을 부담하게 되는데, 보험사가 대신 그 배상금을 지급하는 보험을 말한다. 임의보험에서 대인배상은 피해자가 입은 손해가 책임보험(강제보험)이 보장하는 금액을 초과한 경우에 한하여 그 초과액을 지급한다. 보험회사 배상책임에 한도가 있는지 여부에 따라 유한배상과 무한배상 책임보험으로 나누어진다.

2) 대물배상

보험에 가입한 자동차를 소유, 사용, 관리하는 기간에 발생한 자동차 교통사고로 타인의 재물을 멸실 및 파손 또는 오손할 경우, 보험사가 법률 및 약관이 정하는 바에 따라 발생한 손해를 배상하는 것을 말한다.

3) 자기신체사고

보험 가입자가 자동차를 소유, 사용, 관리하는 기간에 발생한 교통사고로 상해를 입은 경우, 약관이 정하는 바에 따라 보험금을 지급받는 것을 말한다. 부상 및 장해를 입으면 상해/장해 등급별 보상 한도액 내에서 보험금을 받는다.

4) 무보험자동차상해

무보험 자동차에 의한 상해는 보험에 가입하지 않은 자동차와 교통사고가 났을 때, 내가 가입한 보험사로부터 손해를 대신 보상받는 것을 말한다. 이 보험이 적용되려면 종합보험(대인배상, 대물배상 및 자기 신체사고 포함)에 가입해야 하며, 발생한 손해에 대한 배상의무자가 있는 경우, 약관이 정하는 내용에 따라 보상받는다.

5) 자기차량손해

자동차 보험에 가입한 사람이 자동차를 소유/사용/관리하는 동안에 발생한 사고로, 자동차에 직접적으로 발생한 손해를 보험증권에 기재된 보험가입금액을 한도로 보상하는 담보를 말한다. 단, 보험가입금액이 차량가액보다 많은 경우에는 차량가액을 한도로 보상하며, 이때 자동차에 통상적으로 붙어 있거나 설치된 부속품 및 기계장치는 자동차의 일부로 본다. 통상적으로 붙어 있거나 설치된 것이 아닌 부속품 등은 보험증권에 기재되어 있는 경우에 한하여 보상한다.

위와 같이 자동차 종합보험 구조는 5가지로 구성되어 있는데, 이 중 대인 및 대물배상은 교통사고 상대방에게 부담하는 민사상 손해배상책임을 담보하고, 나머지 자기신체사고, 무보험자동차상해, 자기차량손해 담보 등은 운전자 본인의 신체 또는 자동차에 손해가 발생했을 때 보상받는 개인적 · 임의적 보험이다.

02. 대인 및 대물 배상이란?

　음주운전 교통사고가 발생하면 사람이 다치거나 자동차 등이 망가진다. 그럼 다친 부분은 대인배상 책임 보험에 따라, 망가진 자동차는 대물배상 책임 보험에 따라 그 손해를 보전한다.

1) 대인배상
　대인배상의 담보 범위는 1차적으로 기왕치료비, 휴업손해, 위자료, 장례비 등이 있으며, 기본 치료가 끝나고 추가 예상되는 손해에 대한 담보로 향후 치료비, 상실수익액, 개호비 등이 있다.

① 기왕치료비
　교통사고 발생으로 다친 피해자가 병원에서 치료받으면서 발생한 비용.

② 휴업손해(≒일실수익)
　교통사고로 다친 피해자가 치료기간 중 일을 하지 못하게 됨으로써 얻지 못한 수입을 객관적 근거자료로 증명할 경우, 일하지 못한 기간 중 발생한 수입 감소 손해액의 85% 상당 금액.

③ 위자료

교통사고로 당한 정신적 고통에 대한 손해배상을 말하며, 위자료는 그 성격상 일정한 산출 방법이 없어 결국 법관의 합리적인 판단에 맡길 수밖에 없다. 일반적으로 피해자의 고통, 연령, 배우자 유무, 직업, 사회적 지위, 그 밖에 사고 경위 및 가해자의 사고 후 대응 등 여러 가지 사정을 종합적으로 고려한다.

우리나라 법원이 인정하는 일반적인 교통사고 지급 기준상 사망자 본인 및 유족의 위자료는 다음과 같다.

(1) 사망 당시 피해자 나이가 65세 미만인 경우: 80,000,000원

(2) 사망 당시 피해자 나이가 65세 이상인 경우: 50,000,000원

만약 음주·뺑소니 사고로 피해자가 사망 또는 중상해를 입은 경우, 그 위자료 책임은 최대 2억 원까지 가중될 수 있다.

④ 장례비

교통사고로 피해자가 사망한 경우, 장례 절차 및 주류, 식사 접대비 등으로 사용된 제례 비용 일체.

⑤ 향후 치료비

교통사고 피해자의 손해를 산정하는 날짜를 기준으로, 추가적으로 필

요할 것으로 예상되는 치료비용.

⑥ 상실수익액

교통사고 피해자가 병원 치료를 받은 결과, 신체 또는 정신적 상태에 대한 영구적 훼손 상태가 잔존함으로 노동능력을 상실하거나 감소한 부분에 대한 손해액.

⑦ 개호비

교통사고 피해자의 병원 치료가 종결되어 더 이상 치료 효과를 기대할 수 없고, 1인 이상 해당 전문의로부터 노동능력 100% 후유장해 판정을 받은 자로서 다른 사람의 개호를 필요로 할 경우 이에 들어가는 비용. 예를 들어 식물인간 상태의 환자 또는 척수 손상으로 사지 완전 마비 피해를 입은 환자로 생명 유지에 필요한 일상생활의 처리 및 동작을 보조하는 사람의 인건비 등을 말한다.

2) 대물배상

① 수리비

망가진 자동차 또는 기타 물건 등을 교통사고 직전의 상태로 원상회복하는 데 필요한 비용으로 실제 수리비용 지급.

② 교환가액

망가진 자동차 또는 기타 물건 등의 수리비용이 교통사고 직전 시세 가액을 초과하거나 원상회복이 불가능한 경우, 사고 전 피해물의 시세 가액 또는 가액에 상당하는 동종의 대용품을 취득할 때 필요한 비용 지급.

③ 대차료

자동차가 파손 또는 오손되어 수리하는 기간에 다른 자동차를 렌트할 필요가 있는 경우 지급하는 비용(=렌트비). 단 수리가 가능할 때 30일까지, 수리가 불가능하면 10일까지 대차료를 인정해 준다.

④ 휴차료

사업용 자동차(≒택시 등)가 파손 또는 오손되어 수리하는 기간 중 영업하지 못함으로 발생한 손해를 배상하는 비용 지급.

⑤ 영업 손실

소득세 법령에서 정하고 있는 사업자의 사업장 또는 그 시설물을 파손하여 휴업 기간 중 발생한 손해를 배상하는 비용 지급.

⑥ 자동차 시세 하락 손해(사고 차 감가상각)

교통사고로 발생한 자동차 수리비용이 사고 직전 자동차 시세 가액의 20%를 초과하는 경우, 출고 후 1년 이내인 자동차에 대해 수리비의 20%를, 출고 후 1년 초과 및 2년 이내인 자동차에 대해서는 수리비의 15%를, 출고 후 2년 초과 및 5년 이내인 자동차에 대해서는 수리비의 10%를 추가로 지급.

민사상 손해배상이란?

음주운전 교통사고가 발생하면 위와 같은 자동차 종합보험의 구조 속에서 상대 피해자가 입은 대인 및 대물 손해에 대하여 보험에서 담보하는 항목에 맞는 손해를 확정하고, 그 손해액을 평가하여 보험사가 그 손해액을 배상하는 과정으로 나아가는데, 이를 민사상 손해배상(=대인배상 + 대물배상)이라고 한다.

03. 음주운전 교통사고 어떻게 처리할까?

음주운전으로 교통사고를 낸 가해자에게 피해규모 및 죄질에 비해 부담이 적다는 사회적 비판에 따라 자동차손해배상보장법과 보험약관이 개정됐다. 그래서 2022년 7월 28일부터 음주 교통사고를 낸 운전자는 대인배상Ⅰ에 대하여는 1억 8,000만 원까지, 대인배상Ⅱ에 대해서도 1억 원까지 사고부담금(=면책금)을 납부하여야 한다.

또 대물배상에 대해서도 사고부담금을 납부해야 하는데, 자동차손해배상보장법 제5조 제2항 규정에 따라 자동차 보유자가 의무적으로 가입하여야 하는 대물배상보험 가입금액 이하 손해는 2,000만 원까지, 대물배상 의무보험 가입금액 초과 손해는 5,000만 원까지의 면책금을 납부해야 한다.

위 사고부담금은 음주운전이나 무면허 운전자가 야기한 사고에 대해 무거운 경제적 책임까지 지움으로써 교통범죄를 방지하고, 안전한 교통환경을 만들기 위해 도입한 제도다. 따라서 변경된 위 면책금 규정이 본인에게 적용되면 경제적으로 큰 타격을 입을 수 있으니 절대로 음주운전을 해서는 안 된다.

위처럼 가해 운전자 사고부담금 증가로 사실상 면책금 의미가 사라졌는데, 그래서인지 차라리 보험 처리 하지 말고 피해자와 직접 합의하는 것이 더 낫지 않을까 하는 의문이 있다.

음주운전은 기본적으로 정상적인 운전을 불가능하게 하므로, 교통사고 확률을 현저히 증가시킨다는 특징이 있다. 물론 음주운전은 절대로 해서는 안 되는 범죄이긴 하나, 만약 음주운전 교통사고가 발생했다면 어떻게 수습하는지에 따라 천차만별의 결과가 나온다는 것이 현실이다.

1) 경미한 사고인 경우

교통사고가 경미하여 피해자가 다쳤는지 알 수 없는 상황이라면, 사고 현장에서 피해자와 원만히 합의하는 것도 하나의 방법이 될 수 있다. 가해자 입장에서 피해자가 병원에 가면 실제 아픈 곳이 없어도 진단서가 발급될 가능성이 높고, 진단서 발급 유무에 따라 처벌 조항이 달라질 수 있으므로 피해자가 배려해 준다면 현장에서 합의하는 것도 나쁘지 않다.

피해자 또한 사고가 경미하고, 병원 치료가 불필요하다고 생각되면 가해자와 바로 합의하는 것이 좋을 수 있는데, 본인이 입은 손해보다 더 많은 배상금을 받을 수 있기 때문이다. 따라서 경미한 교통사고 같은 경우 가해자와 피해자가 종합적인 상황을 고려하여 빠르게 합의하는 것이 더

절대지식 음주운전 뺑소니의 모든 것

현명한 지름길이 될 수 있다.

2) 사망 또는 큰 부상을 입은 사고인 경우

음주운전 교통사고로 사람이 심하게 다치는 사고가 발생하면, 즉각 구호 조치부터 해야 한다. 119에 빨리 신고하여 피해자를 병원에 후송하는 것이 제일 좋다. 여기서 피해자가 병원에 입원할 정도로 큰 부상을 입으면, 당사자 간 합의는 사실상 불가능하다. 피해자가 얼마나 큰 손해를 당했는지 알 수 없고, 정확한 손해액이 얼마인지 확인하기가 쉽지 않기 때문이다.

그래서 이런 경우에는 보험사 및 손해사정인이 개입하여 정확한 손해액을 산출하는 과정이 필요한데, 그 금액만 산출된다면 가해자가 보험사를 거치지 않고 피해자와 직접 합의도 시도할 수 있다. 하지만 그때는 이미 가해자와 피해자 간 감정이 좋지 않을 가능성이 높으므로, 실제로 당사자 간 합의가 되는 경우는 거의 없다. 결국 보험 처리(=민사상 손해배상)와 형사상 합의를 병행할 수밖에 없는 상황이 되는 것이다.

그래서 가해자는 교통사고가 경미한지, 아니면 중대한지 여부에 따라 어떻게 조치하는 것이 좋을지 고민하는 것이 필요하다. 교통사고가 경미하다고 판단되면, 당사자 간 합의로 끝내는 것이 가장 좋다. 어차피 가해자는 피해자가 입은 손해에 대해 전액 자기 돈으로 부담할 책임이 있고, 그럼 정식 보험 처리보다 당사자 합의가 더 사건을 쉽게 해결할 수 있기 때문이다. 가해자는 불필요한 병원 치료비를 절감할 수 있고, 피해자는 병원 치료비를 자기의 이익으로 귀속할 수 있으므로 서로 이익이 될 수 있다. 다만 피해자 입장에서 교통사고 후유증이나 치료 가능성 등 향후 불이익이 발생할 여지가 있으므로, 성급한 결정은 큰 손해로 이어질 수 있다는 것을 염두에 두고 신중하게 접근해야 한다.

04. 음주운전 교통사고를 보험 처리 하면 내 보험료는 얼마나 오를까?

자동차 종합보험은 다수의 운전자가 언제 발생할지 모르는 교통사고 위험에 대비하여 일정한 비용을 납부하여 기금을 형성하고, 사고가 발생할 경우 가해자 및 피해자에게 사고 처리 비용을 지급하는 제도이다. 이러한 보험 제도하에서 사고 이력이 적거나 사고를 낼 가능성이 낮은 운전자에게는 보험료를 할인해 주고, 사고 이력이 많거나 사고를 낼 가능성이 높은 운전자에게는 보험료를 할증하는 등 각 운전자마다 보험료를 다르게 조정·부과하고 있다.

자동차 보험료 할인 및 할증 제도는 교통사고 및 발생 손해를 줄이는 데 그 목적이 있다. 운전을 조심스럽게 하는 운전자일수록 사고를 내지 않을 가능성이 높고, 이에 대한 보답으로 자동차 보험료를 할인해 준다면 계속 방어 운전을 할 것이라는 기대가 있다. 그런데 반대로 운전을 험하게 하는 운전자는 실제 사고를 내거나 낼 가능성이 높고, 그에 대한 책임으로 자동차 보험료를 할증한다면 향후 방어 운전 습관 전향을 유도할 수 있다.

일반적으로 보험사는 공통적인 기본 자동차 보험료 산출방식을 적용하고 있는데, 간단히 소개하면 아래와 같다.

1) 기본보험료

자동차 보험 계약을 체결할 때, 보험료의 기본 금액을 말하며, 순보험료와 부가보험료로 구성되어 있다.

2) 적용보험료

해당 보험계약에 적용되는 여러 감·가산 요소(특약요율, 가입자특성요율, 할인할증률, 특별할증률, 기명피보험자 연령요율, 특별요율 등)들을 적용하여 산출한 금액으로 보험계약자가 지불해야 할 보험료를 말한다. 내용이 조금 어려운데, 아래 표와 같은 방식으로 보험료가 산출된다는 정도만 알고 가면 된다.

① 대인배상 I

② 대인배상 II, 대물배상, 자기신체사고, 자동차상해, 무보험차상해, 자기차량손해

절대지식 음주운전 뺑소니의 모든 것

그리고 그 외에도 법규위반에 따른 경력요율이 있다. 여기서 경력요율이란 특정 금지행위 위반에 따른 가산 보험료 비율이라고 생각하면 된다.

적용대상 법규위반/도로교통법	경력요율
무면허운전금지/사고발생시조치	20%
주취운전금지 1회	10%
주취운전금지 2회	20%

※ 출처 보험개발원 참조

보험료 적용대상 법규위반의 범위 및 적용요율은 보험회사마다 다를 수 있으나, 음주운전 같은 교통범죄의 경우 자동차 종합보험 기본료에 여러 요율 요소를 비롯하여 각 가입자 특성에 맞는 교통법규위반 경력 요율까지 적용할 수밖에 없고, 그 결과 보험료 할증이 발생한다.

그리고 그 외 기타 보험료 할인·할증에 영향을 미치는 요소들이 있는데, 총 6가지가 있다. 인터넷 홈페이지를 통해 다이렉트 자동차 보험에 가입해 본 경험이 있는 사람이라면 한 번 이상은 보았을 내용들이다.

1) 할인할증등급

할인할증 적용등급은 1Z부터 29P까지(여기서 Z는 일반등급, P는 장기 무사고 등급을 말하고, 최초 기본등급은 11Z가 적용되는데, 그 구체적인 내용까지는 상세히 알 필요 없음) 있으며, 평가대상기간 및 과거 3년간 발생한 보험사고실적(사고유무 및 사고내용)에 따라 담보구분 없이 보험계약별로 평가하여 적용하고 있다. 사고 점수 1점당 1등급을 할증하고, 직전 3년간* 무사고일 경우 매년 1등급씩 할인된다.

 * 갱신계약의 전전계약 보험기간 만료일 3개월 전부터 전계약 만료일 3개월 전까지의 기간.

2) 가입경력요율

자동차 보험에 가입한 사람의 보험가입기간(1년 미만, 1년 이상 2년 미만, 2년 이상 3년 미만, 3년 이상)에 따라 차등하여 적용되는 보험료 할인 비율을 말한다.

3) 연령한정특약

보험에 가입한 해당 자동차에 대하여 운전할 수 있는 사람의 연령을 한정하는 특약을 말하는데, 일반적으로 연령이 높을수록 적용되는 보험료 할인 비율이 높다.

 * 보험가입 시 보험계약자가 만 21세/만 24세/만 26세/만 30세/만 35세/만 43세/만 48세 이상 중 지정할 수 있으며, 이는 각 보험회사마다 다르다.

4) 운전자범위한정특약

보험에 가입한 해당 자동차에 대하여 운전할 수 있는 사람의 범위를 한정하는 특약을 말한다. 대표적인 것으로 가족 한정 특약이 있다.

 * 1인한정특약, 가족운전한정특약, 부부운전한정특약, 가족 및 형제자매운전한정특약, 기명피보험자 및 기명1인한정특약 등이 있으며, 이는 각 보험회사마다 다르다.

5) 주행거리(마일리지)할인특약

보험에 가입한 해당 자동차에 대하여 가입기간 동안 주행한 거리에 따라 추가 보험료 할인을 해 주는 특약을 말한다. 상품 내용 및 할인율은 각 보험회사마다 다르다.

6) 블랙박스할인특약

보험에 가입한 해당 자동차에 블랙박스(차량용영상기록장치)가 장착되어 있는 경우, 추가 보험료 할인을 해 주는 특약을 말한다. 상품 내용 및 할인율은 각 보험회사마다 다르다.

위처럼 보험료 할인·할증에 관하여 기본보험료와 여러 가·감산 요소들을 합산하여 자동차 보험료가 정해지는데, 이때 음주운전경력 횟수에 따른 경력요율의 적용으로 보험료가 크게 상승할 수 있다. 그리고 기타 할인·할증의 기본 등급을 바탕으로 가입경력, 연령, 운전자범위, 주행거리, 블랙박스 설치유무 등 사고 위험율에 영향을 미치는 요소들을 고려하여 최종 보험료가 결정된다.

05. 음주운전 교통사고 보험 처리 하면, 가족이 그 사실을 알 수 있나?

일반적인 보험계약자는 가족한정운전 및 일정 연령 이상의 사람만 운전할 수 있는 특약을 가입한다. 그럼 가족구성원들도 해당 자동차를 운전할 수 있고, 자동차 활용 효율을 극대화할 수 있기 때문이다. 다만, 계약자 또는 피보험자 한 명만 운전하는 것보다 보험료가 높다는 단점이 있는데, 그래도 배우자 또는 자녀들이 자동차를 맘 편히 쓸 수 있다는 점에서 많은 사람들이 가입하고 있다. 특약 위반이 있지 않는 이상 가족들도 교통사고가 발생하면 대인 및 대물배상, 자기신체사고 등 자동차 종합보험 처리를 받을 수 있다는 점은 큰 메리트이다.

그런데 음주운전 교통사고는 다르다. 음주교통사고 운전자는 자동차 종합보험 가입 유무와 상관없이 민사, 형사, 행정상의 책임을 진다. 물론 자동차 보험에 가입하면 피해자 입장에서 안정적으로 민사상 손해배상을 받을 수 있지만, 가해자 입장에서는 자기부담금(대인 및 대물) 약관에 따라 어차피 손해액 전액을 자기 돈으로 배상해야 하므로 큰 실익이 없다. 이에 대해 간단히 설명하면 다음과 같다.

자동차 종합보험 가입 → 음주운전 교통사고 → 보험사가 피해자에게 치료비(예: 1,000만 원) 및 손해배상금(예: 대인대물 합계 3,000만 원) 지급 → 보험사가 가해 운전자에게 위 지출금 합계 4,000만 원에 대하여 지급할 것을 청구 → 가해 운전자가 보험사에게 4,000만 원 지급 → 민사상 손해배상절차 종결

그리고 음주운전자는 형사적 책임으로 교통사고처리특례법상 13대 중과실 사고 또는 특정범죄가중법상 위험운전치사상죄(일명 윤창호법) 등으로 처벌을 받게 된다. 행정적 책임으로는 도로교통법상 운전면허 취소(1~3년) 또는 정지 처분을 받는 등 보험 처리 여부와 상관없이 적잖은 책임과 부담을 지게 된다.

부모님 차를 운전하다가 음주운전 사고를 냈다면, 부모님 모르게 보험 처리를 할 수 있을까?

간혹 부모님 차를 몰다가 교통사고를 낸 경우 종종 듣는 질문이다. 결론부터 말하면 부모님 모르게 보험 처리 할 방법은 없다. 피해자가 입은 손해액 전액을 가해자 사비로 부담하면 모를까? 자동차 보험금을 지급하는 방식으로 사고를 처리하는 이상, 보험사 연락, 보험 처리 통지서 교부, 수사기관 피의처분 통지, 법원 재판 통지 등 복잡한 처리 및 송달 과정에서 보험 명의자인 부모가 알게 될 가능성 99%이다. 따라서 부모님 차를 음주운전 하다가 사고를 냈다면, 빨리 가족과 상의하고 대처하는 것이 제일

현명하다.

　성년이 된 지 얼마 안 된 대학생이나 사회초년생 같은 경우, 음주운전 사고는 사회생활 및 경력에 큰 오점을 남길 수 있다. 미흡한 대처로 큰 빚을 지거나 처벌 전력이 남으면 취업 또는 사업에 있어 제한이 걸리는 경우가 많다. 따라서 음주운전 사고가 있으면 숨기지 말고 가족 또는 전문가의 조언에 따라 잘 처리하는 것이 좋다.

06. 음주운전 교통사고, 자기부담금(=면책금)만 내면 끝?

음주운전 사고가 발생하면 현행 사고부담금을 납부해야 한다. 현행 보험업감독업무시행세칙 [별표15] 음주운전 시 사고규정에 따르면 피보험자 본인이 음주운전 한 경우나 기명피보험자의 명시적·묵시적 승인하에서 피보험자동차의 운전자가 음주운전을 하는 동안 생긴 사고에 대하여 보험회사가 「대인배상Ⅰ」, 「대인배상Ⅱ」 또는 「대물배상」에서 보험금을 지급하는 경우, 피보험자는 다음에서 정하는 사고부담금을 보험회사에 납입하여야 한다고 규정하고 있기 때문이다.

위 시행세칙에 따른 음주운전 교통사고 시 자기부담금(면책금) 규정은 다음 표와 같다.

음주운전 교통사고 시 자기부담금

사고 부담금	책임 보험	대인 I	부상	사망	치료 중 사망
			3천만 원	1억 5천만 원	1억 8천만 원
		대물	2천만 원		
	임의 보험	대인 II	1억 원		
		대물	5천만 원		

위 표를 간단히 설명하면 아래 내용과 같다.

1) 「대인배상 I」: 음주운전 1사고당 부상 3,000만 원부터 치료 중 사망
   시 최대 1억 8,000만 원까지

2) 「대인배상 II」: 음주운전 1사고당 1억 원

3) 「대물배상」

　가. 「자동차손해배상보장법」 제5조 제2항의 규정에 따라 자동차 보
　　유자가 의무적으로 가입하여야 하는 「대물배상」 보험가입금액
　　이하 손해: 1사고당 음주운전 2,000만 원

　나. 「자동차손해배상보장법」 제5조 제2항의 규정에 따라 자동차 보
　　유자가 의무적으로 가입하여야 하는 「대물배상」 보험가입금액
　　초과 손해: 1사고당 5,000만 원

자기부담금은 보험회사가 의무보험에 따라 피해자에게 우선 배상하고,
실제 손해배상 책임이 있는 사람에게 구상하기 위한 최대금액을 규정한
것이다. 그래서 피해자의 손해액이 의무보험에서의 자기부담금 한도 내

에서 종결되는 경우 실제 손해액 범위만큼만 자기부담금이 발생하나, 의무보험 한도를 초과하는 손해가 발생한 경우에는 임의보험이 적용되며 이때는 임의보험에서의 자기부담금 한도 내에서 추가 부담할 금액이 결정된다. 이것을 말로 설명하면 어려우니까 이해하기 쉽게 실제 사례로 설명하겠다.

[자기부담금 지급 예시]

어느 날 A가 음주운전 하다가 교통사고를 냈고, 피해자 B가 전치 2주의 부상 및 차량 파손 피해를 입었다. B는 병원 치료비 및 일실수익, 위자료 등으로 3,500만 원 상당의 대인피해를, 자동차 수리비 및 렌트카 이용 비용, 감가상각액 등 3,000만 원 상당의 대물피해를 당했다. 그리고 이 사건 책임보험 상해급수는 12급이며, 배상한도액은 120만 원(상해등급은 진단명에 따라 변경됨)이다.

① 대인피해: 대인피해 3,500만 원에 대하여 책임보험(대인 I)은 음주사고 부담금이 3,000만 원이므로 책임한도액(상해급수 12급) 120만 원은 전액 가해 운전자의 사고부담액이 되며, 또한 책임보험(대인 I)을 초과한 3,380만 원(3,500만 원-120만 원)은 전액 임의보험(대인 II) 자기부담금 1억 원 범위 내에 있으므로 이것 역시 가해 운전자의 자기부담금이 된다. 따라서 가해자 A는 대인 처리된 비용 3,500만 원 전액 모두 자기 돈으로 배상할 책임이 있다.

② 대물피해: 대물피해 3,000만 원은 자기부담금 한도 7,000만 원(의무보험 2,000만 원+임의보험 5,000만 원) 범위 내에 있으므로, 3,000만

원 전액 모두 가해 운전자의 자기부담금이 된다.

그럼 꼭 여기서 묻는 질문이 있는데, '보험사에서는 일단 면책금 대인 1,000만 원, 대물 500만 원, 합해서 1,500만 원 내라고 해서 냈는데, 그거로 끝 아닌가요?'라고 묻는다. 과거에는 면책금만 납부하면 손해액이 얼마가 나오든 큰 부담이 없었는데, 이제는 아니다. 음주운전 사고 책임을 전부 가해자에게 묻는 방향으로 약관이 개정됐다. 따라서 음주운전자는 사실상 발생한 손해액 전부 자기 돈으로 배상할 책임이 있고, 패가망신당하기 싫으면 절대로 음주운전 해서는 안 된다는 사실을 잊어서는 안 될 것이다.

07. 음주운전·뺑소니 교통사고, 피해자의 보험사 직접청구권이란?

일반적으로 피해자는 보험 계약 관계에서 계약 당사자가 아닌 제3자이고, 보험금을 수령할 피보험자도 아니다. 그래서 원칙적으로 보험회사를 상대로 보험금 청구를 할 수 없다. 이는 보험계약에 근거한 보험 보상 관계는 가해자와 피해자 간 형성되는 직접 책임 관계와 분리되어야 한다는 원칙에 입각한 것으로 어떻게 보면 당연한 것이다.

그런데 교통사고 등 배상 책임 보험에서는 제3자인 피해자에게도 보험금을 청구할 수 있는 권한을 주고 있는데, 이를 피해자 직접청구권이라고 한다.

직접청구권은 우리나라 상법 제724조 제2항에서 인정하고 있는데, 그 내용은 아래 표와 같다.

상법 제724조(보험자와 제3자와의 관계)
② 제3자는 피보험자가 책임을 질 사고로 입은 손해에 대하여 보험금액

의 한도 내에서 보험자에게 직접 보상을 청구할 수 있다. 그러나 보험자는 피보험자가 그 사고에 관하여 가지는 항변으로써 제3자에게 대항할 수 있다.

교통사고 피해자의 직접청구권을 인정하는 이유는 간단하다. 교통사고 피해자는 즉시 병원 치료를 받아야만 다친 신체를 회복하고 다시 일상으로 돌아갈 수 있다. 보험 처리 지연으로 즉각 치료를 받지 못할 경우 사망이나 중대한 후유장해를 야기할 수 있으므로 이를 방지할 필요가 있는 것이다. 따라서 교통사고 피해자는 가해 운전자가 가입한 보험사에 대해 병원 치료비 및 치료 기간 중 얻지 못한 소득에 대해 배상할 것을 요구할 수 있고, 가해자의 보험사고 접수 유무와 상관없이 수사기관을 통한 교통사고 피해 사실만 확인되면 직접 보험금 지급을 청구할 수 있다.

그런데 뺑소니 사고 같은 경우 피해자가 가해자를 특정하기 어렵고, 검거하기까지 다소 시간이 걸린다는 문제가 있다. 이때에는 피해자가 가해 운전자 가입 보험사를 특정할 수 없기 때문에 피해자 직접청구권도 행사할 수 없다. 그래서 정부는 자동차손해배상보장법에 따라 긴급 지원제도를 시행하고 있는데, 뺑소니 사고 피해자라는 사실만 확인되면 위 정부보장사업을 이용한 대인배상 I (책임보험) 적용 및 내가 가지고 있는 무보험자동차 상해 담보를 통해 즉시 병원 치료 및 손해를 배상받을 수 있으니까 안심해도 좋다.

절대지식 음주운전 뺑소니의 모든 것

그리고 교통사고 피해자가 직접청구권을 행사하는 절차는 아래와 같다.

① 가해 운전자가 가입한 보험사를 특정한다. 보험사가 어디인지 모르면 사건 관할 경찰서 담당 조사관에게 물어보면 알려 준다.
② 경찰이 발급한 교통사고 사실 확인원을 위 가해 보험사에 제출하고, 손해배상을 요청한다.
③ 가해자의 사고 접수 유무와 상관없이 보험사는 피해자 손해를 배상할 의무가 있다.

간혹 보험사가 피해자의 직접청구권에 대해 항변하는 경우가 있는데, 그 근거는 상법 제724조 제2항 단서조항에서 규정하고 있다.

상법 제724조(보험자와 제3자와의 관계)
② …그러나 보험자는 피보험자가 그 사고에 관하여 가지는 항변으로써 제3자에게 대항할 수 있다.

교통사고 피해자가 사고 보험 접수 없이 직접청구권을 행사하거나 보험금 청구를 하면, 보험사는 가해 운전자가 피해자에게 손해를 배상할 의무가 있는지 여부를 확인하는데, 만약 배상할 의무가 없다면 가해자가 피해자의 배상청구를 거부할 권리를 똑같이 주장·거부할 수 있다는 뜻이다. 한마디로 가해 운전자가 배상할 책임이 있는 경우에 한하여 보험사가 피해자의 직접청구권 행사를 받아준다고 생각하면 된다.

08. 음주운전 교통사고, 구상금 청구란?

　채무자의 채무를 채권자에게 대신 변제한 자가 채권자를 대신하여 채무자에게 변제한 채무의 이행을 청구할 수 있는 권리를 구상권이라고 한다. 그리고 그 구상권의 행사에 따른 청구액을 구상금이라고 하는데, 쉽게 말하면 아래와 같다.

① A가 B에게 1,000만 원을 빌렸다.
② A가 B에게 빌린 1,000만 원을 갚지 못하자, C가 A를 대신하여 B에게 1,000만 원을 갚았다.
③ 그럼 C는 A에게 "내가 너를 위해 B에게 대신 갚은 1,000만 원을 네가 나한테 갚아라."고 요구할 수 있는데, 이게 바로 구상권이다.

　교통사고가 나면 자동차 보험사는 피해자에게 손해를 배상할 의무가 있다. 운전자가 음주 교통사고를 내도 똑같다. 그러다 보니 음주운전자의 사고 경각심이 낮다는 비판이 제기됐고, 교통범죄 사고는 가해자 본인에게 직접 책임을 물어야 한다는 여론이 높아졌다. 그 결과 기존 400만 원에 불과하던 자기부담금(=면책금)을 최대 3억 5,000만 원까지 부담하도록 하는 약관 개정이 이뤄졌다. 그래서 보험사는 교통범죄 사고에 대해 피해자 손해를 배상한 경우, 가해 운전자를 상대로 자기부담금 범위 내에서 위 손해배상액을 구상청구 할 수 있게 됐다.

보험회사가 가해 운전자를 상대로 구상청구 할 수 있는 유형들은 여러 가지가 있는데, 그중 대표적인 3가지를 소개하면 아래와 같다.

1) 자기부담금이 있는 자동차범죄(음주, 뺑소니 등) 교통사고를 일으킨 경우

운전자가 음주 교통사고를 일으킨 경우, 보험사는 피해자의 손해를 우선 배상해 주는데, 그 배상 절차가 모두 끝나면 가해 운전자의 자기부담금액을 확정한다. 그리고 해당 자기부담금액을 보험사에게 지급할 것을 청구하는데, 이러한 일련의 절차를 구상금 청구라고 한다.

2) 자동차 렌트계약서상 임차인 외 제3자가 운전하다가 사고를 낸 경우

자동차를 렌트한 사람이 아닌 다른 사람이 렌트카를 운전하다가 사고를 내면, 자동차 보험사는 먼저 피해자의 손해를 배상한 다음, 사고 운전자에게 구상금을 청구한다.

3) 무보험자동차상해 담보 적용 교통사고의 경우

무보험 자동차에 의한 상해 담보는 상대 가해 차량이 무보험 또는 책임보험(임의보험인 대인배상Ⅱ를 가입하지 않은 때)만 가입한 경우 적용되는 자기 보험이다. 이때 피해자가 가입한 보험사는 상대 무보험 자동차와의 사고로 피해자가 사망하거나 상해를 입으면, 그 손해에 대해 약관에서 정하는 내용에 따라 보상한다. 그다음 피해자 측 보험사는 상대 무보험 가해 운전자를 상대로 구상금을 청구한다.

위와 같이 보험사는 가해 운전자를 상대로 구상권을 행사할 수 있는데, 만약 가해자가 구상 청구에 응하지 않으면 어떻게 될까? 이때는 어쩔 수 없이 법적인 절차에 착수할 수밖에 없는데, 그 내용을 살펴보면 아래와 같다.

① 독촉: 보험사가 법원에 지급명령신청을 접수한다. 그럼 법원은 가해 운전자에게 구상금을 지급하라고 명령한다. 운전자가 이의를 제기하면 민사소송으로 전환된다.

② 민사조정: 법원이 볼 때 보험사와 가해 운전자 간 구상금액 조정이 필요하다고 생각되면, 민사조정 절차에 회부한다. 그곳에서 서로 양보하는 금액으로 조정을 시도하는데, 만약 둘 중 한 명이라도 이의를 제기하면 다시 민사소송 절차로 회부된다.

③ 민사소송: 보험사가 가해 운전자를 상대로 구상금 청구 소송을 진행한다. 특별한 이유가 있지 않는 이상 보험사의 승소로 끝난다.

④ 압류 및 추심: 보험사가 승소 판결문을 근거로 가해 운전자의 재산 압류 및 추심 절차에 나선다. 만약 가해 운전자가 아무런 재산이 없을 경우 보험사는 구상금을 변제받지 못하고 보험사의 손해로 사건이 종결된다.

09. 음주운전 교통사고, 보험사에 면책금 납부 유예를 요청하면 받아줄까?

음주운전을 하다가 교통사고를 내면 민사적으로 면책금이라는 책임을 진다. 가해 운전자가 가입한 보험사는 사고 즉시 피해자 손해 회복을 위한 배상에 나서는데, 피해자가 맘 편히 빨리 병원 치료를 받을 수 있도록 보장해야 후유장해 없이 말끔히 나을 수 있고, 그만큼 들어가는 비용도 적어지기 때문이다. 그리고 그와 동시에 가해 운전자를 상대로 면책금 일부 선납부 조치에 들어가는데, 문제는 운전자가 기본 면책금 1,500만 원도 납부하지 못할 정도로 경제적 여유가 없을 때이다.

가해 운전자는 면책금 1,500만 원을 납부하기 힘든 사정이 있으면 가입 보험사 담당자와 적극적인 소통이 필요하다. 교통사고 보상 및 사건에 대해 최전선에서 가해자와 피해자 사이의 상황을 살피는 담당자들이 사실상 손해사정사이다. 손해사정 담당자들이 직접 조사·확인한 사건 내용들이 보고로 올라가는데, 그에 따른 업무처리 및 이행이 이루어진다. 그래서 운전자 입장에서 보상 담당자와 면책금 납부에 대해 허심탄회한 이야기를 나눌 필요가 있고, 면책금 납부가 어려운 사정이 있으면 면책금 납입 기한 연장을 위한 각고의 노력이 필요하다. 물론 면책금 납부 유예는 각 담당자의 재량 또는 보험사의 지침에 따라 달라지므로, 먼저 선요청을 하거나 진지한 소통을 나눠야만 그 허부가 결정될 것이다.

그래서 결론은 보험사에 면책금 납부 유예를 요청하면 보험사의 업무 매뉴얼과 담당 손해사정팀의 업무 재량에 따라 그 납부 시기가 연기될 수 있다. 그러니 면책금을 납부할 돈이 없다고 발을 동동 구르거나 미리 포기하지 말고 보상 담당자에게 먼저 요청해 보는 것은 어떨까.

절대지식 음주운전 뺑소니의 모든 것

10. 음주운전 교통사고, 피해자 직업에 따른 휴업손해란?

휴업손해란, 교통사고로 병원 치료 기간에 일을 하지 못함으로써 얻지 못한 수입을 말한다. 법률 용어로 일실수익이라고도 한다. 이런 휴업손해는 원칙적으로 입원기간만 인정하고 있으며, 예외적으로 통원 치료를 받은 경우라 하더라도 집에서 병원까지 거리가 멀거나, 휴업손해를 인정할 만한 특별한 사정이 있다고 판단되면 통원기간에 대한 휴업손해도 인정해 주고 있다.

피해자가 가진 직업과 휴업손해는 직접적인 연관은 없지만, 직업마다 소득이 다른 것은 사실이므로, 피해자가 어떤 직업을 가지고 있는지에 따라 그 휴업손해도 달라진다. 실무상 휴업손해는 피해자의 급여확인서나 근로소득원천징수영수증, 소득금액증명원 등을 통해 소득을 산출하고 있으며, 객관적·구체적 증빙자료가 없으면 통계청에서 작성한 직업별 통상임금을 적용하기도 한다.

음주 교통사고가 발생하면 가해 운전자는 자기부담금을 지급할 의무가 있다. 앞서 말한 내용과 같이 사실상 음주운전자는 피해자가 입은 손해 전액을 자기 돈으로 배상할 책임을 지게 되는데, 피해자의 휴업손해액이 얼마인지에 따라 자기부담금액도 달라진다. 그래서 피해자가 장기간 입원ㆍ치료를 받거나 후유장해가 발생하면 최대 3억 5천만 원까지 부담하게 될지도 모르는 상황이 발생할 수 있는 것이다.

11. 음주운전 교통사고, 보험 처리 하고 면책금 남으면 돌려줄까?

음주운전 교통사고 면책금(자기부담금) 대폭 상향으로, 일단 음주사고가 났다 하면 보험사는 가해 운전자에게 면책금 1,500만 원을 선납부하라고 요구한다. 그리고 납부받은 1,500만 원으로 피해자가 입은 손해를 배상하는데, 간혹 피해자가 별로 안 다쳤다든지, 자동차 파손 부위가 적다든지 등 여러 가지 이유로 총손해액이 면책금 1,500만 원보다 적게 나오는 때가 있다. 그럼 피해자에게 지급한 배상금이 납부 면책금보다 적으므로 남은 차액분은 가해 운전자에게 돌려주는데, 이것은 보험약관상 당연한 절차다.

실무적으로 음주 교통사고가 발생하면, 보험사는 피해자에 대해 먼저 보험 접수를 한 다음 예상 손해액의 범위를 계산한다. 그리고 전체적인 예상 손해액을 판단하면, 자기부담금의 일부를 선지급할 것을 요구하는 보험사와 모든 손해액 지급이 끝난 이후 자기부담금 지급을 요청하는 보험사로 나뉘는데, 이는 각 보험사 업무 지침 및 보상 담당자의 업무 재량 등에 따라 달라진다. 단, 요즘은 거의 자기부담금의 일부를 가해 운전자로 하여금 선지급하도록 하는 실무가 정착되는 분위기다.

그래서 결론은 가해 운전자의 경우 예상 손해액의 일부를 면책금으로 보험사에 지급하여야 하고, 만약 이를 거부하면 지체 없이 보험사는 민사소송 등 법적 절차에 나설 가능성이 크다. 그리고 만약 발생 손해액이 선지급한 면책금보다 적게 나온 경우, 운전자는 나머지 차액을 보험사로부터 돌려받을 수 있다.

절대지식 음주운전 뺑소니의 모든 것

12. 음주운전 교통사고, 피해자가 계속 병원에 다니면 가해자 부담금이 얼마나 많아지나?

음주 교통사고가 나면 항상 고민되는 것이 하나 있다. 과연 피해자가 어디까지 병원 치료를 받을 것인가이다. 일반적으로 교통사고는 중대한 부상을 입는 사고도 있지만, 실제로는 대다수가 경미한 사고로 끝난다. 사고 충격으로 몸이 흔들렸다고 해서 실제 부상으로 이어질 가능성은 낮다는 것이다. 하지만 낮은 가능성이라도 부상을 입을 가능성이 있기 때문에 자동차손해배상보장법상 교통사고 부상을 호소하는 사람에게 치료비 전액을 지원하고 있는 것이 현실이다. 전치 2주의 가벼운 부상을 당했어도 피해자가 계속 아프다는 이유로 온갖 한방병원을 다니기 시작하면 보험사 입장에서 이것을 어떻게 막을 도리가 없다는 것이다.

그러다 보니 가해자가 피해자에게 형사합의금을 더 주더라도 빨리 합의를 보는 것이 낫다는 이야기가 나오고 있다. 피해자가 전치 2주의 가벼운 상처에도 계속 아프다는 이유로 끊임없이 병원을 다니면 치료비 1,000만 원은 우습게 나올 수 있고, 이는 결국 가해자가 자기부담금으로 전부 배상해야 할 돈이기 때문에 차라리 병원 안 가는 조건으로 700만 원, 800

만 원 피해자 손에 쥐여 주는 것이 더 가해자에게 유리하다는 것이다.

　이에 대해 보험사는 어떻게 할 수 없다는 입장이다. 교통사고 피해자가 아프다고 자꾸 병원에 가는데, 건강보험공단에서 사고 피해로 인정해 주는 이상 보험사는 계속 치료비를 지급할 수밖에 없다는 것이다. 보험사 입장에서는 나중에 어차피 위 치료비 다 전부 가해 운전자에게 구상권을 행사할 것이니까 손해 볼 것이 전혀 없는 노릇이고, 가해자 입장에서는 별로 다치지 않은 일부 피해자가 계속 아프다는 핑계로 병원에 다니며 치료비만 늘리고 있으니 속이 터질 지경이다. 가해자가 부담할 면책금(자기부담금)이 대폭 상향되면서 발생한 현상으로, 어느 누구도 이것을 해결하지 못하고 있다. 음주운전 교통사고로 피해자가 계속 병원에 다니면 가해자만 부담금 폭탄을 맞는 현실이 어쩔 수 없다는 입장만 되풀이할 뿐이다.

　　　　　　　　　절대지식 음주운전 뺑소니의 모든 것

13. 음주운전 교통사고, 보험사와 빨리 합의하는 것이 좋을까?

음주운전 교통사고를 당한 피해자는 가해자가 가입한 보험사로부터 자신이 입은 손해를 배상받을 권리가 있다. 그리고 대다수 피해자는 가해 보험사와 민사 합의를 통해 손해를 배상받는데, 여기서 합의란, 피해자와 보험사가 손해액을 산정하고, 그 손해액에 관하여 양 당사자가 서로 양보하여 결정한 배상금을 합의금으로 지급받고 교통사고 분쟁을 끝내는 것을 말한다.

그러다 보니 피해자 입장에서 언제 보험사와 합의를 마치는 것이 가장 유리한지 고민이 되는데, 여기서는 조기 합의의 필요성 여부에 대해 알아보도록 한다.

1) 피해자가 사망한 경우

① 형사합의에 대하여

음주운전 교통사고로 피해자가 사망하면, 가해 운전자는 무거운 처벌을 받게 된다. 가해자가 처벌을 감경받으려면 피해자의 유족들과 형사합의를 해야 하는데, 형사합의금은 정해진 기준이 없다 보니 금액을 두고 갈등이 끊이지 않는다. 그래도 민사합의와 달리 형사합의는 가해자를 용서할지 여부를 결정하는 절차로 가해자의 진심 어린 사죄와 반성이 수반된다면 의외로 쉽게 합의가 이루어지는 경우도 많다. 따라서 피해자 입장에서는 가해자의 용서를 구하는 태도와 경제적 형편을 두루 살핀 다음 조기 합의 여부를 결정하는 것이 좋다.

② 민사합의에 대하여

보험사는 경찰의 교통사고 조사 결과를 토대로 가해자와 피해자의 과실 비율을 산정하고, 그에 따라 피해자 유족들에게 민사상 손해배상금을 합의금으로 제안한다. 그런데 보험사는 이익을 추구하는 사기업이기 때문에 가해자 과실은 적게, 피해자 과실은 크게 잡는 경향이 있다. 예를 들면 해당 교통사고 유형은 피해자 과실이 50%에 달한다는 판례가 있다면서 전체 손해액이 1억 원이면 50% 과실 비율을 공제한 나머지 5,000만 원만 손해배상금으로 지급하겠다는 것이다. 따라서 이런 경우에는 미리 보험사와 합의하지 말고, 검찰과 법원의 판단이 끝날 때까지 합의를 미루는 것이 더 좋을 수 있다. 경찰이 조사한 결과와 검찰 및 법원의 판단은 다를 수 있기 때문이다. 실무상으로도 처음 경찰조사 결과로는 피해자 과실이 50%로 나왔어도, 법원 판결에서 20%로 대폭 줄어든 사례가 심심치 않게 발생하고 있으니 섣부른 합의는 금물이라고 볼 수 있다.

절대지식 음주운전 뺑소니의 모든 것

2) 피해자가 부상을 입은 경우

① 형사합의에 대하여

음주운전 교통사고로 상해를 입은 경우, 형사합의금으로 딱 정해진 기준은 없다. 다만 보통 전치 1주당 150~200만 원 상당의 돈을 지급하는 것이 일반적이다. 그래서 전치 2주 기준 보통 400~500만 원 범위 내에서 형사합의가 이루어지고 있다. 만약 가해자가 위 통상적인 금액을 합의금으로 제안한다면 조기 합의를 하더라도 무방할 수 있다.

② 민사합의에 대하여

교통사고로 부상을 입은 피해자는 당연히 치료를 잘 받고 사고 전 몸 상태로 원상회복하는 것이 가장 좋다. 그래서 보험사와 조기 합의를 할 것이 아니라 치료를 해도 더 이상 치료 효과를 보지 못할 정도에 이를 때까지 치료를 받는 것이 중요하다. 치료가 끝나고 합의를 해도 늦지 않기 때문이다. 치료가 끝나면 과실 비율, 피해자의 일실수익, 위자료 산정이 잘되었는지 꼼꼼히 확인하고, 만약 후유장해가 예상되면 가동연한, 장해기간, 노동능력 상실률 등에 따른 손해액을 구체적으로 산정하는 것이 필요하다. 그리고 난 다음에 비로소 가해자(보험사)가 제안한 합의금이 타당한지 여부를 면밀하게 검토한 다음 합의 여부를 결정하면 된다.

14. 음주운전 교통사고, 보험사와 합의하면 후유장해 손해배상을 청구할 수 없을까?

음주운전 교통사고 피해자가 보험사와 합의를 했는데, 나중에 생각지 못한 후유장해가 발생한 경우 어떻게 될까? 기본적으로 보험사와 합의가 이루어진 때에는 이후 손해가 추가 발생했다 하더라도 다시는 그 배상을 청구할 수 없는 것이 원칙이다. 그럼 피해자는 돌이킬 수 없는 손해를 감수해야 하는 부당한 상황에 처해질 수 있는데, 이에 대해 우리 법령은 예외적으로 추가 청구를 인정하고 있다.

후유장해 추가 청구 이론적 근거
1) 민법 제104조(불공정한 법률행위)   : 당사자의 궁박, 경솔 또는 무경험으로 인하여 현저하게 공정을 잃은 법률행위
2) 민법 제107조(진의 아닌 의사표시)   : 상대방이 표의자의 진의 아님을 알았거나 이를 알 수 있었을 경우
3) 민법 제108조(통정한 허위 의사표시)   : 상대방과 통정한 허위의 의사표시

4) 민법 제109조(착오로 인한 의사표시)

: 의사표시는 법률행위 내용의 중요한 부분에 착오가 있는 때에는 취소할 수 있음

후유장해 추가 청구 가부에 대한 법원 판례

후발손해가 합의 당시의 사정으로 보아 예상이 불가능한 것으로서 당사자가 후발손해를 예상했더라면 사회통념상 그 합의금액으로는 화해하지 않았을 것이라고 보는 것이 상당할 만큼 그 손해가 중대한 것일 때에는 당사자의 의사가 이러한 손해에 대해서까지 그 배상청구권을 포기한 것이라고 볼 수 없으므로 다시 그 배상을 청구할 수 있다고 보아야 한다.

따라서 교통사고 피해자는 합의 당시 예상치 못한 후유장해가 발생할 경우, 보험사를 상대로 추가로 그 손해를 배상할 것을 청구할 수 있고, 이 후발손해의 경우 새로이 발생 또는 확대된 손해 부분에 관하여 그러한 사유가 판명된 때로부터 새로이 소멸시효 기간(3년)이 진행된다.

행정은 '운전면허'와 관련된 분야이다.

즉, 운전면허 시험을 통해 일정한 자격을 갖춘 사람에게 발급했던 면허를 범법 행위를 했기 때문에 도로 취소시키는 작용이 행정이다.

현대 사회에서 운전면허는 '사람의 발'과 같은 작용을 하기 때문에 실생활에서 필수라고 할 수 있으므로 면허취소는 물론 면허 구제에 대한 개괄적인 사항을 여기 남겨 둔다.

- 송범석 행정사 -

PART 3

행정

01. 행정처분과 형사처벌의 관계

　운전면허 취소·정지 처분에 대한 행정심판을 진행하게 되는 경우 가장 헷갈리는 부분이 행정처분과 형사처벌에 관한 것이다. 대부분의 당사자가 이를 혼동하여 행정청의 처분과 형사상 처벌을 동일한 절차로 생각을 한다.

　엄밀히 말해서 행정처분과 형사처벌은 관련이 없으며 서로 관여하는 바가 다르다. 물론 식품위생법의 경우 검찰에서 기소유예 등을 받으면 행정청의 행정처분이 감경이 되는 경우가 있고, 도로교통법 시행규칙 제93조 제6항에서는 '시도경찰청장은 운전면허가 취소된 사람이 그 처분의 원인이 된 교통사고 또는 법규위반에 대하여 혐의없음의 불송치 또는 불기소(불송치 또는 불기소를 받은 이후 해당 사건이 다시 수사 및 기소되어 법원의 판결에 따라 유죄가 확정된 경우는 제외한다)를 받거나 무죄의 확정판결을 받은 경우 도로교통공단에 즉시 그 내용을 통보하고, 도로교통공단은 즉시 취소 당시의 정기적성검사기간, 운전면허증 갱신기간 또는 연습운전면허의 잔여기간을 유효기간으로 하는 운전면허증을 새로이 발급해야 한다'고 함으로써 법원의 판단에 따라 행정처분이 달라질 수 있음을 명시하고 있지만 이는 예외적인 사례로 운전면허 실제 면허취소·정지 처분에선 이런 사례가 거의 없다고 보면 된다.

우선, 벌금이나 징역 등의 제재가 가해지는 형사처벌은 국가의 형벌권으로 작용하는 것이며 이는 음주운전을 한 운전자를 범죄자로 보고 그 범죄행위에 대해 형벌로서 부과하는 것이다. 이와 달리 행정처분 즉, 운전면허의 취소나 정지는 일정한 시험을 통과함으로써 운전을 할 수 있는 자격을 취득한 자에 대해 그 자격을 정지하거나 박탈하는 공권력의 행사이다.

그리고 형벌의 경우에는 검찰의 기소와 사법부(형사법원)의 재판에 따라 내려지지만 행정처분은 권한이 있는 행정청의 처분만으로 행사가 된다. 이렇게 생각하면 단순한데, 문제는 각 경찰청이란 기관으로 인해 머리가 복잡해지는 사람이 많다.

음주운전 등과 관련해 각 경찰청은 검사의 수사지휘에 따라 형사사건을 조사해(일선 경찰서) 검찰에 사건을 송치하는 역할을 하는 동시에 운전면허를 발급하거나 발급한 면허를 취소하는 행정기관으로서의 역할을 한다. 이렇듯 두 가지 작용을 경찰에서 동시에 하기 때문에 이를 유념해 둘 필요가 있다.

다시 정리하자면 경찰이 음주운전자 등을 조사한 이후에는 각 경찰청장이 운전면허에 대한 행정처분을 하게 되고 이와 별도로 국가의 형벌권 행사를 위하여 검찰에 사건을 보내고 검찰은 다시 법원에 구형을 함으로써 판사가 징역이나 벌금을 선고하게 되는 것이다.

그렇다면 운전면허 행정심판은 어느 작용과 관련이 있을까? 운전면허 행정심판은 사법기관의 판단과는 무관하다. 행정부 내부인 국민권익위원회 소속의 중앙행정심판위원회에서 판단하는 행정심판은 행정기관의 판단에 해당한다. 따라서 행정심판은 벌금이나 징역과는 관련이 없으며, 행정청의 처분에 해당하는 면허의 취소나 정지와 관련이 있는 것이다.

그러므로 행정심판으로 벌금을 줄일 수 있느냐는 문의는 애초에 말이 안 되는 것이다. 관여하는 바가 전혀 다르기 때문이다. 이와 반대로 형사법원은 운전면허 취소를 정지로 감경하거나 그 처분을 취소할 수 있는 권한이 없다. 형사법원은 범죄자에 대한 국가의 형벌권을 행사하는 작용만 하기 때문이다. 같은 이유로 검찰에 면허취소만큼은 안 된다고 읍소하며 반성문을 넣어도 아무 소용이 없다.

02. 2년 면허취소가 되는 '음주사고'의 기준

현행 도로교통법 제82조 제2항 제6호에 따르면 음주운전을 한 상태로 교통사고를 일으킨 경우에 자동차 운전면허를 2년간 취소시키도록 돼 있다.

그런데 당해 조문의 '교통사고'라는 개념이 어디에서 어디까지를 지칭하는지 구분이 모호하기 때문에 이를 두고 현장에서는 혼돈이 많이 발생한다. 통상적으로는 시행규칙 등을 통해 세부적으로 법률의 규정을 구체화하는 경우가 많은데, 교통사고의 유형이 워낙 다양하다 보니 이에 대한 정확한 기준을 세워두지 못한 것으로 보인다.

이에 대해서 필자가 경찰청에 정식 질의를 통해 받은 공식 회신은 다음과 같다.

당해 조문은 '음주운전을 하다가 교통사고를 일으킨 경우'로 규정하고 있을 뿐 사고의 인적피해와 사고를 구분하고 있지는 않다. 따라서 인적피해 사고뿐만 아니라 시설물(가드레일 등)에 대한 파손이나 상대방에 대한 물적 피해만 발생한 음주운전 교통사고도 음주운전 면허 행정처분의 결격 기간으로 산정되는 것으로 판단된다는 회신이었다.

교통사고의 법률 정의를 보면 '차의 교통으로 인하여 사람을 사상하거나 물건을 손괴하는 것'을 의미한다. 따라서 일반론에 따르면 인사사고뿐만 아니라 대물사고나 단독사고도 이 교통사고에 포함된다. 결론적으로 음주운전으로 사고를 내면 인사사고뿐만 아니라 대물사고나 단독사고 역시 2년 면허취소의 결격 기간에 해당이 된다.

그러나 이는 어디까지는 법률 해석론이고 실무에서는 조금 다른 양상을 띤다. 일선 경찰서가 면허를 정지시키거나 취소시키는 1차적 행정청의 역할을 하기 때문이다. 매뉴얼이 있다고 해도 크게 기준을 넘지 않는 선에서는 담당 경찰의 재량에 따라 해석론과 결론이 바뀌기도 한다. 이는 면허취소가 1년인지 2년인지가 갈리는 부분이기 때문에 음주운전 당사자 입장에서는 상당히 중요한 지점이다.

먼저 단독사고의 경우이다. 보도블록을 올라탄 채 적발되는 경우가 상당히 많은데 이때에는 대부분 '단순음주'로 표기가 된다. 그럼에도 피해가 발생했다면 사고가 될 개연성도 있다. 또한 국가 영조물이나 시설물을 손괴한 경우에도 그 피해가 크지 않고 배상을 원만히 했다면 일선 경찰관의 재량에 의해 단순음주가 되는 경우도 부지기수이다.

다음으로 상대방이 있는 대물사고이다. 주로 주차돼 있는 차에 부딪힌 경우나 개인이 소유한 소유물을 손괴한 경우가 이에 해당한다. 이 역시 피해가 크지 않고 원만하게 배상을 하게 된다면 단순음주로 끝나는 경우가 더러 있으나, 일단 피해 정도가 눈에 띌 정도로 크다면 대부분은 음주운전 사고로 보고 2년 결격 기간이 주어진다.

마지막으로 인사사고 발생 시이다. 많은 사람이 착각하는 게 '합의'를 하고 피해자의 '진단서' 제출을 막으면 인사사고가 빠진다고 알고 있지만 절대 그렇지 않다. 합의 여부와 진단서는 참작사항일 뿐 어디까지나 경찰관의 해석과 재량이 우선이다. 인사사고는 특히 피해자가 특정돼 있기 때문에 극히 예외적인 경우를 제외하고는 대부분 2년 면허취소가 되는 '사고'로 귀결된다.

결론이다. 원칙상 2년 면허 결격 기간에 해당하는 '음주 교통사고'는 '모든 사고'를 포함하는 것이 문헌 해석상 맞지만 실무에서는 경미한 사고에 대해서는 실질적인 행정청 역할을 하는 일선 경찰관의 재량에 따라 음주운전 사고가 되고 안 되고가 결정되는 경우가 허다하다.

더욱이 이후에 경찰관의 판단으로 상황이 바뀌어 2년 취소였던 것이 1년 취소로 바뀌거나, 1년 취소인 줄 알았는데 2년 취소가 되는 경우도 많이 목격했다.

따라서 자신의 음주운전 사고가 매우 경미한 경우라면 경찰관의 심기를 건드리지 않는 선에서 어필해 볼 필요가 분명히 있다. 무엇보다도 가장 중요한 것은 '태도'이다. 경찰관의 재량이 우리가 생각하는 것보다 훨씬 더 크다는 점을 아는 음주운전 혐의자들이 그렇게 많지 않은 것을 보면 개탄스러울 정도이다.

대부분의 경찰관은 음주운전같이 사실 관계가 명확한 사안에 대해서 혐의자가 여실히 반성하는 모습을 보이면 비교적 관대한 편이다. 그러나 그 관대함은 어디까지나 태도가 좋은 사람에 한한다. 필자만 해도 하루 수십 통의 전화를 받다 보면 음주운전을 했는데 뭐가 그리 당당한지, 어떻게든 빠져나가기 위해, 특히 성립도 안 되는 경찰관의 직무집행 위법성에 대한 변명을 들을 때마다 전화를 끊어 버리고 싶은 생각이 불쑥불쑥 든다. 그런데 경찰관이야 오죽하겠는가.

부탁이다. 죄를 지었으면 반성부터 하자.

03. 운전은 언제부터 못 하나?

수년간 음주운전 행정심판 관련 업무를 하다 보니, 아주 구체적이고 소소한 질문을 많이 받게 된다. 아는 입장에서야 "뭘 이런 걸 질문해"라고 생각할 수 있겠지만 처음 음주운전에 적발된 당사자 입장에서 생각해 보면 이해가 된다.

가장 많이 나오는 질문 중 하나는 "경찰서를 갈 때 운전을 할 수 있느냐"라는 것이다.

이 질문은 음주운전으로 적발되면 단속 경찰이 대부분 차키를 가져가거나, 차량을 직접 경찰서 및 지구대에 주차해 놓기 때문이다. 경찰관의 유형력이 행사된 이상, 이제부터는 꼼짝없이 운전을 못 하는 게 아닌가 하는 생각인데, 충분히 그런 생각이 들 수 있는 상황이기도 하다.

결론은 간단하지만, 왜 그런지 원리를 이해를 할 필요성이 있다.

면허취소는 행정행위이며 행정처분이다. 면허취소에 있어서의 행정처분은 '침익적 행정처분'이라고 하며 쉽게 말해 국가가 시험에 합격한 국민에게 주었던 일정한 자격을 다시 박탈하는 것을 말한다. 이 박탈(행정처분)은 적법 절차의 원리에 따라 이뤄져야 하는데, 이를 면허취소에서는 취소통지서 교부라는 형식으로 하고 있다. 이 운전면허 취소통지서에는 취소가 되는 날짜가 나와 있는데, 그때부터 바로 행정상 효력이 발효가 되는 것이다. 따라서 그 이전에는 운전을 해도 무방하다. 운전면허가 취소가 되는 기왕의 사실은 당연한 것이지만, 아직 '때'가 이르지 않은 까닭이다.

통상 음주운전 등으로 단속이 되면 이렇게 전개된다.

'현장 적발' → '경찰서 출석' → '임시면허증 40일 교부(선택)' → '면허취소' 순이다. 따라서 면허가 취소되는 것은 40일 임시면허증이 끝난 날부터 온전한 면허취소의 효력이 일어나므로 그 전에는 운전을 해도 상관이 없다. 경찰서 출석을 할 때 차를 몰고 가도 상관이 없다는 이야기이다.

다만 드문 경우이긴 하지만 현장에서 바로 임시면허증을 주는 경우가 있는데, 이때에는 경찰서 출석 조서 작성까지 현장에서 처리가 된 것이다. 경찰서를 갈 일이 없기 때문에 임시면허증이 만료되는 기간까지 운전을 하다가 취소가 되는 날짜부터는 조용히 자동차 키를 서랍장에 넣어 두면 되겠다.

04. 주목해야 할 '주차장 차단기'

　음주운전으로 면허가 취소되는 경우 가장 논쟁이 많은 요소 중 하나는 도로교통법상 도로에 해당하는지 여부이다. 실무상에서 이를 판단하기는 상당히 어렵다. 하나의 적발 장소를 놓고도 전문가들은 물론이고, 단속 경찰관들조차 의견이 분분하기 때문이다.

　때문에 전문 지식이 없고 처음 사건을 겪은 일반인이 이를 입증하기란 상당히 어려울 수밖에 없다.

　통상적으로 도로 여부를 따지는 사건은 주차장 내에서 10m 이내로 움직이다가 경미한 단순 접촉사고가 발생해 적발이 된 경우에서 비롯된다. 그 피해의 정도가 미미하지만 음주운전이라는 행위를 저지른 이상 면허를 취소당하기 때문에, 억울함이나 후회의 정도가 다른 사례들보다 훨씬 심하다.

　이유야 어찌 됐든 '사회악'으로 규정된 음주운전을 한 이상 행정처분을 받아야 하는 것은 당연하다. 하지만 정당하게 법에 근거해 받지 않을 수 있는 처분을 '무지'로 인하여 일부러 받을 필요는 없는 것이다. 이런 맥락에서 주차장 안에서 자동차를 움직이다가 음주운전으로 적발이 됐다면 반드시 다음과 같은 면허취소구제 방법을 알아둘 필요가 있다.

도로교통법 제2조 제1호 각 목에 의하면, '도로'라 함은 도로법에 의한 도로, 유료도로법에 의한 유료도로, 그 밖에 현실적으로 불특정 다수의 사람 또는 차마의 통행을 위하여 공개된 장소로서 안전하고 원활한 교통을 확보할 필요가 있는 장소를 말한다.

이 문구만 가지고는 좀 모호하기 때문에 판례를 살펴보자. 대법원 판례는 도로교통법이 정의하고 있는 도로는 현실적으로 불특정의 사람이나 차량의 통행을 위해 공개된 장소로서 교통질서 유지 등을 목적으로 하는 일반 교통경찰권이 미치는 공공성이 있는 곳을 의미하고, 특정인들 또는 그들과 관련된 특정한 용건이 있는 자들만이 사용할 수 있고 자주적으로 관리되는 장소는 이에 포함되지 않는다고 판시하고 있다.

그리고 강학상(講學上)으로 보면, 도로교통법상 도로에 해당하기 위해선 '이용성'과 '공개성'을 갖고 있어야 한다. '이용성'은 「현실적으로 불특정 다수의 사람 또는 차마의 통행을 위한 것일 것」을, '공개성'은 「공개된 장소로서 안전하고 원활한 교통 확보의 필요성이 있는 장소일 것」을 의미하는데 이에 따라 공개성이 없는 자주적 관리 및 통제가 되는 장소는 도로교통법상의 도로가 아니라고 볼 수 있다.

결론적으로 말하면 아무나 출입할 수 없고, 독자적으로 통제가 되며 관리가 되는 공간이면 도로가 아닐 가능성이 크다. 특히 주차 차단기가 설치돼 작동하고 있고 요금징수원이 존재하는지 여부를 살펴보는 것이 좋다. 하지만 이것만 가지고 도로인지 아닌지 여부를 판단하기는 어렵고 구체적인 사안에 따라 제반사정을 종합적으로 판단해야 한다. 가령, 차단기가 설치돼 있다 하더라도 주민 편의를 위해 시간이나 요일에 따라 차단기를 올려놓고 무료로 주차를 하게끔 하는 주차장이 많기 때문이다. 이런 경우에 판단은 쉽지 않고 이를 제대로 공부하고 인지하고 있는 전문가의 도움을 받는 게 좋다.

　실무상에서는 도로인지 아닌지 여부를 경찰 진술 작성 시 확실하게 어필하는 것이 가장 좋다. 일단 처분이 내려지면 그것을 취소하기 위해서는 행정심판이라는 구제 절차를 거쳐야 하고, 그 시간만큼 운전을 하지 못하는 것은 물론, 노력이 많이 투입될 수밖에 없다. 경찰에서 처분을 내리지 않을 만큼 확실한 증명 자료를 첨부한다면 좋은 결과를 얻을 수 있을 것이다. 그렇지만 이를 모르고 아무런 노력도 기울이지 않다가 처분이 나온 뒤 부랴부랴 움직이는 경우가 많아서 이를 보고 있노라면 참으로 안타깝다. 명심하자. 권리 위에 잠자는 자는 아무도 보호해 주지 않는다는 사실을.

05. 전동 킥보드를 타다가 적발돼도 음주운전일까?

"행정사님, 제가 전동 킥보드를 타다가 음주운전으로 적발이 되었는데, 이게 맞는 일입니까? 다른 면허도 몽땅 취소가 된다고 하던데요? 허탈하네요⋯."

전동 킥보드는 현행법상 전기자전거와 달리 원동기장치자전거로 분류돼 차도에서만 주행이 가능하고 운행을 위해서는 원동기면허가 필요하다. 구체적으로는 전동 킥보드도 전기출력이 0.59㎾ 미만이면 '원동기장치자전거'로 구분되는 것이다.

현재 전동 킥보드를 포함해 시속 25㎞ 이하로 달리는 개인형 이동수단에 대해서는 자전거도로에서 탈 수 있게끔 논의가 진행된 상황이나 아직 구체적인 방안은 도출되지 않고 있는 상황이다.

이 경우 문제가 되는 것이 면허취소의 문제이다.

절대지식 음주운전 뺑소니의 모든 것

음주운전의 경우에는 자동차를 운행했을 때와 똑같은 행정처분을 받게 된다. 즉 전동 킥보드 등 개인용 이동수단을 타다가 음주운전으로 적발된 경우 0.03~0.08% 미만은 면허정지 100일에, 0.08% 이상부터는 1년 이상의 면허취소에 해당이 된다. 음주운전이 2001년 7월 23일 기준으로 2회 이상인 경우에는 2년 이상 면허가 취소되고, 전동 킥보드로 사고를 일으킨 경우에는 2년 이상 면허가 취소된다. 문제는 모든 면허가 취소가 된다는 것이다. 1종 보통 운전면허는 물론 1종 대형 운전면허, 특수 운전면허, 2종 소형면허까지 한 번에 다 취소가 된다.

다만 벌금과 같은 형사처벌이 발생하지 않는다. 그러나 형벌이 아닌 행정질서벌로서 과태료 10만 원이 부과되고 음주측정 불응 시에는 과태료 13만 원이 부과된다(도로교통법 시행령 제93조 제1항 - 별표8).

현재 문제가 되는 사안이 '인사사고'가 발생했을 때이다. 실무에서는 이 경우 간혹 검찰이 '특정범죄 가중처벌 등에 관한 법률 제5조의11'에 근거한 '위험운전 등 치사상죄'로 기소를 하므로 미리 대처를 해둘 필요가 있다.

아직도 많은 사람이 전동 킥보드가 '운전면허'와 관련이 없다고 생각해 음주를 한 상태에서 개인용 이동수단에 탑승하는데, 법을 몰랐다고 해서 죄가 없어지는 건 아니다.

다만 이 경우에 자동차를 운행하다가 적발된 경우보다는 조금 더 선처를 해 주고 있는 모습을 종종 볼 수 있다. 수사기관에서 기소유예 등 선처를 받는 경우가 있다. 다만 무조건 선처가 나오는 것은 아니므로 자신의 어려운 입장을 적극적으로 주장해 볼 필요가 있으며, 이 외에 면허 구제를 위한 이의신청이나 행정심판도 고려해 볼 요소이다.

06. 전동 킥보드 음주운전에 따른 행정처분에 대한 깊은 유감

전동 킥보드로 음주운전을 하면 모든 자동차 운전면허가 취소가 된다. 2종 보통은 물론 1종 보통, 1종 대형, 2종 소형, 특수 면허도 마찬가지이다. 많은 사람, 아니, 거의 모든 사람이 모르고 있다고 봐도 되는 지점이다. 장담한다. 왜냐하면 적발된 뒤 전화가 오는 의뢰인들에게 물어보면 단 한 명도 이 같은 사실을 알았던 사람이 없었기 때문이다.

사실 좀 억울한 만하다. 소위 '씽씽이'라고 부르는 전동 킥보드나 전동 휠을 타다가 음주운전으로 적발이 됐는데 자동차 운전면허가 취소가 돼 적게는 1년 많게는 3년 가까이 자동차를 몰지 못하는 지경이 됐기 때문이다. 누가 이러한 리스크를 인지하면서도 그 잠깐을 이동하려고 전동 킥보드로 음주운전을 하고 가겠는가.

필자만의 생각이겠지만 이 모든 책임은 정부에 있다. 과거 전동 킥보드로 인한 법률이 없을 때 정부는 전동 킥보드에 대해서 면허를 정지 또는 취소하고 벌금도 자동차와 동일하게 부과했다. 그러던 것이 형평성의 비판이 일자, 면허에 대한 행정처분이 없는 것으로 다시 변경했다. 그러다 종국적으로 2021년 5월 13일부터는 벌금 대신 과태료 10만 원(음주측정 불응의 경우에는 13만 원)으로 바꾸어 무거운 벌금은 면하게 됐지만 다시 면허정지 또는 취소를 할 수 있도록 행정처분을 부활시켰다.

이렇게 오락가락하다 보니 관련 업무를 하지 않는 사람은 설령 법 관련 전문자격사라고 해도 혼돈에 빠질 수밖에 없는 상황이다. 제도가 현실을 따라가지 못하니 법규를 이리 개정하고 저리 개정하다가 결국 이를 전혀 알지 못한 애꿎은 국민이 모든 부작용을 떠안게 된 것이다.

"법은 몰라도 죄가 된다"는 건 분명히 맞는 이야기이다. 또한 전동 킥보드라고 해서 가볍게 생각하고 음주운전을 하는 것 또한 비난받아 마땅하다. 전동 킥보드 또한 충분히 사람을 다치게 할 수 있기 때문이다. 그러나 국민 대다수가 이용한 경험이 있는 전동 킥보드와 같은 실생활과 밀접한 관련이 있는 사안이라면 적어도 '홍보' 정도는 해야 하지 않았을까. '전동 킥보드를 타다가 적발되면 자동차 면허도 사라집니다'와 같은 문구를 강제로 전동 킥보드 헬멧에 부착하도록 하는 게 그렇게 어려운 일이었을까.

법에는 형평성이란 게 있다. 20년 전에 면허정지 수치로 적발된 사람이 20년 후인 현재 전동 킥보드를 타다가 정지 수치로 적발이 되면 2년간 운전을 못 한다. 자동차는 '발'이다. 자동차가 없으면 당연퇴직을 해야 하는 사람이 부지기수이다. 단순히 음주운전이라는 프레임을 벗어나 죄의 경중으로 따져 보길 바란다. 빵 한 조각을 훔쳤다고 사형을 시키는 것과 뭐가 다른 것인가.

전동 킥보드 음주운전에 대해서는 형평성에 맞는 행정처분이 필요하다. 형평성에 맞지 않다 해서 벌금 대신 과태료 처분으로 현저하게 처벌을 낮춘 이유가 존재한다면 같은 맥락에서 행정처분 역시 억지로 자동차 음주운전처럼 동일시할 필요가 없다. 전동 킥보드 음주운전의 경우에는 재범 누진 처분이나 취소 처분을 배제하고 자동차 운전면허를 60일 정지로 한다든지 형평성에서 논란이 없을 만한 제도적 개선이 필요한 시점이다.

07. 원동기 면허는 언제 딸 수 있을까?

　음주운전 등으로 인하여 면허가 취소되는 경우 짧게는 1년간, 길게는 5년까지 취소될 수 있다. 이때 취소되는 면허는 1종 보통, 1종 대형, 2종 보통, 2종 소형 면허 등 모든 면허를 그 대상으로 하며, 원동기장치자전거면허(이하 원동기 면허) 역시 같이 취소가 된다. 이 경우에 특별하게도 원동기 면허에 대해서만 면허가 취소가 된 이후 다른 면허에 비해 더 짧은 기간 안에 취득할 수 있도록 법은 정하고 있는데, 도로교통법 제82조 제2항 제7호에 근거한다.

　동법은 "제1호부터 제6호까지의 규정에 따른 경우가 아닌 다른 사유로 운전면허가 취소된 경우에는 운전면허가 취소된 날부터 1년(원동기장치자전거면허를 받으려는 경우에는 6개월로 하되, 제46조를 위반하여 운전면허가 취소된 경우에는 1년) 후에 면허를 다시 취득할 수 있다"고 규정하고 있다.

　제1호부터 제6호까지는 음주운전과 뺑소니 등을 포함하는 사실상 모든 취소 사유를 규정하고 있다고 보면 되는데, 이 근거 규정에 따라 운전과 관련된 범죄행위로 1년간 면허가 취소가 된 경우에는 일반 면허는 모두 1년 후에 재취득을 할 수 있으나, 원동기 면허에 대해서만은 6개월 후에 바로 재취득이 가능하다는 것이다. 다만 법 제46조에 따라 공동위험 행위 - '속칭 폭주족'(자동차 등의 운전자는 도로에서 2명 이상이 공동으로 2대 이상의 자동차 등을 정당한 사유 없이 앞뒤로 또는 좌우로 줄지어 통행하면서 다른 사람에게 위해를 끼치거나 교통상의 위험을 발생하게 하여서는 아니 된다)의 경우에는 동일하게 1년 뒤에 원동기 면허를 딸 수 있다.

다만 여기서 의문이 드는 지점은 2년 이상의 취소의 경우의 원동기 면허 취득 기간이다.

가령 음주운전 사고로 적발돼 2년간 면허가 취소가 되는 경우 또는 2회 이상 음주운전 사고로 3년간 취소가 되는 경우가 있고 또는 도주차량죄(뺑소니)로 4년간 취소가 되거나 '음주운전 + 도주차량죄'로 5년간 면허가 취소되는 경우가 많은데, 이때에도 6개월 후에 원동기 면허를 취득할 수 있는 것인지에 대한 의문이다. 또는 각 기간의 1/2로 계산을 해야 하는지에 대한 혼란이 있을 수 있다.

필자의 이러한 공식 질문에 대해 경찰청 교통국 교통기획과는 다음과 같은 해석을 내놓았다.

2~5년간의 결격 기간을 부여받은 경우에는 원동기 면허 취득 기간도 면

허취소 결격 기간과 동일하다는 것이다. 즉, 1년 취소일 경우에만 원동기 면허는 6개월 이후 취득이 가능하지만 면허취소가 2년 이상일 때에는 이 단기간 취득 조항은 적용 불가가 되어 다른 면허와 같이 2년, 3년, 4년, 5년이 지나야 원동기 면허를 딸 수 있다는 이야기이다.

원동기 면허는 배달 등 직군에 필수이기 때문에 생계형 운전자를 위해 원동기 면허에 한해서 6개월 후 취득으로 단축시키는 '선처 조항'을 제정해 뒀지만, 2년 이상의 면허 취소자에 대해서는 그 죄질에 있어 더 선처를 해 줄 수 없다는 입법자의 의지가 읽히는 대목이다.

08. 복수면허와 부당결부금지의 원칙

"행정사님, 배달 일이라도 하게 2종 소형이라도 구제해 주시면 안 됩니까?"

한 달에 2~3번꼴로 듣는 복수면허 구제에 대한 이야기를 정확하게 정리해 볼까 한다.

복수면허 논란이 시작되는 지점은 '부당결부금지의 원칙'이라는 행정법상 대원칙 때문이다. 부당결부금지의 원칙은 행정법상 신뢰보호의 원칙 등과 더불어 국가 자격증 및 공무원 시험 준비자들이 반드시 알고 가야 할 원칙 중 하나이다. 실무상에서는 복수 운전면허를 가지고 있는 사람에게 적용된다.

이 원칙은 행정행위를 국가기관이 함에 있어서 그것과 실질적인 관련이 없는 요소를 결부시켜서는 안 된다는 것인데, 예를 들어 교통법규를 위반했다고 영업허가를 취소한다거나 하는 경우이다. 쉽게 말해 상관없는 건 건들지 말라는 이야기이다.

복수면허의 예를 들어보자. 1종 보통 면허로 운전할 수 있는 승용차를 운전하다가 음주운전으로 적발이 된 사람은 부당결부금지의 원칙에 따르면 그가 취득한 2종 소형 면허나 특수 트레일러 면허는 취소를 당해서는 안 된다. 왜냐하면 1종 보통 면허로는 2종 소형 면허와 특수 트레일러 면허가 있어야 운행이 가능한 차량이나 모터사이클을 운전할 수 없기 때문이다. 1종 보통 면허와 2종 소형 면허는 운전할 수 있는 차량이 겹치지 않기 때문에 '별개의 면허'라는 것이다. 특수 트레일러도 마찬가지이다.

이에 대해 대법원은 "한 사람이 여러 종류의 자동차 운전면허를 취득하는 경우 1개의 운전면허증을 발급하고 그 운전면허증의 면허번호는 최초로 부여한 면허번호로 하여 이를 통합 관리하고 있다고 하더라도, 이는 자동차 운전면허증 및 그 면허번호 관리상의 편의를 위한 것에 불과하다"고 밝힌 바 있다(대법원 1995. 11. 16. 선고 95누8850 전원합의체 판결). 한 사람이 복수의 자동차 면허를 가지고 있는 경우 이를 취소할 때에는 서로 별개로 취급을 한다는 원리이다.

통상적으로는 1종 보통 면허를 주축으로 1종 보통의 상위 면허인 1종 대형 면허, 2종 보통 면허가 하나의 그룹으로 묶이고, 2종 소형은 별개, 특수 면허도 별개로 취급된다. 원동기 면허는 모든 면허에 중첩되기 때문에 따로 취급하진 않는다.

필자의 실무 경험에 따르면 2016년 이전까지 부당결부금지의 원칙에 대한 일반적인 입장은 다음과 같았다.

〈경찰 - 인정 못 함. 행정심판위원회 - 인정 못 함. 행정법원 - 사안에 따라 폭넓게 인정함.〉

과거 복수면허에 대해 경찰청에서는 일괄적으로 면허를 취소시켰고, 이를 구제하기 위해서 먼저 거치는 행정심판위원회에서도 일괄 취소가 맞다는 입장이었으나, 행정법원은 부당결부금지의 원칙을 통해 적지 않은 사례에 대해서 면허 구제 처분을 내려왔다.

그러던 것이 2016년에 전환을 맞았다. 경찰청이 법률에 명시적으로 '일괄취소' 항목을 넣은 것이다. 물론 국회가 통과를 시킨 것이지만, 경찰청이 건의한 것만큼은 분명해 보인다.

문제의 조항은 도로교통법 제93조 제1항이다.

2016년 1월 27일 개정 전 법률은 "지방경찰청장은 운전면허(연습운전면허는 제외한다. 이하 이 조에서 같다)를 받은 사람이 다음 각호의 어느 하나에 해당하면 행정자치부령으로 정하는 기준에 따라 운전면허를 취소하거나 1년 이내의 범위에서 운전면허의 효력을 정지시킬 수 있다"고 적시하고 있었는데, 이를 개정하여 "기준에 따라 운전면허(운전자가 받은 모든 범위의 운전면허를 포함한다. 이하 이 조에서 같다)"라는 괄호를 넣음으로써 '모든 면허를 취소한다'는 부당결부금지의 원칙의 여지를 없애는 문구를 보충했다.

이때부터 행정법원에서도 원칙적으로 법률을 적용해, 대부분 부당결부금지의 원칙을 거의 인정하지 않는 듯한 판결을 내리고 있다. 물론 최근 대법원에서 이를 인정하는 판결(2018. 2. 28. 선고 2017두67476 판결)을 한 바 있고, 판결은 외부의 개입 없이 판사의 양심과 재량에 따라 이뤄지기 때문에 부당결부금지의 원칙이 무조건적으로 배제가 된다고 보기는 어려우나 일단 법률 자체가 변경되었기 때문에 이 원칙을 적용하는 데 부담감이 있는 건 사실이다.

결론적으로 현행법상 복수면허에 대한 부당결부금지의 원칙 적용이 힘들다고 봐야 한다. 무조건 배제가 된다는 말 또한 위에서 소개했듯 여전히 판례가 존재하기 때문에 틀린 말이긴 하나 현실적으로 그렇다. 이 같은 측면을 고려하고 면허 구제에 대한 준비를 해야 할 것이다.

절대지식 음주운전 뺑소니의 모든 것

09. 무면허 적발 시 가산 기간

무면허 운전은 해서는 안 되지만, 음주운전만큼이나 많이 발생하는 게 현실이다. 당장 급한 일로 운전을 해야 하거나 또는 생계를 위해서 운전을 하다가 적발되는 경우가 부지기수이다. 차선 위반 등으로 경찰에게 적발되는 경우에 무면허 운전이 들통나거나 또는 이미 음주운전으로 적발된 차량에 탑승했다가 경찰차의 스캔 기능에 적발되는 경우 등이 가장 많이 적발되는 유형이다.

한편 면허가 취소가 된 이후에 무면허 운전으로 적발이 되면 취소 기간이 얼마나 늘어나는 걸까? 알다시피 무면허 적발일로부터 1년이다. 그런데 이게 생각만큼 간단한 문제가 아니다. 가령 이런 경우이다.

윤창호법 도로교통법 편이 시행되기 전인 2019년 4월 기준으로 3진 아웃으로 적발되면 면허가 2년 취소, 사고가 3번 이상 있는 경우에는 3년간 취소가 되는데 3진 아웃으로 2년간 면허가 취소가 된 사람이 면허취소 기간을 채 1년을 보내지 못한 상태에서 다시 무면허 운전으로 적발되는 때이다.

예를 들어 2019년 1월 2일부터 면허가 취소 기간에 돌입해 2021년 1월 1일에 면허를 다시 취득할 수 있는 사람이 2019년 10월 1일에 무면허 운전으로 적발이 된 경우이다.

앞서 말했듯 무면허 운전은 적발일로부터 연장이 1년인데, 이렇게 되면 2019년 10월 1일부터 1년을 가산하게 되므로 2020년 9월 30일에는 다시 면허를 취득할 수 있게 된다. 이런 방식으로 놓고 보면 무면허가 없었더라면 면허를 취득할 수 있는 2021년 1월 1일보다 더 기간이 짧아지게 된다. 결국 무면허 운전을 저질렀을 때가 법규를 준수했을 때보다 면허 취득 기간을 단축하는 효과가 발생하게 되는 역설적인 상황이 일어난다. 이 같은 맥락에서 필자 역시 3진 아웃 같은 경우에는 "예외적으로 무면허 적발로부터 2년이 다시 시작된다"고 생각했던 때가 있었다.

뺑소니로 불리는 특정범죄가중처벌법상 도주차량죄도 마찬가지이다. 이 경우 면허는 4년 취소, 음주 뺑소니는 5년 동안 취소되는데, 그렇다면 이 기간 중에 무면허로 적발이 되면 과연 1년이 더 늘어나는 건지, 아니면 4년이 다시 시작되는 건지, 아니면 아무 일도 없는 게 되는 건지 늘 궁금했다.

최근에 그 궁금증을 경찰청의 자세한 도움으로 풀 수 있었고, 그에 대한 답을 소개하고자 한다. 정답은 '양립'한다는 것이다.

위에서 예시를 든 사례를 보자면 음주운전 3진 아웃에 대한 2년의 결격 기간은 여전히 존재하는 동시에, 2019년 10월 1일에 발생한 무면허 운전에 대한 1년의 결격 기간이 같이 양립해서 존재하게 된다. 어느 하나의 사유에 따른 기간에 흡수되는 게 아니기 때문에, 결과적으로 양립하는 면허 취득 기간 중에 긴 기간을 따르게 된다.

사례를 보면 2021년 1월 1일이라는 기간과 2020년 9월 30일이라는 기간이 양립 존재하는 것이고 이 중에 2020년 9월 30일에는 무면허로 인한 면허취소 기간은 풀리지만, 아직 3진 아웃에 따른 면허취소 기간이 남아 있기 때문에 결과적으로 후자에 따라 면허를 취득할 수 없으며 2021년 1월 1일이 되어야 면허취소 기간의 2가지 사유가 모두 해소가 되므로 이때 비로소 면허를 취득할 수 있게 되는 것이다.

다른 케이스로 보면 3진 아웃으로 2019년 1월 2일부터 면허취소 기간에 돌입해 2021년 1월 1일에 면허를 다시 취득할 수 있는 사람이 2020년 4월 1일 정도에 무면허 운전으로 적발이 된 경우라면 2021년 1월 1일에 3진 아웃에 대한 결격 기간은 해제가 되지만 아직 무면허 운전으로 인한 결격 기간(2021년 3월 31일 취득 가능)이 남아 있기 때문에 면허를 취득할 수 있는 시점은 2021년 3월 31일이 되는 것이다.

"뭘 이런 것까지 알아야 하나" 싶을 수도 있으나, 하나라도 정확하게 설명을 해야 하는 법조인 입장에 있거나, 취소 기간 중에 무면허로 적발된 경우에는 유용한 정보라고 자신한다.

결국 무면허 운전과 다른 취소 사유에 따른 면허 결격 기간은 양립한다는 점을 알아두면 이해가 쉽다. 그렇기에 결과적으로 무면허 운전 기간이 연장되지 않는 취소 결격 기간 내에 있는 사람이라면 "어차피 연장도 안 되는데 무면허 운전을 해야겠다"고 생각할 수 있겠으나 무면허 운전 시엔 행정처분뿐만 아니라 형사처벌이 부과된다는 점을 간과해선 안 될 것이다.

절대지식 음주운전 뺑소니의 모든 것

10. 그놈의 괘씸죄

'괘씸죄'의 사전적 정의를 보자면 이렇다.

"아랫사람이 윗사람이나 권력자의 의도에 거슬리거나 눈 밖에 나는 행동을 하여 받는 미움."

과연 소송에서도 괘씸죄가 존재할까. 실제로 존재하든 존재하지 않든 그것은 중요하지 않은 것 같다. 실상 그 존재를 믿는 사람이 있다면 그들 내심에서만큼은 실존하는 것일 테니.

얼마 전 일이다. 한 교양 방송 프로그램에서 유럽 국가의 어린 학생들이 수업 중에 노동법에 대하여 배우는 것을 방영한 적이 있다. 오랫동안 법학을 해 왔다고는 해도 필자 입장에서는 충격이었다. 고등학교 때나 중학교 때, 그리고 초등학교 때 노동법에 대하여 배운 적이 있던가. 하물며 법의 기본 이념이나 체계에 대해서 어떠한 수업에서도 들어본 적이 없는 것 같다. 나쁜일까. 우리나라 국민이 전부가 다 그렇지 않을까 하는 생각을 해본다. 그렇다 보니 아무리 사회경험이 많아도 유독 법에 대해서는 필요 없는 상상력을 많이 동원할 때가 많은 것 같다.

그래서일까. 우리 국민의 상당수는 무지에서 발현된 상상의 괴물 '괘씸 죄'라는 녀석에게 상당한 억압을 당하고 있는 모양새다. 그와 관련된 질문을 살펴보자면 대략 이렇다.

"제가 벌금에 대해서 불복을 하면 판사님이 더 괘씸해서 벌금형을 높이지 않을까요?"

"만약에 제가 행정심판을 청구하면 벌금이 더 올라가지 않나요?"

아는 입장에서는 어처구니없지만, 모르는 입장에서 보면 그도 그럴듯하다. 실제로 음주운전 관련 업무를 하다 보면 이런 질문이 부지기수로 나온다.

우리나라뿐만 아니라 법치국가가 공통으로 채택하고 있는 '불이익 변경 금지의 원칙'이란 게 있다. 이 원칙은 피고인이 상소한 사건이나 피고인을 위하여 상소한 사건에 대하여 상소심은 원심판결의 형보다 중한 형을 선고하지 못한다는 점을 천명하고 있는데, 이로써 피고인이 안심하고 소송을 진행할 수 있도록 하고 있는 것이다. 따라서 벌금형에 대하여 불복하여 재판을 청구한다고 해서 벌금형이 기존보다 더 올라가는 일은 없는 것이다. 물론 검사가 판사의 판단에 대하여 다시 불복하는 것은 별개의 이

절대지식 음주운전 뺑소니의 모든 것

야기다.

　한편으로 행정심판을 했다고 해서 벌금이 올라간다는 것도 말도 안 되는 이야기다. 행정심판은 입법, 사법, 행정의 삼권 분립 중 행정부의 판단이다. 따라서 벌금형을 내리는 형사재판의 판단자인 사법부와는 관련이 없다. 각자 독자의 영역인 셈이다. 설령 행정심판 이후에 행정소송을 한다고 해도 이것은 마찬가지이다. 행정소송을 제기했다고 해서 형사재판의 판사가 "이놈 괘씸하네" 해서 벌금형을 올리는 일은 적어도 없다는 이야기다.

　실제로 이런 질문이 하루에도 몇 번씩 거듭된다. 법학이 국민들 속에 깊게 뿌리내린 유럽 등 외국에서 필자가 같은 업무를 했더라도 이런 질문이 나올까 싶기도 하다. 공통된 국민의 무지는 국가의 교육에서부터 발현된다. 사족이 될지도 모르겠으나, 우리 국민도 어렸을 때부터 생활에 꼭 필요한 법학 교육은 꼭 해야 하지 않나 하는 바람을 조용히 곱씹어 본다.

11. 왜 '행정심판'을 제기하나?

음주운전면허취소 구제를 신청하는 쟁송제도로는 이의신청과 행정심판, 행정소송이 있다. 이 제도들은 행정쟁송의 한 형태이다. 쟁송이란 말 그대로 당사자 간에 다툼이 있는 경우에 일정한 국가기관이 이를 심리하고 판단을 하는 일련의 절차를 일컫는다. 행정쟁송은 행정기관의 처분 등에 대하여 당사자 등이 위법, 부당함을 주장하는 쟁송이며 국민이 자신의 권리나 이익을 보호받는 실질적인 행정구제 수단이기도 하다.

우리나라 현행 행정쟁송 제도는 행정심판제도와 행정소송제도가 있다. 행정심판에 관한 일반법으로는 '행정심판법'이 있으며, 행정소송에 관한 일반법으로는 '행정소송법'이 있다.

행정심판은 행정청이 위법하거나 부당한 처분을 했을 때 자신의 권리나 이익을 침해당한 자가 행정기관에 대하여 그 시정을 구하는 절차를 말한다. 그 대상에는 처분 외에도 기타 공권력의 행사 또는 행사를 해야 함에도 행사를 하지 않는 경우(법에 따라 인가를 내줘야 하는데 계속 미루

절대지식 음주운전 뺑소니의 모든 것

는 경우 등)도 포함된다. 일반적으로는 '행정심판'이라는 명칭이 붙지만, 실정법상으로는 이의신청, 심사청구, 재심사청구 등 여러 가지 용어가 혼재돼 있다.

행정심판은 우리가 흔히 아는 청원이나 진정과는 구별이 된다. 청원이나 진정은 정식 쟁송이 아니라 단순한 의사표시에 해당하기 때문이다. 한편으로 '이의신청'과도 구별할 필요가 있는데 운전면허취소(정지) 구제에 있어서 이의신청은 각 경찰청에 제기하는 것이지만 행정심판은 국민권익위원회 소속 중앙행정심판위원회에 제기하는 차이가 있다.

일반적으로 이의신청은 행정심판에 비해 심리 기준이 까다롭고 구제 확률이 낮다. 운전면허취소(정지) 구제에 있어서 이의신청과 행정심판은 동시에 청구할 수 있는 것이 특징이다.

이와 달리 운전면허취소(정지)처분에 대한 행정심판을 제기하기 전에는 행정소송을 제기할 수 없다. 이처럼 행정소송의 제기에 앞서서 먼저 행정심판을 거쳐야 하는 절차를 행정심판전치주의라고 부른다. 현행 행정소송법(제18조)상 원칙적으로 취소소송(행정소송)은 법령의 규정에 의하여 처분에 대한 행정심판을 제기할 수 있는 경우에도 이를 거치지 아니하고 제기할 수 있다. 한마디로 행정심판을 제기하든 행정소송을 제기하든 당사자 마음이란 얘기다. 이를 임의적 행정심판전치라고 한다.

다만, 다른 법률에 당해 처분에 대한 행정심판의 재결을 거치지 아니하면 취소소송을 제기할 수 없다는 규정이 있는 때에는 그렇게 하지 못한다. 이 규정이 도로교통법에 나와 있다.

도로교통법 제142조는 이 법에 따른 처분으로서 해당 처분에 대한 행정소송은 행정심판의 재결(裁決)을 거치지 아니하면 제기할 수 없다고 하고 있다. 이를 필요적 행정심판전치라고 한다. 이런 이유로 도로교통법상 행정처분에 대한 불복을 하려면 행정심판을 거친 이후에 행정소송을 제기할 수 있는 것이다.

일반적으로 필요적 행정심판전치가 적용되는 분야는 현대 생활에서 대량적으로 행해지면서 전문적·기술적인 성질을 갖는 처분이다. '운전'이란 분야는 현대 생활에서 필수 불가결한 요소이므로 필요적 행정심판전치가 인정되고 있는 것이다.

운전면허취소 구제 쟁송제도와 관련해 바로 행정소송을 제기하지 못하고 행정심판부터 해야 하는 이유가 여기에 있다.

한편 행정심판의 종류에는 취소심판, 무효등확인심판, 의무이행심판 등이 있으며 운전면허취소처분에 대한 행정심판은 이 중 처분을 취소하거나 다른 처분으로 변경할 것을 청구하는 것이므로 취소심판의 성격을 갖는다.

12. 행정심판은 언제부터 진행해야 할까?

   음주운전을 한 경우 또는 벌점 초과로 면허가 취소된 경우, 그 밖에 기타 사유로 면허가 정지 또는 취소된 경우에는 면허 구제를 위한 절차로서 행정심판이나 이의신청을 제기할 수 있다.

   그런데 이 구제 제도들을 진행해야 하는 시기는 언제일까? 필자가 실무를 진행하다 보면 의뢰인들에게 가장 많이 받는 질문 중 하나가 이에 대한 것이기도 하다.

   가장 정확한 답변은 '(음주운전) 적발 즉시'이다. '진행'이라는 과정은 '준비'와 '접수'라는 일련의 요소를 모두 수렴하고 있기 때문이다. 행정심판이나 이의신청은 청구서 접수를 해야 그때부터 쟁송이 진행되는데, 접수를 하기 위해선 증거서류와 청구서 작성 등 제반서류를 준비해야 한다.

   따라서 제반서류를 늦게 준비하면 접수를 늦게 할 수밖에 없고, 접수가 늦어지면 심리가 늦어지며 결과적으로 재결(판결)이 늦어지는 결과를 초래한다. 그러므로 제반서류 준비를 위해서 적발이 되자마자(음주운전 이외의 사유는 정지 및 취소 사유를 알자마자) 정보를 수집하고 자신의 구제를 위해서 필요한 요소를 꼼꼼히 살필 필요가 있는 것이다.

사실 접수는 청구서 한 장만 있어도 되지만, 구제 확률을 최대한 높이기 위해서는 한 장이라도 자신에게 유리한 증거 서류를 더 확보해야 한다. 쟁송에 있어서 자신에게 유리한 점을 주장하기 위해서는 자신이 증명을 해야 하는 것이지, 그 누구도 대신 증명을 해 주지 않기 때문이다. 따라서 당사자 본인이 주장하지 않는 부분에 대해서는 인정이 되지 않는 것이다.

가령 청구서에 한 줄 글로만 '출퇴근 거리가 너무 멉니다'라고 주장을 해봐야 인정이 될 가능성이 거의 없고, 정확하게 이와 관련된 서류를 첨부하여 증명을 해야 한다.

실제로 행정심판이나 이의신청과 관련된 서류는 많게는 40여 종이 넘기 때문에 이를 수집하는 데 상당한 시간이 소요된다. 특히 생업에 종사하면서 틈틈이 자료를 모아야 하므로 적발 즉시 자료 수집을 시작해야 불이익이 없다.

한편 행정심판의 접수를 위해서는 '운전면허 취소 결정통지서'라는 것이 필요한데 이 서류는 경찰서에서 피의자 신문조서를 작성하고 임시운전면허증을 수령한 날로부터 자택 주소로 2~3주 안에 우편으로 1차, 등기로 2차가 도달한다. 이 서류를 받아야 접수가 진행되는데, 이 서류를 받기 전에 모든 자료를 준비해 놓았다가, 서류를 받자마자 행정심판 등을 접수를 하는 것이 가장 이상적이다.

만일 결정통지서가 올 때까지 마냥 기다리고 있다가 도착한 뒤부터 서류를 모으기 시작하면 그때부터 또 서류를 모으는 데 시간을 소요해야 하므로 그만큼 결과가 늦게 나오게 된다.

따라서 가장 합리적인 방법은 적발 즉시부터 차근차근 서류와 반성문 등을 준비해 두는 것이며, 결정통지서를 기다리고 있다가 오는 즉시 접수를 하는 방식이다.

13. 행정심판 어떻게 진행되나?

운전면허 취소·정지와 관련해 행정심판을 제기하기 위해서는 반드시 '처분'이 존재해야 한다. 행정심판법상 '처분'이란 행정청이 행하는 구체적 사실에 관한 법 집행으로서의 공권력의 행사 또는 그 거부, 그 밖에 이에 준하는 행정작용을 말한다. 운전면허 취소·정지에 대한 처분은 '운전면허 처분 결정통지서'라는 명칭의 행정우편이 도달함으로써 통지가 된 것으로 본다. '운전면허 처분 결정통지서'는 보통 빨간색 용지이지만 상아색이나 하얀색 용지로 올 때도 있으므로 일반 문서라고 생각해서 파쇄하거나 해서는 안 된다.

처분 결정통지서에는 몇 가지 중요한 정보가 수록돼 있다. 처분 당사자의 성명, 생년월일, 주소, 면허번호가 적시돼 있고, 그 아래로 행정처분 결정 내용이 명기돼 있다. 행정처분 결정 내용에는 가장 주의 깊게 봐야 할 '취소일자'와 '결격 기간'이 새겨져 있으며 그 하단에는 사유가 적혀 있다. 마지막 항목은 특별안전교육이 어떤 방식으로 이뤄지는지 설명하고 있다.

운전면허행정심판을 함에 있어서 가장 중요한 요소는 맨 마지막에 쓰여 있는 '처분이 통지된 날짜'이다. 필요적 행정심판 전치주의에 따라 이 날짜로부터 90일 안에 행정심판을 제기하지 않으면 구제 수단이 사라지기 때문이다.

이 기간 안에 행정심판을 청구하고자 하는 사람은 일정한 양식으로 마련된 서면을 통해 청구를 해야 한다. 이 서면을 행정심판청구서라고 하며 여기에 반드시 포함되어야 할 항목이 빠지면 안 된다. 그 항목은 ▲청구인의 이름과 주소 또는 사무소(주소 또는 사무소 외의 장소에서 송달받기를 원하면 송달 장소를 추가로 적어야 한다) ▲피청구인과 위원회 ▲심판청구의 대상이 되는 처분의 내용 ▲처분이 있음을 알게 된 날 ▲심판청구의 취지와 이유 ▲피청구인의 행정심판 고지 유무와 그 내용 등이다. 아울러 청구인이 법인 등일 때나 행정심판이 선정대표자나 대리인에 의하여 청구되는 것일 때에는 그 대표자·관리인·선정대표자 또는 대리인의 이름과 주소를 적어야 한다.

마지막으로 심판청구서에는 청구인·대표자·관리인·선정대표자 또는 대리인이 서명하거나 날인하여야 한다. 서명이 없으면 청구서가 접수되지 않으니 주의해야 한다.

심판청구서는 피청구인의 수만큼 심판청구서 부본을 함께 제출해야 하는데, 통상 2부를 준비하면 된다. 이를 준비하지 않는다고 해서 접수가 되지 않는 것은 아니지만, 담당 공무원의 빠른 업무 진행을 위해 준비해 두는 것이 좋다.

적법한 접수가 이뤄지면 행정심판위원회는 지체 없이 피청구인(처분을 내린 행정청, 운전면허취소처분에 있어서는 관할 각 경찰청)에게 심판청구서를 보내게 되고, 심판청구서를 접수하거나 송부 받은 피청구인은 10일 이내에 답변서를 위원회에 보내야 한다. 위원회는 피청구인으로부터 답변서가 제출되면 답변서 부본을 청구인에게 송달해야 한다.

이때 청구인에게 답변서가 송달되면서 당사자들의 오해가 많이 발생한다. 답변서를 재결서로 착각을 하기 때문이다. 이 자리를 통해 강조하지만 답변서는 행정심판 결정에 대한 재결서가 아니고 피청구인의 일방적인 주장이므로 이를 받고 놀랄 필요는 없다.

이후에는 행정심판위원회의 심리가 진행된다. 행정심판의 심리는 구술심리나 서면심리로 한다. 다만, 당사자가 구술심리를 신청한 경우에는 서면심리만으로 결정할 수 있다고 인정되는 경우 외에는 구술심리를 하여야 한다. 일반적으로 운전면허 행정심판에 있어서 구술심리는 찾아보기 힘들다.

한편 당사자가 청구서를 접수한 후에도 주장을 보충할 수 있다. 당사자는 심판청구서·보정서·답변서·참가신청서 등에서 주장한 사실을 보충하고 다른 당사자의 주장을 다시 반박하기 위해 필요하면 위원회에 보충서면을 제출할 수 있으며 이 경우 다른 당사자의 수만큼 보충서면 부본을 함께 제출하여야 한다.

아울러 심리 중에는 증거조사도 이뤄질 수 있다. 증거조사는 당사자나 관계인(관계 행정기관 소속 공무원을 포함한다)을 위원회의 회의에 출석하게 하여 신문(訊問)하는 방법과 당사자나 관계인이 가지고 있는 문서·장부·물건 또는 그 밖의 증거자료의 제출을 요구하고 영치(領置)하는 방법 또는 특별한 학식과 경험을 가진 제3자에게 감정을 요구하는 방법 등으로 진행된다.

심리기일은 위원회가 직권으로 지정하며 위원회는 필요하면 당사자가 주장하지 아니한 사실에 대하여도 심리할 수 있다.

심리가 끝나면 재결이 이뤄진다. 재결은 피청구인 또는 위원회가 심판청구서를 받은 날부터 60일 이내에 하여야 한다. 다만, 부득이한 사정이 있는 경우에는 위원장이 직권으로 30일을 연장할 수 있다. 재결은 서면으로 하며 재결이 이뤄지면 행정심판위원회는 지체 없이 당사자에게 재결서의 정본을 송달해야 한다.

이 재결을 받고 나면 그 재결 자체가 또 하나의 처분이 되므로 이에 불복할 경우에는 행정소송을 제기할 수 있다.

14. 답변서는 결과가 아니래도!

　행정심판을 비롯해 대부분의 행정쟁송은 3자 구도로 진행이 된다. 즉 청구 원인에 따라 기대하는 청구 결과를 바라고 청구를 한 청구인 또는 원고와 그 대척점에 서서 청구 원인을 반대하는 피고, 그리고 그 가운데 중립적인 입장에서 판단을 하고 판결을 내리는 판사나 심리관(행정심판위원)이 존재한다.

　이때 청구인 또는 원고가 자신의 주장과 바람을 담은 청구서를 제출하게 되는데 이 서류에는 청구 이유와 청구 취지 등이 기록이 된다. 이 청구서가 접수되면 청구인 또는 원고의 청구를 반대해야 하는 입장에 서 있는 피청구인 또는 피고가 청구인의 주장에 반대하는 입장을 기록한 서면을 제출해야 한다. 이것은 반박서면 또는 답변서라고 하는데, 이 반박서면이나 답변서를 생전 처음 받아 본 입장에선 그것이 '결과'라고 생각해서 자포자기하는 경우가 상당히 많다.

　답변서는 쟁송의 진행 과정에서 필수적으로 또는 형식적으로 작성되는 서류이다. 이것은 결과가 아니다. 그럼에도 "행정사님, 기각됐다고 왔어요. 이제 다 끝난 거죠?"라는 말을 하루에도 몇 번씩 듣는 게 현실이다. 이런 문의 자체가 행정심판위원회에도 많았던지 답변서 맨 앞장에는 행정심판위원회에서 친절하게도 "답변서는 결과가 아닙니다"라는 글자를 기록해 뒀음에도 그걸 알아보는 청구인은 거의 없는 듯하다. 마음이 급하고, '기각됐다'는 말이 쓰여 있는 여러 가지 서류가 들어 있다 보니 기가 질려서이다. 행정심판에서는 이처럼 친절하게 "결과가 아니다"라는 글자라도 쓰여 있지만 보통 행정소송에는 아무런 설명이 없어서 처음 진행을 하는 의뢰인들은 헷갈릴 수밖에 없다. 그런 까닭에 필자 역시 행정심판 접수를 대행한 뒤에는 반드시 답변서에 대한 설명을 먼저 의뢰인들에게 전달하고 있지만, 어쩐 일인지 답변서가 오면 백이면 백 다 놀라는 의뢰인들의 모습을 본다.

답변서는 진행 과정에서 송달되는 피청구인의 주장일 뿐이다. 결론이 아니다. 행정심판 청구건 수가 상당히 많다 보니 보통 행정심판 답변서는 거의 틀을 갖추고 몇 글자를 고쳐서 보내는 경우가 많다. 경찰공무원이 일일이 답변서를 공들여 쓸 시간적 여력이 없기 때문이다. 그렇기 때문에 답변서를 받아 보면 그 내용이 다 그 내용인데, 현실적으로 어쩔 수 없는 부분이라고 판단된다.

어찌 되었든 답변서를 받고 놀랄 필요는 없다. 답변서 내용은 청구인을 공격하는 내용이 들어 있기 때문에 그 내용이 맞지 않다면 차분하게 다시 반박을 하면 된다. 이렇게 공을 주고받듯이 서면과 주장이 오가는 게 쟁송의 본질이다.

거듭 강조하지만 답변서는 결과가 아니다.

절대지식 음주운전 뺑소니의 모든 것

15. 행정쟁송과 기관 통보

음주운전 등 도로교통법 위반으로 경찰의 수사를 받게 되면 공무원이나 이에 준하는 지위에 있는 사람은 기관 통보를 받게 된다. 다만 공공기관 직원은 원칙적으로 통보 대상이 아니다.

공무원의 경우 기관 통보가 되는 근거 규정은 국가공무원법 제83조와 지방공무원법 제73조이다. 해당 조항은 감사원과 검찰·경찰, 그 밖의 수사기관은 조사나 수사를 시작한 때와 이를 마친 때에는 10일 내에 소속 기관의 장에게 그 사실을 통보하여야 한다고 규정하고 있다. 사립학교교원에 대해서는 사립학교법 제52조 및 제55조의 관계 규정을 근거로 기관에 통보가 된다. 확실히 말해 두지만 법치주의에 따라 이 근거 규정 외에 기관 통보가 갈 수도 없고, 가서도 안 되며, 이 근거 법률 규정에 따르지 않고 통보가 가게 된다면 그것 자체로 기관 통보를 한 사람이 문제가 될 소지가 크다.

이와 관련해 필자는 "행정심판이나 이의신청, 행정소송을 하는 경우에 기관에 통보가 갈까 너무 두려워서 잠도 못 잔다"는 공무원 직위를 갖고 있는 의뢰인들의 하소연을 들을 때가 많다.

그러나 행정심판이나 이의신청, 행정소송을 진행했다고 해서 기관 통보가 가는 경우는 전혀 없다. 아니 불가능하다고 하는 게 정확하다. 법률 규정이 없기 때문이다. 법원이나 행정심판위원회에서 근거 규정 없이 기관 통보를 할 수는 없는 것이다.

법에서 규정하고 있는 기관 통보의 의무 기관은 감사원, 검찰, 경찰 등이다. 전부 수사기관 내지 준수사기관에 해당이 된다. '수사'를 했기 때문에 통보를 하라는 것이지 헌법상 고유 권리인 소송권(소권)을 행사했다는 이유로, 심판을 하는 행정심판위원회나 행정법원더러 통보를 하라고 하는 게 아니다. 즉, 쟁송을 진행하든 안 하든 그것과 관계없이 '수사'를 받은 사실로서 기관에 통보가 간다는 것이다. 수사와 쟁송은 완전히 다른 개념임에도 많은 사람이 이 부분을 마음에 담고 이유 없이 두려워하는 것을 보면 마음이 많이 아프다.

이는 공무원이 아닌 경우라도 마찬가지이다.

행정심판이나 소송을 진행했다고 사기업이나 공기업에 통보가 가는 일은 전혀 없다. 더구나 운전면허 행정처분 취소 처분은 자신이 어떤 직업이나 직위에 있든 그것과 관계없이 '일반 운전자'로 청구를 하는 것이다. 운전자 신분으로 구제를 받는 것이지, 소청 심사청구처럼 공무원 신분으

절대지식 음주운전 뺑소니의 모든 것

로 쟁송을 청구하는 개념이 아니다. 법대 앞에서는 자신이 어떤 위치에 있든 그저 '한 명의 운전자'일 뿐이다.

　결론적으로 공무원이든, 공무원이 아니든 쟁송을 진행했다고 해서 기관이나 기업에 통보가 되는 일은 절대 없고, 실현 불가능하다. 법조인들은 '절대'라는 단어를 쓰는 걸 부담스러워해서 '특단의 사정이 없는 한'이라는 애매한 말로 피해 가는 경우가 많지만, 이 사안은 '절대'라는 개념이 맞다. 걱정하지 않아도 된다.

16. 생계형이 아니어도 구제가 될까?

"행정사님… 저는 생계형이 아닌데 구제가 어렵지 않나요? 저를 조사하던 경찰관님이 그러시던데요? 생계형이 아니니까 무조건 안 된다고."

이런 질문을 받으면 참 난감하다. 사실을 사실대로 말해도 이미 '경찰관'에게 들었던 이야기를 의뢰인의 뇌리에서 지울 수가 없기 때문이다. 이 질문에 대해서 증명을 못 하면 행정사는 거짓말쟁이가 되고 만다. 행정심판을 하면 충분히 구제가 가능할 것 같은 사람도 이 같은 말을 듣고 행정심판 기회를 포기하는 경우가 간혹 발생한다. 참 안타깝다.

사실 "생계형이 아니기 때문에 구제가 안 된다"는 말은 반은 맞고 반은 틀린 말이다.

정확히 말하자면 '생계형'이란 항목은 각 경찰청에 접수를 하는 '이의신청' 제도와 깊은 연관이 있다. 그도 그럴 것이 애초에 이의신청 제도는 '생계형'이 아니면 구제가 안 된다.

서울시경찰청이 공지에 띄워 놓은 이의신청 제도의 기본 취지는 '생계 유지를 위하여 운전면허가 절실히 필요한 서민 구제'이다. 이의신청 제도는 생계형을 위한 제도이며, 따라서 생계형이 아니면 구제가 될 수 없는 것이다.

여기서 말하는 생계형은 '운전이 생계수단인 사람'을 의미하며 정확히 어디까지가 생계형인지에 대한 기준은 없으나 일반적으로 택배배달원, 택시기사, 버스기사, 퀵서비스기사, 화물차운전자 등 상식적으로 보더라도 운전이 없으면 밥벌이가 불가능한 사람들을 지칭한다. 영업직은 엄밀하게 여기에 포함되지는 않는다.

이와 달리 행정심판은 '생계형'과 큰 관련이 없다. 실제로 구제를 받는 사람들의 직업을 보면 생계형이 아닌 사람이 상당수다. 행정심판 재결서 (판결문)를 보면 2페이지 가장 상단에 그 사람의 직업에 대해서 명기를 해 두고 있는데, 이 부분만 봐도 생계형과는 큰 관련이 없다는 점을 쉽게 알 수 있다. 행정심판은 첫째로 적발 당시 혈중알코올농도와 그간의 운전경력 그리고 음주운전을 했었는지, 혹은 안전운전을 해 왔는지에 대해서 관심을 두며, 그 외에 생활고, 부양가족, 장애, 선행 등은 후순위이다.

생계형 역시 행정심판에서는 당락을 좌우하는 절대적인 요소가 아닌 셈이다. 물론 참작적인 요소로서의 영향은 미친다.

이런 맥락에서 "생계형이 아니라 구제가 힘듭니다"라는 말은 엄밀하게 보면 틀린 이야기다. 그럼에도 일선 경찰서에서는 생계형이 아니기 때문에 구제가 힘들다고 하는데, 그것은 경찰관들의 인식이 각 경찰청에서 진행하는 이의신청 제도에 쏠려 있기 때문이다.

이의신청과 행정심판이라는 2가지 제도가 있는 줄 모르는 음주운전자들로서는 이런 이야기를 듣고 당연히 안 된다고만 생각하게 되는 것이다. 억울한 사유로 음주운전을 했고, 그 위법성이 경미하여 구제가 될 수 있는 운전자들에 한해서는 이런 점을 분명 홍보할 필요성이 있을 것이다. 행정심판도 엄연히 국민의 권리 구제를 위하여 운영하고 있는 제도이기 때문이다.

17. 행정심판 구제 확률 통계의 함정

　음주운전 등 위법행위로 면허가 취소된 경우 구제를 받을 수 있는 제도로는 생계형 이의신청, 행정심판, 행정소송이 있다. 이 중 생계형 이의신청은 직업 자체가 생계형(운전직)인 사람만 대상이 되므로 신청 폭이 상당히 좁다. 그래서 대부분은 비운전직도 구제가 되는 행정심판을 활용하는데, 이런 맥락에서 운전면허 행정심판의 구제율에 대한 궁금증이 많은 게 사실이다.

　2017년 감사원이 밝힌 통계에 따르면 음주운전 행정심판의 구제 확률은 통상 15~18% 정도이다. 상당히 낮은 확률임은 틀림없고, 언론에서도 이런 부분 때문에 연례행사로 기삿거리를 찾다가 "구제 확률이 낮은데도 음주운전자에게 허황된 이야기를 해서 행정사나 변호사가 돈을 받고 행정심판을 진행한다"는 글을 올린다.

　이 부분에 대해선 필자 개인적으로 답답함이 크다. 통계의 함정이란 게 있다. 통계라는 것은 같은 조건을 놓고 어떻게 결과가 산출되는지를 도출해야 객관성이 담보된다. 예를 들어보자. 유명한 입시 학원이 있다고 치자. 이 유명한 학원의 서울대 진학률은 20%, 연고대 진학률은 40%에 달한다. 이게 통계라고 했을 때, 과연 내 자녀가 이 학원에 들어가 서울대나 연고대에 진학할 확률은 몇 %나 될까?

답은 '아무도 모른다'이다. 왜냐면 서울대 진학률과 연고대 진학률을 채워 준 그 학생들과 내 자녀가 동등한 조건인지를 모르기 때문이다. 만일 내 자녀가 원래 공부를 잘했고, 의지가 있다면 통계보다 확률이 더 높을 것이나, 애초에 공부와는 거리가 멀고 의지조차 없다면 서울대 진학률 20%라는 통계가 무슨 의미가 있겠는가.

이처럼 구제율 자체만 놓고 "내 확률이 높다, 낮다"고 할 수 없다는 이야기이다.

실제로 행정심판을 신청하는 사람들의 면허취소 위법 원인은 가지각색이다. 음주운전 1회, 음주운전 2회, 음주운전 3회 이상, 인사사고가 있는 음주운전, 측정거부, 뺑소니, 벌점 초과 등이다. 이 중에서 음주운전 3회 이상과 뺑소니, 측정거부는 사실상 행정심판에서는 구제를 받기가 어렵다. 그럼에도 면허취소 기간이 짧게는 2년, 길게는 5년이다 보니 심리적으로 고통이 커, 일단 행정심판을 신청하는 사람이 많다. 이런 까닭에 전체 확률 자체가 낮아질 수밖에 없다. 국영수 평균 90점 이상을 받는 학생이 10명이 있는 반에 국영수 평균 30점 미만을 받는 학생 50명이 섞이면 그 반은 아무리 우등생이 있다 해도 꼴찌를 면치 못할 것이다. 같은 이치로, 행정심판의 전체 확률은 큰 의미가 없다는 것이다.

내가 구제를 받는 데 있어서는 '내 자신의 확률'이 중요한 것이므로, 통계의 함정에 빠질 이유가 없다. 사실 필자는 음주운전 구제 업무를 주로 하기 때문에 이런 이야기를 하면서도 몹시 조심스럽다. 그러나 확실한 것은, 구제율의 통계가 90%이든, 10%이든 그건 어디까지나 '통계'일 뿐이라는 것이다. 따라서 구제율에 휘둘릴 게 아니라 자신의 구제율을 제대로 진단하고 행정심판을 신청하는 게 바람직하다.

18. 이의신청이란?

음주운전으로 면허가 취소되거나 정지된 사람이 운전면허를 구제받을 수 있는 방법은 크게 3가지이다. 이의신청, 행정심판, 행정소송이 그것이다. 다만 운전면허 정지·취소 처분에 대한 행정소송은 필요적 전치주의에 의하여 반드시 행정심판을 거쳐야 하므로 사실상 당사자가 처분 이후에 제기할 수 있는 절차는 이의신청과 행정심판 두 가지이다.

이 중에서 이의신청은 운전면허 취소처분 또는 정지처분 등에 있어 이의가 있는 사람이 그 처분을 받은 날로부터 60일 이내에 각 경찰청장에게 이의를 신청하는 제도이다.

운전면허 처분에 대한 행정심판은 처분을 받은 날로부터 90일 이내에 제기해야 하며 청구 대상이 중앙행정심판위원회인 것과 달리, 이의신청은 60일 이내에 제기해야 하며 청구 대상도 처분을 한 행정청 자신인 시도경찰청이라는 점이라는 것이다. 즉, 처분청인 시도경찰청이 처분을 한 뒤 스스로 자신의 행정행위에 대한 위법·부당함을 판단해 기존 처분을 감경하거나 취소하는 절차이다.

　이의신청은 제기 요건이 행정심판보다 까다롭고, 인용(가결)을 받을 확률도 상대적으로 더 낮다. 그리고 이의신청은 행정심판과 달리 면허취소 자체를 취소하는 완전 구제를 받을 수는 없고 110일 감경만 받을 수 있다. 이의신청에서는 이를 가결이라고 한다.

　다만 이의신청은 행정심판을 제기할지 여부와 상관없이 제기할 수 있는 것이므로 이의신청만 제기하든지, 행정심판만 제기하든지, 동시에 제기하든지 모두 가능하다. 그리고 이의신청을 하여 그 결과를 통보받은 사람은 통보받은 날로부터 90일 이내에 행정심판법에 의한 행정심판을 청구할 수 있다. 물론 그 이전에 행정심판을 청구했다면 해당 사항은 없다.

　운전면허 행정처분으로 인해 생계곤란을 겪고 있는 운전자 등은 주소지 관할 시도경찰청에 이의신청을 제기할 수 있고 이에 대하여 시도경찰청은 '운전면허 행정처분 심의위원회'를 열어 구제하고 있다. 심의는 경찰위원 4명, 민간위원 3명으로 구성된 심의위원회가 맡고 있다.

　구체적으로 심의위원회는 위원장을 포함한 7인의 위원으로 구성하되, 위원장은 시도경찰청장이 지명하는 시도경찰청의 과장급 국가경찰공무원이 되고, 위원은 교통전문가 등 민간인 중 시도경찰청장이 위촉하는 3인과 시도경찰청 소속 경정 이상의 국가경찰공무원 중 위원장이 지명하는 3인으로 하고 있다. 이 경우 민간인 위원의 임기는 2년으로 하되, 연임할 수 있다.

심의위원회의 회의는 재적위원 3분의 2 이상의 출석과 출석위원 과반수의 찬성으로 의결하며 심의위원회의 구성 및 운영에 관하여 필요한 사항은 경찰청장이 정한다.

이의신청 소요 기간은 약 40~60일 정도이다.

운전면허 행정처분에 대한 이의신청은 행정심판과 달리 일정한 요건에 해당해야 가능하다. 이 요건을 충족하지 못하면 본안 심리에도 들어가지 못한다.

본래 이의신청 제도는 '생계형' 운전자를 구제하는 데 초점이 맞춰져 있다. 뺑소니범 검거 유공으로 표창을 받은 경우, 3년 이상 교통봉사활동을 한 모범운전자인 경우 등도 이의신청의 혜택을 볼 수 있다. 구체적으로 청구 자격은 ▲과거 5년 이내 3회 이상의 인피교통사고 또는 정지처분 전력이 없어야 하며, ▲과거 5년 이내 운전면허 취소 전력이 없고 ▲과거 5년 이내 이의신청 및 행정심판, 행정소송 감경 대상자는 제외되며 ▲혈중알코올농도가 감경 기준(0.100% 미만)에 해당하며 ▲경찰관을 폭행하거나 ▲음주측정 불응 사유로 취소된 자가 아닌 사람에 한한다. 이 조건을 충족해야 접수가 가능하다.

한편 이의신청의 경우에는 경찰에서 사실관계를 조사하기 위해 현장조사를 진행할 수 있다는 점을 유념해 둘 필요가 있다.

19. 행정소송, 구제가 되면 어떻게 되나?

　　대부분 알다시피 행정심판에서 구제가 되면 면허가 취소된 날부터 110일 정지로 변경이 된다. 예를 들어 3월 31일에 임시면허기간이 만료돼 4월 1일부터 면허가 취소됐다면 4월 1일부터 110일이 지난 이후에 운전을 다시 할 수 있게 되는 것이다. 상담을 하다 보면 구제가 된 날짜부터 110일인지, 경찰 출석으로부터 110일인지를 묻는 경우가 많은데 위 대답이 정확하다.

　　그런데 행정심판에서 구제가 안 되는 기각 결정이 나와서 2차로 행정소송을 진행할 경우에, 원고 승소 판결, 즉 구제가 되면 언제부터 운전을 할 수 있는지 묻는 질문도 간혹 나온다.

　　이 부분도 같은 원리가 적용된다. 즉 위 사례에서 4월 1일부터 110일이 지난 이후에 운전이 가능한 것인데, 주목할 점은 소송기간이 110일 정도는 걸리는 까닭에 소송이 끝난 때에는 이미 110일이 지난 경우가 대부분이다. 필연적으로 이런 결과가 나오기 때문에 행정법원 판사는 원고 승소 판결을 할 때 집행정지 신청을 같이 해 준다. 여기서 집행정지는 운전면허를 경찰서에서 다시 받아올 때까지도 운전이 가능하게끔 하는 결정을 말한다.

이런 맥락에서 행정소송에서 구제를 받으면 그 즉시 운전이 가능하다고 보는 게 맞다. 110일이라는 날짜가 소송기간에 수렴이 되므로 엄밀히 말하면 소송기간이 길다고 해서 기간의 손해를 보는 것은 아니다.

음주운전 면허취소 구제를 받고자 하는 사람들은 최대한 빨리 행정심판이나 행정소송이 끝나기를 원한다. 하루라도 빨리 운전을 해야 삶을 복원할 수 있기 때문이다.

이 같은 지점에서 행정심판이나 행정소송 기간을 미리 생각하고 서류를 최대한 빠르게 준비해 진행을 하는 게 지혜롭다.

절대지식 음주운전 뺑소니의 모든 것

절대지식
음주운전
뺑소니의
모든 것

ⓒ 최충만 · 이호 · 송범석, 2023

초판 1쇄 발행 2023년 4월 13일

지은이   최충만 · 이호 · 송범석
펴낸이   이기봉
편집   좋은땅 편집팀
펴낸곳   도서출판 좋은땅
주소   서울특별시 마포구 양화로12길 26 지월드빌딩 (서교동 395-7)
전화   02)374-8616~7
팩스   02)374-8614
이메일   gworldbook@naver.com
홈페이지   www.g-world.co.kr

ISBN   979-11-388-1788-2 (13360)